名师
大讲堂

经典之前的
中国智慧

王小盾
著

图书在版编目(CIP)数据

经典之前的中国智慧 / 王小盾著. —北京：北京大学出版社，2016.11

（名师大讲堂）

ISBN 978-7-301-27658-7

Ⅰ. ①经… Ⅱ. ①王… Ⅲ. ①中华文化－通俗读物 Ⅳ. ①K203-49

中国版本图书馆 CIP 数据核字（2016）第 246937 号

书　　名	经典之前的中国智慧 JINGDIAN ZHIQIAN DE ZHONGGUO ZHIHUI
著作责任者	王小盾 著
责任编辑	徐丹丽
标准书号	ISBN 978-7-301-27658-7
出版发行	北京大学出版社
地　　址	北京市海淀区成府路 205 号　100871
网　　址	http://www.pup.cn　新浪微博：@北京大学出版社
电子信箱	pkuwsz@126.com
电　　话	邮购部 62752015　发行部 62750672　编辑部 62752022
印刷者	北京中科印刷有限公司
经销者	新华书店
	890 毫米 × 1240 毫米　16 开本　26.75 印张　331 千字 2016 年 11 月第 1 版　2016 年 11 月第 1 次印刷
定　　价	78.00 元

未经许可，不得以任何方式复制或抄袭本书之部分或全部内容。
版权所有，侵权必究
举报电话：010-62752024　电子信箱：fd@pup.pku.edu.cn
图书如有印装质量问题，请与出版部联系，电话：010-62756370

目 录

导言　关于"经典之前的智慧"和"神话"　　001

第一单元　神　话

第一讲　从"鸱龟曳衔"神话谈起　　021
　　一、关于太阳神话和"鸱龟曳衔"　　021
　　二、鸱、龟在上古的符号意义　　023
　　三、关于太阳在晚上的运行　　031

第二讲　从"鸱龟曳衔"神话看上古神话　　038
　　一、对"鸱龟曳衔"神话的解释　　038
　　二、讨论一：神话体系、仪式和神话研究的方法　　039
　　三、讨论二：神话的符号表达方式　　043
　　四、结语　　052

第二单元　艺　术

第三讲　饕餮艺术　　061
　　一、"狞厉的美"和其他　　061
　　二、从古记录看虎噬人器物　　071

三、饕餮艺术的思想内涵　　081

第四讲　上古艺术的符号意义　　093
　　一、饕餮纹和兽面纹的关系　　093
　　二、饕餮艺术的起源和早期历程　　100
　　三、对饕餮艺术若干形式元素的分析　　114
　　四、结论：早期艺术是人神交通的工具和符号　　131

第三单元　科　学

第五讲　武王伐殷天象和上古天文学　　143
　　一、从武王伐殷天象谈起　　144
　　二、武王伐殷天象的图像表现　　152

第六讲　上古天文学的知识特质　　163
　　一、上古宇宙观的科学原理　　163
　　二、古人对太阳和恒星视运动的观测　　171
　　三、关于月亮和行星的视运动　　177

第七讲　上古天文学的文化特质　　184
　　一、太阳祭祀和十二支的起源　　184
　　二、从火历看"绝地天通"　　196
　　三、结论：上古科学联系于对彼岸世界的长期观察　　206

第四单元　理论总结

第八讲　上古符号与思维　　227
　　一、关于上古智慧的符号特质　　227

二、上古中国人的符号理论　　234
　　三、从仪式角度看上古符号　　244

第九讲　上古符号与语言　　256
　　一、从语言文字角度看上古思维的特性和价值　　256
　　二、上古图像同语言的关联　　272
　　三、关于上古图像语言的词汇功能　　279
　　四、关于上古图像语言的语法特点　　286

第十讲　经典世界和前经典世界的隔阂与沟通　　302
　　一、《老子》"始""母""名""道"等概念的原型　　302
　　二、从老子哲学体系看"近取诸身"的思维方法　　315
　　三、从上古图文献看孔子诗学　　321
　　四、从孔子看前经典世界向经典世界的过渡　　331

第十一讲　关于"天人合一"与"轴心突破"　　342
　　一、问题的提出　　342
　　二、关于"思想"和"天人合一"　　348
　　三、关于"巫"和"史"　　354
　　四、关于经典的形成　　368
　　五、结语：以孔子的眼光看经典之前　　395

后　记　　408

导言　关于"经典之前的智慧"和"神话"

图 0-01

中国五千年文明史中最重要的一件事情：经典的形成。

最近看到一本美国学者的书：《孔子之前：中国经典诞生的研究》（图 0-01）。这本书主要讨论中国的经典——《诗》《书》《礼》《乐》《周易》《春秋》——得以形成的文献基础。它和我们将要讨论的系列有一点相同：同样以"经典诞生"作为研究和思考的坐标。

当我们说"经典诞生"或"经典之前"的时候，我们的话语里，其实暗含了一个问题，这就是：从三皇五帝算起来，或者说，从黄河流域出现城市、出现文字和国家制度的时候算起来，中国文明已经有五千年历史了。那么，在这五千年里面，最重要的一件事——对中国人的精神生活、文化生活，影响最大的一件事——是什么？是不是经典的形成？

可能大家会有不同的答案；不过在我看来，可以说是这样——是孔子（前 551—前 479）打破贵族垄断文化教育的传统，创立私学，因而修《诗》《书》，定《礼》《乐》，序《周易》，作《春秋》，建立了一套课本。这套课本就是"六经"。从"六经"形成以后，中国的教育史、学术史、书籍史都揭开了新的一页。后来，"六经"之教发展为经学，进一步规范了中国人的知识和思想，经典成为各种文化事物的渊源。中国人的语言词汇、行为方式、思维习惯、道德准则，都效法"六经"，因此造就了一个经典世界——或者说，造就了一个经典时代。这件事一直影响到现在，不仅"孔子学院"成了中国文化的名片，传播到全世界；而且现在最流行的一些词语，也联系于"六经"。比如以下词语：

"小康"，这个词出自《诗经·大雅·民劳》和《礼记·礼运》。前者"小康"意为"小安"；后者则用"小康"来代表在夏、商、周三代出现的盛世，也就是代表儒家"大同"理想的初级阶段。

"和谐"，这个词出自于《诗经》注解。《诗经·关雎》有一句话："关关雎鸠。"汉代郑玄注解说，这句话表现的就是后妃和君子之间的"和谐"。

总之，我们现在的想法，和古代经典是相通的。不妨说，我们现在的知识、思想、文化，依然属于经典时代。

> 我们的时代和"经典之前的时代"。

北宋典籍记载了一件事：说是在四川某道馆的墙壁上出现一句诗，叫"天不生仲尼，万古如长夜"。意思是：如果没有孔子这个人（图 0-02），我们就会一直生活在黑暗当中。后来朱熹引用了这句诗，它就一直流传下来了。有人说这句话是吹捧；我却认为，它是有一定道理的。道理就在孔子代表了两个时代的转折。

图 0-02　孔子夫妇像，今藏孔庙

于：在孔子前后那个时代，中国文化出现了一个转折，相当于一个黑夜过去了，一个白天开始了。孔子正是这个转折的代表。这个转折未必像人们所想象的那样突然，但它确实很大，以至于现在，人们几乎遗忘了黑夜时候的情况。人们实际上在经典时代和前经典时代之间，划了一道很深的鸿沟。在学术界，这有两个比较重要的表现。第一个表现是怀疑东周以前的所有记录，认为"东周以上无史"，认为传统的三皇五帝的上古史系统应该全盘颠覆，认为周文王、周武王、周公以至孔子的"圣经"地位必须推翻。这也就是20世纪20年代、30年代"古史辨"运动的倾向。第二个表现是否定上古神话和上古符号的史料价值和科学性，认为它们是"原始思维"的产物——认为上古时代（夏、商、周和以前）的人是没有脑筋的，是不讲逻辑的，只会把各种因果关系都变成神秘关系。现在的神话研究者，很多人还抱有这种看法。

以上两种看法，影响很大。我们的文明史，一度像古史怀疑者说的那样，从五千年被"跌到二千年"了。这样就引出了以下几个问题：

第一，中国上古史的价值如何。比如说，上古人的文化创造是不是有水平？到底到达了怎样的水平？

第二，中国文化是如何起源的。比如说，我们看到的经书、先秦诸子，它们的素材是从哪里来的？它们的思想有怎样的知识背景？

第三，我们应该怎样来研究上古史、研究无文字民族的文化。比如，我们和神话时代的人是什么关系？和无文字的人群是什么关系？我们是否真的具有文化上的优越？历史学有一个要求：对于研究对象要有"同情的理解"。那么，神话学、民族学研究是否也应该有这样的自我要求？我们应该怎样去了解我们的对象，了解他们的知识、语言和思维？

我们这个系列课程，目的就是简要地，也尽可能深入地回答这些问题。我打算从三个方面来讲解"经典之前的中国智慧"：第一，谈谈如何看待上古的神话资料；第二，谈谈如何看待上古的艺术资料；第三，谈谈如何看待上古的科学资料——特别是其中的天文学资料。我认为，这三个方面，代表了上古中国人在改变世界的活动中的主要认识成果，可以说构成了上古"智慧"的主要内容。另外，为了做到深度和广度相结合，这堂课在方法上有三个要点：一是注意通过典型个案来说明基本道理；二是注意通过讨论来提升大家的学术兴趣和进行批判性阅读的能力；第三，不仅讲知识，更重要的是，讲解获得知识的过程。

> 课程要点：通过个案说明道理，通过讨论提升兴趣，通过知识来讲解获得知识的过程。

下面，让我对这门课的内容作一个扼要的介绍。

第一单元，以"神话"为主题。我打算通过"鸱龟曳衔"神话，也就是猫头鹰和乌龟相

> 神话的定义。

互拉扯的神话，谈一谈"神话是什么"的问题。

关于神话是什么，有两个比较著名的定义。一个说："神话是产生于原始氏族社会的古老的散文作品，是那一时期人们对自然界和社会生活加以不自觉的形象化的表述，是以幻想为主要手段的语言艺术。"——这是教科书的说法，是在中国流行最广的定义。

另外一个定义是说："任何神话都是用想象或者借助想象以征服自然力，支配自然力，把自然力加以形象化。"——这是马克思的话，是关于神话功能的经典的论述。

关于神话是什么，说法很多，不止以上两种。比如《简明大不列颠百科全书》把"神话"看作一种符号，说："神话是一个集合名词，用以表示一种象征性的传达，尤指宗教象征主义的一种基本形式，以别于象征性行为（崇拜、仪式）和象征性的地点或物体（庙宇、偶像等）。"这话大概是说：神话是用象征的方式讲故事，是和具有象征意味的仪式行为相对应的。这话很有道理，但传播不广；因此，在中国影响最大的还是前面两个定义。

现在我的问题是：各位是不是同意这两个定义？

从中国神话（汉族和其他民族的神话）的具体情况看，这两个定义都是错误的。

<small>神话不是散文。</small>

神话是"产生于原始氏族社会的古老的散文作品"吗？不是。《山海经》好像是散文，但是那是关于神话的记录，不是神话本身。只要去看看中国各民族留下来的神话，我们就知道：神话是要在仪式上演唱的（图 0-03）。如果不是韵文，它便记忆不下来，表演不出

图0-03 康家石门子岩画局部
　　这幅岩画位于新疆昌吉州呼图壁县的天山腹地。岩面平整，距地表10米左右。画面大约是120平方米，上面刻绘着二三百个身姿各异的人物和动物。所刻绘的人物头戴高帽，帽子上插翎毛，作舞蹈状，表现了举行仪式歌舞的场面。

来。本来形态的神话、用于讲唱的神话，只能采用韵文形式。不过，由于记录方面的原因，在保存过程中，神话文本失去了它的本来形态，变成了散文。

　　神话是"幻想"或者是"不自觉的表述"吗？也不是的。研究表明，在神话叙述的后面总是隐藏着某种历史真实。神话是一个族群的神圣活动，是世代相传的集体记忆。因此，只有现实地影响了族群命运的事件、物品、制度、习惯和社会现象，才能进入神话。怎么能把神话看作是对于社会和自然界不自觉的形象化的表述呢？

神话不是幻想。

　　另外，我们也不能把神话归结为语言艺术。过去，神话教学是放在中文系进行的，是作为文

不能把神话归结为语言艺术。

学史的一部分进行的，这样就造成了一种误解，认为神话也是一种文学。但在实际生活中，神话并不是一种故事叙述，而是关于仪式的记录。神话在它产生和流行的时代，是作为知识和信仰在先民的生活中发生作用的，而不是作为文学、作为娱情的手段发生作用的。

马克思的那段话也有一定的问题。因为他片面强调了神话的巫术作用，而忽略了神话的另外几个作用：一是认识作用，二是记录作用，三是调节社会关系的作用。而我们所看到的神话都有这些作用，否则这些神话怎么能传承下来呢？神话所面对的事物不仅有"自然力"，而且有人和人的社会关系。当然，马克思针对的那些神话是西方的神话（比如希腊的神话），而不是中国的神话。其实，中国神话更能反映神话的本来形态。中国神话表明：神话的存在不仅是作为宗教和巫术的存在，而首先是作为科学与知识的存在。从这个角度看，神话是上古时期人类智慧的遗存。

> 神话是上古时期人类智慧的遗存。

我想，如果这样来理解神话，那么，我们就有理由来对经典之前的中国智慧进行探讨了。因为神话代表了文字记录之前的一种记录，是当时人关于宇宙观的系统表述；它是能够体现上古人类的智慧的。

"鸱龟曳衔"神话恰好可以作为一个例子，来说明神话的这一特质。这有以下几个缘故：

首先，对于"鸱龟曳衔"这四个字，有很多解释，但没有哪一种解释具备切实的依据。这是因为，由这四个字所代表的一个古神话已经失传了。这个情况告诉我们：不能只凭现有的神话资料，就对神话的性质作简单判断；而要把关于神话的记录，同神话本身区别开来；把现在留存的神话，同原来样态的神话区别开来。具体怎样区别呢？我们将通过"鸱龟曳衔"神话来作说明。

其次，关于"鸱龟曳衔"四个字的真实含义，其实是可以搞清楚的。用什么办法呢？把文献考据、文物考察、田野资料综合起来，进行比较。比如，通过商代青铜器的材料，我们可以知道商代人对龟的认识——在商代人的心目中，龟是一种和太阳、水相联系的神物。又比如，通过各种画像砖的资料，可以知道，这个神话是同夜间星空相联系的。它的核心情节是：晚上，太阳化身为鸱（也就是猫头鹰），降落到水世界，由龟背负着从西方运行到东方。而通过各种资料的彼此互证，又可以知道：中国上古神话是有体系的，每一个神话都包含很多观念。神话体系正是由这些观念共同组成的。因此，我们不能把神话简单地看作幻想。

再次，"鸱龟曳衔"神话主要是以图像的形式（而非文字的形式）存在的。这个特点很有意思，说明神话其实是祭祀仪式上的讲述，所以是同仪式器物共存的——这包括用为祭祀礼器的青铜尊、青铜盘，以及用于丧葬仪式的画像砖、画像石。由此可知，在上古时代，知识的主要载体未必是文字，而是用于仪式的"图文献"。我们必须结合这种载体来理解古代神话。这样一来，当我们要去理解新石器时代神话和新石器时代文化的时候，我们就要认真分析那数以万计的彩陶花纹。这些花纹证明，早在新石器时代，黄河流域的人不仅有非常丰富的符号语

> 结合图文献来理解古代神话。

言,而且有非常丰富的表达知识和思想的方式。

以上三条思路,都可以帮助我们深入认识神话。我们由此知道:上古神话之所以会被现在人误解,是因为它们的表达方式不同于我们的语言方式。也就是说,神话是采用特殊的符号手段来表述当时的宇宙观的。因此,经典时代的人和神话时代的人,他们在智慧上的区别,并不是"高级思维"和"原始思维"的区别,而只是语言手段的区别。

第二单元的主题是"艺术"。这一单元打算通过大家比较熟悉的饕餮艺术,来谈谈上古艺术的性质和它的符号手段。

提起"饕餮",大家的第一反应恐怕是"贪吃",或者是贪吃的猛兽。这是对"饕餮"的日常理解,不算错。事实上,古已有"贪财为饕,贪食为餮"的说法。还有一种理解是美学的理解。哲学家李泽厚在《美的历程》一书中表达了这一理解。他的中心看法是:饕餮是一种内含了巫史文化的艺术,代表战争、屠杀、俘获,呈现的是"狞厉的美"。

现在,学术界基本上没有采用上述看法,因为用"狞厉的美"来概括饕餮艺术并不妥当。事实上,青铜器上有很多不狞厉的饕餮(图0-04)。而且,饕餮即使吃人,也不一定是在

图 0-04　西周早期的青铜卣

这个铜卣饕餮表现人与兽的结合。它既有虎眼,也有人耳、人形鼻和人中。采自《保利藏金》,岭南美术出版社,1999年,第105页。

表现战争、屠杀和俘获。这是可以通过实证来检验的问题。比如,倘若我们要去为商代青铜器上的饕餮找原型,那么,会找到很多对人畜无害而且不会造成威胁的动物。这些动物包括牛、羊、猪、鹿和多种鸟类,在商代饕餮图案中占据大部分。这说明,仅从美学角度认识上古艺术,是容易陷入片面和表面的。

> 仅从美学角度认识上古艺术,容易陷入片面和表面。

不过,到底应该怎样来认识饕餮呢?各学科的研究者仍然有很多争议。比如有一种强大的意见,认为"饕餮"并不是一个合理的名称,而应该改称"兽面纹"。又比如有数十部专著和学位论文,讨论了饕餮纹的起源、功能、内涵、演变过程等等问题。这些问题都是有很大空间的。假如我们来参加这场讨论,而且带来一种新的学术思路,那么,我们就进入了学术的前沿。

我们应该采用怎样的新思路呢?说起来也简单,那就是把文献、文物、田野遗存这三方面资料都调动起来,也就是把历史学、考古学、民族学的资料和手段结合起来,以便使我们的认识臻于全面。大家都知道,人在认识事物的时候,最容易犯的错误是以偏概全。有一个故事叫作"盲人摸象",这个故事讲的就是以偏概全。我认为,只要注意避免"盲人摸象",我们的认识就可能前进一步。

> 注意避免"盲人摸象"。

我的意思是:关于饕餮的所有记录,其实都有它特别的意义,不可忽视。比如见于《吕氏春秋》《山海经》和《左传》的记录。它们说到饕餮"有首无身,食人未咽"的特点,又说到饕餮、穷奇等民族在"雁门之北""西荒"或"西南方"

图 0-05　商代虎食人卣

的分布。这就表明：饕餮是一种以"有首无身，食人未咽""虎齿人爪"为特点的图像。它之所以被刻画出来，是因为它代表了一些人群，具有图腾意义。这一认识，恰好可以用具有"食人未咽""虎齿人爪"等特征的青铜器来做旁证。这些青铜器主要是用圆雕形式铸造的，形象很具体，很丰满（图0-05），饱含了有待发掘的内涵。

以上资料是研究者已经注意到了的；但为了发掘"虎食人"青铜器的内涵，我们应该补充关于饕餮的民族学资料。比如有这样几种资料：第一，在中国中南地区流传的廪君神话。它说廪君族的人相信人和老虎可以相互转化，所以要举行用人祭祀老虎的仪式。第二，在中国中南地区（以至于越南）流传的人化虎的故事。它说人穿上虎皮就可以变成老虎，老虎脱掉虎皮就变成人。第三，中国西南民族遗留的虎崇拜习俗。其中普米族、纳西族的人用老虎的名称来称呼自己的氏族、首领和居住地，也就是把老虎神化为人群的标志；彝族、纳西族的人认为老虎化生了万物，也就是把老虎神化为人群的来源；白族的人相信人被老虎吃掉可以成仙，也就是把老虎看作人的归宿；珞巴族和傈僳族的人认为虎皮、虎牙充满神力，也就是对老虎的图腾意义加以放大。这些资料虽然都是谈老虎，但是具有强烈的图腾色彩，反映了人和图腾的一般关系。

这些资料说明了什么呢？它们说明：饕餮艺术中的"兽吃人"并不是一个自然现象，而是文化现象。它象征人和兽的相互转化。它联系于以下三种仪式：第一，以猛兽为族神的血祭仪式，比如廪君祭祀。在这种仪式当中有以人饲兽的情节。第二，用兽皮裹尸送死的仪式，比如《云南志略》等书所记的"以豹皮裹尸而焚"的仪式。这种仪式的指导思想就是人因死亡而向兽转化。第三，和成年礼相对应的"死亡－复活"仪式。在这种仪式中有一个情节，也就是用神兽吞吃人的形式——比如模仿动物身体建造一个大棚子，让人从竹棚里穿过——来表现人与神兽交换生命而复活。事实上，雕刻饕餮图像的青铜器，正是一些仪式器具。

由此看来，各种饕餮图像，分别是"死亡－再生"仪式上的某个环节的表现。饕餮的本质，其实就是借助兽神来完成的"死亡－复活"的过程，或者说是关于这一信仰的表现。既然如此，我们就不能把饕餮纹当作代表战争、屠杀和俘获的艺术来看待，也不能把饕餮纹等同于兽面纹。我的意思是：那些具备"有首无身"（无下巴）特征的兽面纹才是饕餮纹；如果不具备这种特征，那么就是一般的兽面纹。

以上说的是饕餮艺术的主要内涵。了解这一内涵很重要，因为有了这一前提，我们就可以从历史角度，对它的表现形式加以研究了。我们注意到，在其早期，有以下一个演化轨迹：

图 0-06

这个演化图表明：饕餮艺术产生得很早。在距今 7000 多年前的湖南洪江高庙文化遗址，它采用獠牙食人的形式（请注意第一幅：獠牙当中有一个人体）；在距今约 4800 年的良渚文化遗址，它采用人兽相结合的形式（神人的身体是一个"有首无身"的兽面）；在距今约 3200 年前的商代二里冈文化遗址，它表现为一首二身人被对兽吞吃的形式（这个一首二身人后来演变成一首二身兽）；进入商代以后，它拥有连体兽面、分解兽面等丰富的图案形式。概括起来，饕餮艺术主要有三种形态：一是巨口食人的图案（见图 0-06），二是老虎吃人的圆雕（见图 0-05），三是各种兽首无下巴的花纹。尽管历史很长，形态很多，但在饕餮所有的演进形式中，兽面都占据了主体地位，因而呈现了比较明确的文化属性。这说明，饕餮艺术的发展，本质上是仪式的发展。饕餮艺术的各种元素，是因为文化表达的需要而逐步丰富起来的。既然如此，上古艺术便是表达上古智慧的符号，显示了上古人在形式感和概括能力等方面所达到的水平。

> 上古艺术是表达上古智慧的符号，显示了上古人在形式感和概括能力等方面所达到的水平。

第三单元的主题是"科学"。这一单元打算通过关于武王伐殷的天象记录，来谈谈上古天文学的知识特质和文化特质。

大家也许知道，在"九五"规划期间，也就是从1996年起，政府批准实施了一个"夏商周断代工程"。这个工程的目的是排定中国夏商周时期的确切年代，为研究中国五千年文明史创造条件。其中最重要的一件事，是确定武王伐殷这一场战争的具体年份，也就是把它落实为公元前1046年。这件事情不简单，要利用多种资料反复推考。其中最重要的资料有以下三条：

第一条是1979年在陕西临潼出土的一件青铜器上的铭文（图0-07）。铭文说周武王打败商王的那一天是甲子日，黎明前岁星在东方。

第二条是《尚书》的记载。它说到武王伐殷前后的几个日期，包括戊午、癸亥和甲子。

第三条是《国语·周语下》的一段话。这段话说到一系列天象：岁星（木星）位于鹑火，月亮位于天驷，太阳位于析木，日月合朔于斗宿，水星（辰星）行至婺女天鼋之首，等等；又说这天象代表了周民族的族祖星、分野星、农星的会合。

这几条记录说明：在商末周初之时，天文学就包含了很丰富的内容。其中有干支纪日和岁星纪年的知识，也就

图0-07

是用六十干支来表示日历,并根据木星约十二年运行一周天的观测成果,参照木星所在的星区来纪年;又有天空分区的知识,也就是对太阳经行的天空进行等距离划分;还有对太阳、月亮、黄道星座、日月交会等天文现象进行观测的知识,以及建立星空区域和地面州国之间对应关系的知识(俗称"分野")。做到这些是很不容易的;其中包含的科学道理,只有经过专门的天文学训练的人才能理解。这就是说,在殷末周初的时候,中国人的天文学知识已经达到很高水平。

不过,那个时候的天文学,却不同于我们现在的天文学,而有非常特殊的文化属性。这在出土于湖北省随县的曾侯乙一号墓的一个漆箱中可以看出来。在这个漆箱的箱盖中央,用粗笔书写了一个大"斗"字,周围是二十八宿的星名。这二十八宿按顺时针方向排列。另外,画面东西两端画有青龙、白虎。龙首蜿蜒向北,再向西(这里说的是天国上的"北"和"西")弯曲而伸到危宿部位。白虎的肚皮下有一枚三刃的圜形纹(图 0-08)。

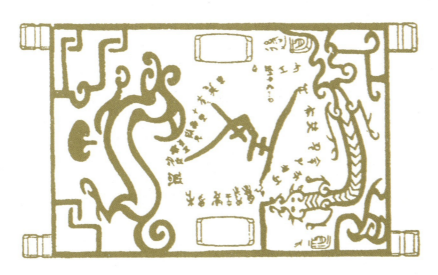

图 0-08

值得探究的是：这幅图画的内容是什么？我认为，它画的就是武王伐殷时的天象。因为图画上的所有细节，都符合周民族的五位三所观念。这说明，在西周时代，人们是把新知识当作神灵的启示来信仰的。

可以说，每一种新知识的发现，都会把上古人的天神信仰提升到一个新水平。不仅艺术品是为神灵祭祀而制造出来的，而且天文知识也是服务于神灵祭祀的。在上古中国，天文学是所有科学的轴心。它之所以能够优先于其他科学而发展起来，正因为，人们持续不断地对天文现象进行观测，并且把这种观测当作天人交通的途径。

> 人们曾经把新知识当作神灵的启示来信仰。

在本书第十讲，有一节的题目是"从上古图文献看孔子诗学"。其中讲到，古代有一种制度：每当人们发现一种新的动物或植物，就要把它拿到祭祀仪式上，敬献给神灵，同时在仪式上为这种动物或植物定名，以便让参加仪式的人都认识这种生物。这样做，既是仪式的需要（也就是用知识来表达对神灵的恭敬），又是科学的需要（也就是在敬神的名义下建立新知识），于是成为一种文化发展的机制。这是孔子所说"多识于鸟兽草木之名"那句话的背景。按照这一理解，孔子这句话的本来意思是：为什么要学诗，是因为诗有让人"多识于鸟兽草木之名"的功能，因此可以服务于仪式人才的培养。我们知道，孔子的教学理想，就是培养像周公那样博学的仪式人才。古代还有一句话是与此相关联的。这句话说："子入太庙，每事问。"意思是孔子关心太庙这种祭祀场所中的每件事物。孔子为什么要细心地向太庙学习呢？

正是因为古代的知识是服务于祭祀仪式,并且在祭祀仪式这个平台上传播开来的。由此可见,讨论孔子之前的知识,必须注意它同仪式的关联。也就是说,即使在孔子本人的知识史上,也有经典之前向经典之后的过渡。

> 上古知识是服务于祭祀仪式,并且在祭祀仪式这个平台上传播开来的。

以上是三个单元的主要内容。这三个方面的共同目的,是要揭开经典之前这一大段"黑暗"时期的纱幕,找到一个认识它的正确方法——既要认识它的高超的技术水平、精致的表达方式,也要认识它的宗教特质。这样做是很必要的。因为,只有认识了这个世界,我们才能理解自己的文化的本来。这也就是我们这个系列讲座的主要意义。

第一单元

神话

第一讲 从"鸱龟曳衔"神话谈起

一、关于太阳神话和"鸱龟曳衔"

上一讲说到,只有重新理解神话,我们才能对经典之前的中国智慧进行合理探讨。因为,只有把神话看作文字记录之前的一种记录,看作当时人关于宇宙观的系统表述,我们才能理解它作为上古智慧所体现的意义。关于这一点,可以用鸱龟神话来作说明。

鸱龟神话见于《楚辞·天问》。关于这个神话,以前人谈得不多;今天把它提出来,是因为它涉及两个问题。

第一个问题是太阳神话。我们都知道,每个民族都会崇拜太阳,中国的太阳神话大致上有四个母题。第一个母题是说太阳、月亮的出生和降落:它们出生在东海之上,在"汤谷"当中洗浴,然后进入西北大荒之中。第二个母题是说太阳居住在神树之上,九个太阳居在下枝,一个太阳居在上枝。这种神话流传很广。比如成都附近有一个史前遗址叫三星堆,其中出土的青铜太阳树就表现了这一神话母题——这棵太阳树上有九只鸟,所代表的就是降落到树上的九个太阳(图 1-01)。第三个母题是说:

> 太阳神话的四个母题。

太阳是羲和生下来的。第四个母题则是说太阳被"乌"这种鸟负载着从东方飞到西方。[1]

关于第四个母题，还有一些细节。比如神话说，这只背负太阳从东方飞到西方的鸟叫作"三足乌"，太阳降落的地方叫作"羽渊"和"委羽之山"，太阳的降落则叫"解羽"。[2]也就是说，在神话中，太阳和鸟是合一的，太阳鸟在降落的时候要把羽毛解开，或者说太阳鸟要在此时经历一次死亡——因为在《山海经》《穆天子传》《楚辞天问》中，也有把禽鸟死去说成"解羽"的情况。但现在我们遇到了一些问题，就是：这个解开了羽毛的鸟接下来到哪里去了呢？它死后变成了什么东西呢？这个从天上降落下来的太阳又到哪里去了呢？它怎样回到东方重新升起呢？还有，昨天的太阳、今天的太阳、明天的太阳，是不是同一颗太阳呢？当太阳离开天空以后，它是在大地的边缘运行，还是在环绕大地的水中运行？

回答这些问题的神话，也就是晚上太阳的神话。这个神话应该是存在的——既然

图1-01

晚上的太阳到哪里去了？

---

[1] 见《山海经·海外东经》《山海经·大荒南经》郭璞注引《归藏·启筮》《山海经·大荒东经》。

[2] 见《淮南子·精神》、《山海经·大荒东经》郭璞注、《淮南子·坠形》。

有白天的太阳，就会有晚上的太阳。但很奇怪，在中国古籍中，我们看不到关于这个故事的任何记载，或者说，最多只能看到关于"盖天""浑天"的论述。这件事的确令人疑惑——既然古人能够设想太阳从东到西的飞翔过程，那么，为什么不给它安排一个从西到东的返回呢？

这是第一个问题。

第二个问题是，《天问》当中有这样一段话：

……何阖而晦？何开而明？/角宿未旦，曜灵安藏？/不任汩鸿，师何以尚之？/佥曰何忧，何不课而行之？/鸱龟曳衔，鲧何听焉？……

经过学者们的讨论，这段话可以翻译为：

"天户怎样关闭而造就了黑夜？又怎样打开而造就了白昼？角宿未启天关之前，太阳藏在什么地方？鲧不能胜任治洪之事，为什么他又深孚众望？大家都说不必为鲧担心，那么为什么不让他试试看呢？……"

但是，这段话中"鸱龟曳衔，鲧何听焉"八个字，却一直找不到合理的解释。

实际上，以上这个问题和第一个问题是相互关联的。为什么呢？因为《天问》说到了"角宿未旦，曜灵安藏"。这说明，"鸱龟曳衔"这句话，很可能包含了一个跟太阳相关联的神话。

二、鸱、龟在上古的符号意义

现在我打算向大家展示一些图像，来回答上述两个问题。这些图像通常来自考古学的器物。它们将提供一系列启发，不仅让我们知道"鸱龟曳衔"的确切含义，而且让我们知道：神话不只是存在于语言文字当中，它同时也存在于图画当中。

第一幅图是新石器时代的彩陶纹饰，出现在陕北的庙底沟文化当中（图1-02），通常人们认为它是"踆乌"——太阳鸟的图像。这只鸟确实是作为太阳在飞翔的。请大家注意：它反映了古人的一个重要观念，即认为太阳是一种特殊的鸟。——按照古人的看法，"鸟"是有翼而能在空中移动的事物。把太阳看作"鸟"，这是一件可以理解的事情。

第二幅图是"鸱龟曳衔"的"鸱"，也就是猫头鹰（图1-03）。它的学名叫雕鸮，在生物学上属于鸮形目，鸱鸮科。大家都知道生物学上的分类吧？脊椎动物里面有鸟纲，鸟纲里面有鸮形目，鸮形目包含草鸮科和鸱鸮科。草鸮就是通常说的猴面鹰，鸱鸮则是猫头鹰。在中国，猫头鹰分布很广。它是在晚上活动的鸟，以鼠类为主食。我在农村劳动的那十年里面，住房外面的一棵树上就住了一只猫头鹰，晚上，我总是能听到它凄厉的叫声。现在回想起来，仍然印象深刻。这

踆乌

图1-02

鸱鸮

图1-03

个印象和中国古代人、西方人的描写是一致的。比如古人喜欢用"鸱目虎吻""鸱视狼顾"等词语来描写鸱鸮的凶恶形象；西方文化则把鸱鸮视为夜晚、梦幻或死亡的象征。另外，猫头鹰属于"留鸟"，不迁徙。由于这个特点，它在古代更容易成为氏族的象征，也就是所谓"图腾"。

第三幅图是殷商青铜器中的鸱鸮（图1-04）。它们是在商代墓葬中最常见的鸟形器物。三件青铜鸮卣分别出自湖南和河南，表现为两鸮相背的形状。第四件（左下那件）是著名的"妇好"鸮尊，1976年出土于河南省安阳市殷墟妇好墓。它的造型，除整体为鸮形之外，尾部又有一个两翼展开的鸱鸮。请注意这些鸱鸮的姿态：三足鼎立；身上画有云纹、雷纹、圆涡形龙纹甚至龟纹。这说明它是同天空和乌龟具有相关性的一种神鸟。看看这些图，我们就知道，古代为什么会有一种说法叫"鸱蹲"，为什么《山海经·西山经》说鸱的形象是"一首而三身"。因为鸱鸮的通常形象，就是一个三足鼎立的形象，是一个蹲着的形象。值得注意的是，在殷墟妇好墓出土的鸮尊上，还有一些圆涡纹。这个纹饰是和古代流行的太阳纹一致的。

图1-04

鸱蹲

现在请看第四幅图——殷墟的玉鸮。玉鸮的腿上也有涡形太阳纹（图1-05）。这种太阳纹是和新石器时代彩陶中的太阳纹（涡纹）一致的。因此可以推测，鸱鸮在古代有过一个身份是太阳神鸟。我们都知道，《诗经·商颂》讲到过"玄鸟生商"的神话，说"天命玄鸟，降而生商"。这个玄鸟是什么呢？过去人总是把它解释为燕子。这种解释有一个问题，假如玄鸟是商民族的图腾神，那么，它和商民族的女性祖先一定有密切的关系。可是，我们在商代的墓葬中（特别是女性墓葬中）却没有看到燕子，根本没有看到过；相反却看到大量猫头鹰的形象。这就使人不由得去猜测，这个玄鸟最初指的并不是燕子。

商代的玄鸟指的是什么呢？尽管有人提出玄鸟是鹤、凤凰、雄鸡、男根、流星等等说法，但这些说法缺少根据。真正有说服力的判断是：在商代，玄鸟其实是指猫头鹰，也就是图1-06所显示的鸮。现在大家看到的是红山文化的玉鸮，

图1-05

玄鸟

图1-06

它用玉制成，是一个用于仪式的器物。红山文化分布在辽宁西部和内蒙古东部，和东夷民族的文化有很密切的关系。学者们普遍承认，商民族和东夷民族是有族源关系的。既然玉鸮不仅出土于红山文化，而且出现在殷墟妇好墓里面，那么我们可以就把红山文化和东夷文化联系起来，把两种鸮形器物看作是同样一种文化、同样一种信仰的产物——当然，也可以说是同一种图腾观念的产物。这一点证明，鸱鸮就是商民族的玄鸟。

还有一个证据是：在西周以后，鸱鸮的地位是不断下降的。在周代的器物中几乎看不到鸱鸮的形象。为什么多见于商代墓葬的鸟却不见于周代墓葬呢？合理的解释是：这是一种具有族群属性的鸟。而我们知道，图腾就是一种具有族群属性的观念，是在特定人群中流传的崇拜方式。而且，从周代开始，各种各样的文献都把鸱鸮描写为恶鸟，描写为凶残之鸟。比如《诗经·豳风》里有《鸱鸮》这一篇，说鸱鸮是凶恶的鸟。如果联系刚才说的器物上的变化，那么可以认为，鸱鸮是具有强烈的族群性的宗教符号。它的地位的升降代表了商周两个民族图腾观念的嬗替。

> 鸱鸮是具有强烈的民族性的宗教符号。

现在谈谈龟。龟集中出土的时间、地点和鸮（猫头鹰）集中出土的时间、地点非常相近。比如现在大家看到的这个玉龟（图1-07），同样出土在红山文化的墓葬当中。

关于龟，在商代的青铜器中，也可以看到大量的纹饰。图1-08A 就是几个比较有代表性的青铜器；可以说，我们在中国境内所能找到的商代青铜器上的龟形象，都在这里了。

请大家看：左上第一个龟出土于北京地区，龟背的纹饰是以圆涡纹为主体的，周围环绕着连珠纹。圆涡和连珠通常是代表太阳与星星的，那么这一点表明了这个龟与太阳的某种联系。第二个龟出土在陕北，龟背上有一个圆涡纹和 13 个圆

图 1-07

图 1-08A

圈圈，这些圆圈圈也可以称作太阳纹。为什么是 13 颗太阳纹呢？因为自然界所有的龟，背板都是 13 块。可见这里有一个隐喻：每一块龟板象征着一颗太阳，整个龟是太阳神的化身。右上那个龟也在陕北出土，龟背中间有一个太阳纹（圆涡纹），然后周围有 10 个圆圈圈。既然是 10 个，那么可以明确地判断，这圆圈圈是太阳纹——因为古人老早就相信"天有十日"；前面说到，在太阳母题的神话中，有一个母题就是讲"十日"的。左下是第四个龟，它出土在江西，龟背以圆涡纹为主体，以云雷纹为衬托——中间是圆涡纹，周边是云雷纹。云雷代表天上的神物，说明这个龟是被人们当作天上的神灵来看待的。第五个龟出土在河南郑州，是一个兽面纹器物上的纹饰。这个纹饰的龟背上也以圆涡纹为主体。

在商代青铜器中，出现五个同太阳相联系的龟的形象，这绝不是一件偶然的事情。可以判断，商代人是把龟当作太阳神来看待的。另外值得注意的是：前面四个龟的形象都出现在铜盆上，铜盆的外壁或内壁都雕刻了另外的纹饰——鱼纹。这就说明，古人不仅认为龟是太阳神，而且认为它是同水相联系的一种神。最近，我因事前往巴黎，在吉美博物馆看到一件以龟为纹饰主体的商代青铜盆（图 1-08B）。

作为太阳神的龟。

图 1-08B

龟背上出现 18 个圆圈，这件事尚不知其缘由；但龟纹和鱼纹、鸟纹同铸于一件器物，却是可以和刚才说的五件龟纹器物相互证明的——证明在当时人的心目中，龟是在水中运行的，太阳鸟也是在水中运行的。古人为什么会产生这种太阳行于水的想法呢？等一下再作探讨。

现在，我的结论是：在商代人的心目中，龟是一种太阳神。这一点和鸱鸮一致。龟器物不仅出土在商文化遗址当中，而且出土在红山文化遗址当中，这一点也是和鸱鸮相同的。这意味着，商民族和它的祖先贡献了两个相联系的神明：一个是鸱鸮，一个是龟。事实上，在神话的文献记录当中，也可以看到龟和鸱鸮作为太阳使者的性格。比如《礼统》说："神龟之象，上圆法天，下方法地，背上有盘法丘山，玄文交错以成列宿，五光昭若玄锦文。"[1] 这段话表明龟有两个性格，一个是太阳神的性格，另外一个是地神的性格。龟的这两种性格，都有大量图案来作证明。

下面，我打算对鸱鸮和龟的神奇故事作一个比较深入的探讨。也就是说，不仅指出鸱鸮和龟是太阳神，而且具体探究它们作为特殊的太阳神的性格。这个特殊性表现在：它们主要联系于夜晚的太阳。它们承担的是这样的使命：在黑夜当中把太阳从西方或者北方运往东方。正因为这样，他们既被看作太阳死亡的象征，又被看作太阳复生的象征。

> 鸱鸮和龟在神话中的使命。

---

[1] 《初学记·鸟部·龟》引《礼统》，中华书局点校本，1962 年，第 745 页。

三、关于太阳在晚上的运行

我的意思是:在中国上古时代,有一个关于太阳在晚上运行的神话。为了找到这个神话,我们要注意观察下面这一组图案。

长沙马王堆汉墓帛画中的鸱和龟。

图1-09

首先,请大家看图1-09——长沙马王堆的汉墓帛画。这是大家比较熟悉的一幅画。这幅画通常被分作三段,代表冥间世界——祖先居住的那个世界——的三个部分。它的上部是天神居住的地方。当中的神一般认为是烛龙,因为《山海经》所描述的烛龙的形象就是这个形象。它的中部是祖先居住的地方,下部则是地下世界。值得注意的有两个细节:一是在这幅帛画上面有两处出现了鸱鸮,二是在这个帛画的上部有九个太阳。这是一个曾经被人们争论过的问题,根据"天生十日""羿射十日"等神话,古人心目中是有十颗太阳的。那么,为什么帛画上面的太阳是九个而不是十个呢?这值得思考。

我认为:帛画中部描写的是墓主人居住的世界。他的上方是一只鸱鸮,表明他居住在一个夜和黑暗的世界里。鸱鸮头顶上是一个华盖,华盖上面有两只凤凰和一个玄圃,这个图就证明了我们刚才说的道理:在周以来的文化当中,鸱鸮是和凤凰相对立的一种鸟。凤凰代表白天和光明的世界,而鸱鸮代表夜晚和黑暗的世界。图的中央部位站立着墓主人和他的侍者,底下由蛟龙组成的纽结代表了新生命的孕育。这幅帛画的下部(图1-10)描写的是水的世界,也就是所谓"羽渊"——太阳降落的地方。

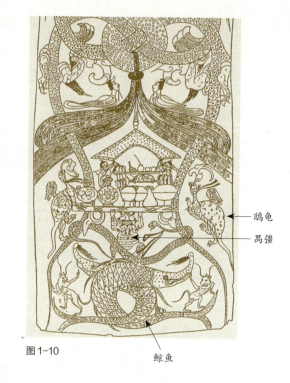

图1-10

鸱龟
禺疆
鲸鱼

值得注意的是:羽渊左边右边各有一对鸱龟,而且鸱鸮正好站在龟的背上,由龟背负着在爬行。这个动作叫什么呢?我认为,就叫"鸱龟曳衔"!图中的鸱鸮就是解散了羽毛的太阳,也就是正在休息的太阳。两边的鸱龟是不是代表两个太阳呢?也许是,因为整幅图上明显表现了左与右的对称;但也许不是,因为可以把它们理解为一组连环的动作:左边这只龟正在爬出羽渊,进入黑水,就要开始自西向东的旅行,也就是说将要升上天空。而右边那只龟则在黑水中悬浮,它承担的就是把太阳送返东方的使命。

图中另外还有一些动物,都是比较好理解的。比如图下方两条鱼是鲸鱼,站立在鱼身上的神是禺疆。它们是水和生育的象征。它们有助于确认长沙马王堆帛画上的种种细节,确认这幅画包含了这样一个观念:黑夜的太阳处于水中,化身为鸱鸺；而龟则是太阳在黑夜的东行之舟。古人所谓"鸱龟者本一物",指的就是鸱鸺和龟在夜间的共同运行。

其次,请大家看图1-11——河南新郑汉代画像砖中的鸱鸺和龟。图上这两块画像砖,都出土在河南新郑。《中原文物》1978年第1期发表了考察报告《河南新郑出土的汉代画像砖》,把它们编号为第17块和第18块。第17块的名字叫作《鸩鸟和玄武》,第18块的名字叫作《鲧与鸱龟》。

河南新郑汉画像砖中的鸱和龟

图1-11

这是一篇水平很高的考察报告,它的命名是完全正确的。为什么这样说呢?因为它和古人关于鸩的描写是一致的。从古人的描写看,鸩有三个特点:第一个特点是能"运日",第二个特点是能"阴谐",第三个特点是能食蛇。[1] 上面这幅图印证了鸩的这些特点。图中的鸩正好叼着一个蛇,同时和龟排在一起。以前看材料,我不懂得其中所谓"运日""阴谐"是什么意思;但是现在懂了。联系刚才提到的鸱鸺、龟和太阳的神话,我

---

[1] 《说文解字·鸟部》:"鸩……一名运日。"《山海经·中山经》郭璞注:"鸩,大如雕,紫绿色,长颈赤喙,食腹蛇头;雄名运日,雌名阴谐也。"《广雅·释鸟》:"鸩鸟,其雄谓之运日,其雌谓之阴谐。"

第一讲 从"鸱龟曳衔"神话谈起 | 033

们知道,这里的鸩就是人们心目中的运日的神鸟,能够同太阴世界相谐和的神鸟。为什么说鸩有运日的特性,有阴谐的特性呢?道理就在于,在古代不同人群所传的神话中,曾经出现鸱鸮和鸩的代换;鸩的性格也就是鸱鸮的性格。

关于鸱鸮与鸩的代换,可以提出一个假设:它们之所以能够代换,是因为在古人看来,它们是同一类鸟。洪兴祖《楚辞补注》引《广志》说:鸩的特点是"大如鸮,紫绿色,有毒,食蛇蝮,雄名运日,雌名阴谐"。可见鸩与鸱鸮体型相近,同样代表了死亡——鸩因为有毒而代表死亡,鸱鸮作为夜晚和黑暗世界的标志而代表死亡。在古人看来,它们的区别主要是仪式形象的区别:鸱鸮和下面将要讲到的羊、牛、饕餮等动物一样,在仪式上呈现为正面图像;鸩则和蚕、凤鸟、朱雀等动物一样,在仪式上呈现为侧面形象。在彩陶、青铜器、帛画、画像石的图像中,我们可以看到这种正面与侧面的区别。

至于《鲧与鸱龟》中的鲧,则是指图后部奔走的人物。但他不是这个图的主角,这个图的主题仍然是鸱龟和太阳。鸱鸮的形态在原物上表现得很清晰,文物报告说:"尾部与两足伏在龟背上,两耳高耸,圆目长嘴张口。"这实际上就是鸱蹲的形态,或鸱龟曳衔的形态。另外,图周围有十个圆圈——它们很明确地展示出了太阳崇拜的主题。也就是说,这幅图的含义是:大龟运载着十日,十日化身为鸱鸮。现在,作为太阳化身的鸱鸮正好负在龟背上运行。

再次,请大家看看图 1-12——汉代甘泉宫遗址中的两块瓦当。关于它们的记录发表在 1980 年第

汉代甘泉宫瓦当中的鸱和龟。

图1-12

6期《考古与文物》上面。这两块瓦当被考古报告《汉甘泉宫遗址勘查记》命名为"蟾蜍玉兔纹瓦当"和"龟蛇雁纹瓦当"。

如果把以上两幅图对比一下,我们就知道,这篇报告对瓦当的命名是有误差的。因为尽管"蟾蜍玉兔纹瓦当"是一个正确的命名——蟾蜍、玉兔的形象与含义都很明确,当它们结合在一起的时候代表月亮,这是没有异议的——但左边这块却不应该叫作"龟蛇雁纹瓦当"。既然两块瓦当在同时同地出土,那么,它们应该分别代表月亮和太阳。根据前面的论证,古人习惯用龟和鸟的结合来代表太阳。因此,被称作雁的鸟其实是鸱鸟;这个瓦当至少可以改称作"鸱鸟与龟蛇瓦当"。当然,还有一个更合理的名称,即把这两块瓦当分别称作"月纹瓦当"和"日纹瓦当"。两块瓦当同时出土,这就说明,在当时,也就是在汉代初期,民间流传着两种龟和太阳的传说。一种说太阳化身为鸱,化身为猫头鹰,由龟背负着运行;另外一种则说鸱鸟和龟共同运载了太阳。

好,接下来是画像砖拓片图1-13。在这块出土于郑州的画像砖上,中间有一只老虎,虎背上背着一只乌龟,乌龟前方有一只猫头鹰(鸱)。这幅图的含义是什么呢?我理解,它是这样一个含义:黄昏的时候,太阳西落,化身为鸱鸮,迎接它的是西方的星宿神白虎。我

郑州汉画像砖中的鸱和龟。

们怎么知道这个老虎代表西方的星宿之神呢？怎么知道前面的这个鸱代表太阳呢？因为我们有两个证据。

图1-13

一个证据是图1-14——汉代画像石中的苍龙星座。它出现在汉代南阳地区的画像石上，图的上方是一轮圆亮的物体，里面有玉兔，有蟾蜍，明显是月亮。而月亮下面却是一条龙。可以判断，这条龙代表的是东方的苍龙星座，因为在它周围有角、亢、氐、房、心、尾、箕这样7个星座，一共包括16颗明星。为了强调尾宿，这条龙还有比较饱满的尾巴。角、亢、氐、房、心、尾、箕，是二十八宿中属于东方星宫的七个星宿。氐指的是龙的胸脯，亢指的是龙的喉咙，房指的是龙的心房。这幅

图1-14

图说明了什么呢？它说明：按照古人的想象，墓葬中的星空和现实生活中的星空是相反的。在墓葬的星空里，早上出现的是月亮，晚上出现的是太阳；东方出现的是月亮，西方出现的是太阳。所以，郑州汉代画像砖中的鸱鸮、龟和白虎，说的就是西方的太阳。

036 | 经典之前的中国智慧

冥间世界：颠倒的人间世界

图1-15

另一个证据是图1-15——汉代画像石日月图。这块画像石也出土在河南的南阳。这幅图的特点是：月亮升起在上方，太阳降落在下方，它描述的是日落地下、月亮升起在天庭的景象。这说明，在古代人看来，冥间世界是和人间世界相颠倒的世界，冥间世界的天体按不同于人间世界的路线运行。因此，把东方苍龙星座和月亮联系在一起，把西方白虎星座和太阳联系在一起，这是不难理解的事情。郑州画像砖中的鸱龟和白虎，可以肯定，它所代表的正是夜晚的太阳，或者说是冥间的太阳。换一句话说，在世界的一半时间和一半空间中，鸱和龟是太阳及其运动的象征。

总之，在以上这些图画中，我们可以看到一个不见于文献记载的故事，也就是关于晚上太阳的故事。现在我们知道，太阳一旦西下，在羽山解羽之后，它就沉入羽渊，化身为鸱鹗了。这个时候，等在羽渊的龟，便驮起了这只晚上的太阳之鸟，然后缓慢地向东方爬行，并最终在早晨，把它送到了东方若木。在古人看来，正因为有这样一个鸱龟合一的由西向东的运行，我们才能在每一个早晨，都看到东升的旭日。

第二讲 从"鸱龟曳衔"神话看上古神话

一、对"鸱龟曳衔"神话的解释

好了,现在我们可以回到《楚辞·天问》来了。根据以上这些图像,我觉得,我们完全有理由对《楚辞·天问》中的那段话提出一个新的解释。

可以肯定,《楚辞·天问》当中的神话,是有图像背景的。因为王逸《楚辞注》有一句话,说到屈原在流亡过程中的经历,即"见楚有先王之庙及公卿祠堂,图画天地,山川神灵"。这句话的含义是:屈原是在见到绘有天地山川神灵的宗庙壁画的情况下进行文学创作的。而在《吕氏春秋·谕大》中,有"五世之庙,可以观怪"的说法;在汉代王延寿的《鲁灵光殿赋》中,对汉恭王所建的鲁灵光殿,也有"图画天地,品类群生,杂物奇怪,山神海灵,写载其状,托之丹青"等等描写。所以我们肯定,古代的神话是有一批相对应的图像的。具体来说,《楚辞·天问》所说的"鸱龟曳衔,鲧何听焉",应该就是楚宗庙中相关壁画的反映。它的含义是:运送太阳的不是鲧,而是鸱鸮和龟;鲧并没有什么功德。所谓"听",即"聼",是

《楚辞》神话的图像背景。

"圣"（聖）的意思。

由此可见，"何阖而晦？何开而明？……"这一整段话，都可以理解为针对图像的提问。翻译成现代语言，是说："天户怎样关闭而造就了黑夜？又怎样打开而造就了白昼？角宿未启天关之前，太阳藏在什么地方？鲧不能胜任治洪之事，为什么他又深孚众望？大家都说不必为鲧担心，那么为什么不让他试试看呢？晚上的太阳是由鸱和龟运送到东方的，鲧有什么功劳呢？……"这段话在逻辑上是很完整的，证明我们对这个神话提出的解释可以成立。

现在的问题是：既然我们对《楚辞·天问》里的一个设问作出了解答，同时也对晚上太阳存在于何方的问题作出了解答，那么，我们是不是可以进一步讨论一下：对于理解中国上古神话来说，这个关于晚上太阳的神话有什么意义？

二、讨论一：神话体系、仪式和神话研究的方法

在我看来，清理出晚上太阳的神话或鸱龟神话，至少有助于解决以下三个问题：

第一，如何理解《楚辞·天问》的神话体系？这是神话学界经常讨论的问题。人们的基本看法是：承认《天问》神话有体系，但无法确定如何理解这个体系。有一种意见认为：《天问》是有错简的，也就是把甲说成乙，把乙说成丙，造成了神话之间的不衔接；所以，要恢复《天问》的神话体系，就要调整现有文本的次序。还有一种意见说：应该从时空的顺序、神明的性格、神祇的关系等角度，对神话题材进行分类，通过分类重

> 《楚辞·天问》的神话体系。

建神话的体系。现在我们知道，这两种做法都是有问题的。为什么呢？因为我们不能用现代人心目当中的某种逻辑，去代替古人心目当中的逻辑。尽管科学研究的基本方法是比较和分类，但任何分类都是要在观念上建立秩序，因此必须考虑：按什么标准来建立秩序？我们首先要去找到这一标准。通过讨论"鸱龟曳衔，鲧何听焉"，我们知道，这个标准应该是古人的信仰，以及在这种信仰的基础上建立的叙事逻辑，而不是现代人心目中的逻辑。

学者们在建构神话体系的时候，为什么会偏离古人的信仰和古人的叙事逻辑呢？有一个非常重要的原因，即研究者的观念受到了另外一种神话体系的影响。在学术界流行一种看法，即认为中国神话没有体系。这个看法是似是而非的，因为它并没有说清楚什么叫作"体系"——它所谓的神话体系，其实是指文学上的逻辑，也就是故事的结构。实际上，这是把被《荷马史诗》《神谱》等经典整合过的希腊神话拿来作为比较的标准了，是以这种经典化的希腊神话的形态来衡量中国神话了。在这种希腊神话里，神和神之间有很明确的亲属关系，代表善和恶，代表不同的社会分工，在故事情节上显得有体系；它的确不同于中国神话，事实上，也不同于原生形态的希腊神话。但是从另外一个角度去看，中国神话的体系是比它更加深刻、更加完满的——准确地说，是更加真实的。这有很多事例，比如《天问》所说的天户开阖、角宿启明、鲧治洪水、鸱龟曳衔，就表现了一个神话体系的逐层展开。值得注意的是：这个展开过程，是同由四壁合成的"宗庙壁

> 《天问》神话的叙述结构是由楚宗庙壁画的绘画结构决定的。

画"相对应的；或者说，《天问》神话的叙述结构是由楚宗庙壁画的绘画结构决定的。这就意味着，我们应该依据古人留下的那许多具有仪式特点的图案，比如新石器时代的彩陶、商周时候的青铜器花纹、战国以来的帛画、汉代的砖石画像，来探寻中国古代神话的体系。

第二，如何理解神话同仪式的关联？在这堂课的开头，我们谈到过神话是什么的问题。现在我们知道，《天问》神话是一种图像叙述，"鸱龟曳衔"神话是和图像材料密切对应的。那么我们可以想一想，为什么在文本材料当中已经遗失的神话，却总是保留在图像材料当中呢？只有一个答案：上古神话其实就是在仪式上讲述的神话，为什么呢？因为图像是仪式的道具。所谓"宗庙壁画"，从功能上看，就是配合在宗庙当中进行的各种各样的仪式活动的壁画。神话的体系，从表面上看，可以归结为图画的结构；从本质上看，应该归结为仪式的结构。

> 《天问》神话是一种图像叙述。从本质上看，其体系应归结为仪式的结构。

事实上，不仅《天问》神话，中国各民族的神话在本质上都是仪式叙述。这一点可以从田野工作者所发掘的"活态神话"中得到证实。譬如洪水神话，它不仅在各种仪式上讲述，而且，它的故事性、程序化特性，也都是同仪式相关联的。比如洪水神话讲伏羲、女娲渡过洪水以后，要采用击鼓、问乌龟、问竹子、滚磨盘等方式，来询问是否可以结婚；婚后生出一个肉块，又有把肉块剁碎播撒等细节。这些细节都是跟某种仪式项目相对应的。其中击鼓的细节，对应于结婚的仪式；问乌龟、问竹子、滚磨盘的细节，对应的是卜婚的仪式——我们知道,商代人是用龟甲来占卜的,周代人是用类似于竹子的蓍草来占卜的。但为什么要把肉块剁碎了,播撒到地里去呢?那是因为,在现实生活里确确实实有这样一种仪式。《金枝》就记录了很多民族所保存的类似仪式,说某些民族在播种季节要举行典礼,他们把人牲当作谷物的种子一样处理,他们不是随便地杀死人牲,而是要举行很隆重的仪式,要欢呼,要敬拜,最后把人牲放在舂米的石臼里椎成肉块。就是说,这些民族的人不再把这个牺牲当人看待了,而是把他当作种子来看待了。所以在洪水神话里面也会出现这样的细节。总之,假如我们联系仪式来分析神话,我们确确实实可以在神话的一个个细节里面找到它同某种仪式的对应。

第三,如何进行神话研究?通过"鸱龟曳衔"神话,其实我们还可以找到探寻古代神话叙述之真相的办法。主要有以下三个办法。

> 进行神话研究的三个办法:神话文体研究,神话文本的校勘学研究,神话文献与图像的比较研究。

首先一个办法是分析古代的神话文献,透过它的形式特点来揭露古代仪式的痕迹。刚才说到,神话是一种仪式叙述。既然是仪式叙述,那么仪式讲述过程,便必然要在神话的文本形式上得到反映。也就是说,文本形式上的特点往往反映某种程序或仪式。这意味着,为了探讨神话同仪式的关联,我们有必要进行一种神话文体的研究,也就是研究仪式叙述的语法。这种研究可以帮助我们探讨古代神话叙述的真相。至于哪种仪式表现为哪种文体?这还需要再研究。也就是说,这项研究的空间还很大。

其次一个办法是把汉族的神话资料同其他民族的神话资料、口传神话资料进行对比。因为汉族的神话资料基本上是用文字记录下来的，不同于用口传方式保留下来的神话资料。前面说过，有人认为神话本质上是一种散文作品。之所以会有这种认识，就是因为汉族神话有记录上的特殊性。我们知道，韵文总是意味着口传；因为包括押韵在内，各种各样的格律都是唱诵的产物，是用来帮助记忆的。在这种情况下，汉民族的、在古代用汉字记录下来（而不是靠口传保存下来）的神话资料，便必定是残缺的。也就是说，汉民族是用文字来记录神话的，因为这种方式在工具和材料上有特殊的要求，所以反而造成了许多神话的失传。因此，我们有必要用少数民族的口传神话，特别是同汉民族有族源关系的各个民族的口传神话，来和汉民族的神话资料进行对比，以补充汉文记录当中缺损的部分。这种工作也可以叫作"神话文本的校勘学研究"。这种研究同一般意义上的校勘学是有区别的，它的要点是从仪式叙述的角度去做异文的补充和比较。

再次一个办法是分析古代的图像资料，从中找到仪式叙述的线索。比如刚才讲到长沙马王堆的汉墓帛画，它分作天（上）地（下）人（中）三个部分，就明显包含了某种神话叙述的结构。这就意味着，我们还有必要进行神话文献与图像的比较研究。

三、讨论二：神话的符号表达方式

现在，我打算回到"经典之前的中国智慧"这个题目上来，从这个角度看看晚上太阳的神话——或者说"鸱龟曳衔"神话——的意义。

我认为，这个神话有助于理解这样两个事实：第一，中国上古神话是有体系的，这个体系也可以说是由概念组成的体系。每一个神话都联系于很多概念，因而联系于很多别的神话。比如"鸱龟曳衔"，它不仅联系于人们对于太阳的看法，对于鸱鸮和乌龟的看法，对于鲧（鲶）和"玄"——"玄鸟""玄冥""玄武"等等——的看法，而且联系于关于天区划分的知识与信仰，联系于当时人关于现实与冥间二分世界的知识与信仰。它把这些知识与信仰中的概念使用起来，便组成了上古的神话体系。第二，神话表述和我们的语言习惯是有区别的，这就是它采用了特殊的符号方式，用一批直观符号来表述当时的宇宙观。换句话说，"我们"（现代人）和"他们"（上古人）在智慧上的区别，并不是"高级思维"和"原始思维"的区别，而只是语言方式的区别。为了说明这两个事实，我打算再讨论几个相关的神话。由于时间关系，请允许我直接引用我对于这些神话的看法，暂时不作论证。

我想提到的是关于黑水、昆仑与蓬莱的神话。在这几个神话中，山川与河流有特殊的意义。

我们不妨注意一下《山海经》中的黑水。在《山海经》里，有十几个地方提到了黑水。《山海经》没有去描写黄河，没有去描写长江，但是它却用这么多的篇幅去描写黑水，这就令人好奇了：黑水是一条什么样的河流呢？

关于这个问题，人们做了很多讨论，提出了几十个答案。有人说黑水是苏赖河，也就是新疆的疏勒河；有人说它是额济纳河，也就是甘肃的黑河；又有人说它是青海的大通河，或者是西藏的雅鲁藏布江；还有人说它是流经青海、西藏、云南、四川的金沙江，或者是发源于青藏高原、经云南而流入印度洋的怒江，或者是经青海、西藏、云南三省以及东南亚各国而流入南海的澜沧江。这场讨论有一个特点：一方面，所有的论点是彼此矛盾的；另一方面，它们又都是符合已知条件的，能够成立。这说明什么呢？我们不妨联想一下盲人摸象的故事。那故事也是说，关于大象的形象，不同的人得出了不同的答案：摸到象牙的人说好像萝卜的根，摸到象耳朵的人说好像簸箕,摸到象脚的人说好像柱子,摸到象尾巴的人说好像麻绳,等等。这样就产生了一批虽然各有根据但相互矛盾的看法。关于黑水的讨论是不是与此类似呢?

同样的情况又见于关于昆仑的讨论。《山海经》也经常提到"昆仑"。那么,昆仑是一座什么山呢?人们也做了很多讨论,提出了几十种说法。有人说是位于青海北部甘肃南部的祁连山,有人说是位于青海东南的玛沁雪山,有人说是同样位于青海的巴颜喀拉山,有人则说是位于西藏的冈底斯山或喜马拉雅山。这场讨论也是各有道理,莫衷一是。

> 换一个办法去解决众说纷纭而得不到结论的问题——改变提问题的方式。

我有一个经验,凡是遇到众说纷纭而得不到结论的那个问题,我们便可以换一个办法去解决它,也就是改变提问题的方式。比如人们通常认为黑水是一条河、昆仑是一座山,那么,我们为什么不可以怀疑这一假定呢?为什么不可以认为——黑水不是一条现实的河流,昆仑不是一座现实的山呢?能不能这样想?能这样想!为什么呢?因为综合各种材料,可以建立这一想法。

《山海经》是这样描述黑水的:从源头看,黑水出自西极的幽都。关于那里的地名,有"幽都之山"的说法,有"帝之下都"的说法,就是说黑水起源于大地西端的黑暗王国。从流向看,黑水从西北流出来,往东流,再往东北流,最后往南入海,流到"羽民国",也就是流到许多仙人居住的地方。而从流程看,黑水经过了"朝云之国""不死之山",经过了一系列长寿人居住的地方,还经过了轩辕、后稷等大神的墓地。如果把这些材料全部综合在一起,那么我们可以得出这样的一个印象：黑水是一条把死亡和再生串联起来的河流，它同时也串联起了许多同死亡和再生相联系的国度和神话人物。这也就意味着：黑水是一条从死亡之国、黑暗之国出发，流向生命和光明的河流。它是不是一条物质的河流呢？很难说，因为它很可能是条观念的河流。

如果联系"鸱龟曳衔"神话，我们对黑水还可以有更明确的认识。可以推测，它就是鸱鹗和乌龟从西方返回到东方的那条通道，是一条让太阳从死回到生的河流。为了说明这一点，这里先介绍古代图文献标识方位的习惯，也就是按照"坐北朝南"的制度，以南为上，北为下，东为左，西为右（图2-01）。所谓"左青龙，右白虎，前朱雀，后玄武"，便是这一习惯的表现。

现在，请大家按照古人的习惯来看看图2-02——洛阳西汉卜千秋墓墓顶的壁画。这幅壁画是画在墓顶上的，原是一整幅。为便于排版，我们把它拆成两幅：上图是壁画的西部，下图是壁画的东部。太阳在上图右侧，也就是在西端；月亮在下图左侧，也就是在东端。在这个壁画上，各种动物都是由西向东跑的，它表示的就是冥间星空当

古代图文献标识方位的习惯：上南，下北，左东，右西。

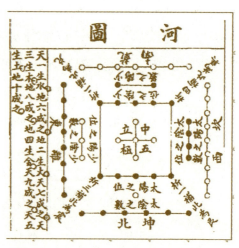

图2-01

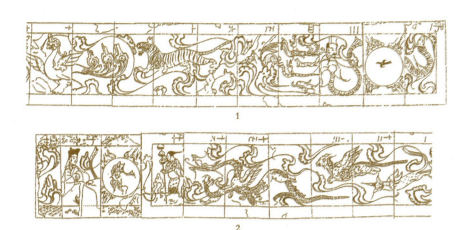

图 2-02

中各种天体由西向东的运行。这正好和我们刚才讲的故事相对应,是晚上太阳的运行方式的表现。另外值得注意是:这幅图中的星空呈狭长形,和现实中的银河、想象中的黑水形态相近。总之,从这幅图的形状、在墓葬当中的位置以及各种形象的彼此关系——综合这种种因素来看,可以判断,这幅图描写的就是黑水,就是祖先们居住的那个世界里的银河。晚上的太阳就是通过这条河流重新回到东方的。这是我对黑水的解释。如果采用这个解释,那么,黑水就是一条观念的河流,是太阳由死回生的通道。

> 黑水:一条观念的河流,太阳由死回生的通道。

为了理解黑水,我们还要考察一下昆仑。

昆仑和黑水的关联是非常明显的,它们有许多共同的特点:第一,它们都是"多解"的问题;第二,它们都被描述为"帝之下都""百神之所在",是不死的象征。两者的区别在于:昆仑山是固定在西方的,因而常常被描述为神的死亡之地，很多大神——比如葆江、相繇、相柳——都是在昆仑地区被杀的。而且，在这个昆仑山的周围，布满了"台"，各种各样的台，有"帝尧台""帝誉台""帝丹朱台""帝舜台"等等。所以我的看法，这个昆仑是埋葬死人的地方，是众神的归所，是祖先们的归宿。也就是说，它实际上是墓地的化身。

昆仑：墓地的化身。

还有一件事不容忽视：《山海经》从来没有单独用过"昆仑"这个词，而是把它称作"昆仑之虚"和"昆仑之丘"。这是很有深意的，因为"虚"（虛）和"丘"都是以"北"（丠）为偏旁的字。《礼记·檀弓下》说："葬于北方、北首，三代之达礼也，之幽之故也。"意思是说：在夏商周时期，符合礼仪的埋葬之法，是把死人埋在居住地的北方，以方便死人回到幽都去。所以，"丘"和"虚"的偏旁，都象征着墓地、北方，象征埋葬死人的幽冥之界。请看图2-03——甲骨文中的"丘"字。它的形状是两土并立而中空，所代表的正是盆地状的墓地。

图2-03

另外有一件值得注意的事情是："丘"和"虚"都有下凹、上凸两种含义。比如在现在人的心目当中，"丘"是一个小山包，这是山丘之"丘"；但甲骨文中的"丘"不是这样，而是一个明明白白的洞。直到孔子时代，"丘"仍然表示下凹的形状——所以孔子的大名是"孔丘"。据史书记载，孔子得名于"生而圩顶"——他的脑袋长得像环形山那样。同样,"虚"字的一般含义是下凹,所以引申为表示空虚、谦虚、虚怀若谷的"虚"。但它也有一个分化字"墟",表示上凸,比如各种土堆。为什么"丘"和"虚"在古代是一个往下深入的洞,后来却变成了往上高起的土堆或小山包呢?原因就在于:最早的时候,"丘"和"虚"都代表埋葬死人的地方,而那时习惯于穴葬,墓地是下凹形状的;到后来,墓葬制度改变了,"墓"变成了"坟"——"坟"的本义是"贲",也就是把土堆起来。《礼记·檀弓上》说:"古也墓而不坟;今丘也,东西南北之人也,不可以弗识也,于是封之。"说的就是西周以前墓葬形制的演变。考古学家在殷墟墓葬附近发现了火烧的痕迹,这就说明,中国人在殷墟晚期,已经开始筑起高台祭祀死人了。为什么昆仑神话里有那么多"台"呢?就因为它本身是一个从墓穴发展起来的台。

现在请大家看图2-04——产于中国而保存在日本正仓院的一枚铜镜,是奈良时代(710—794)的遗物,日本人把它称作"盘龟背八角镜"。镜上部的交龙代表天神,下部的昆仑代表地神,镜缘上的八卦代表宇宙万物,中央是一个龟,代表当时人以龟为宇宙中心的观念。从这幅图可以看到:昆仑信仰和乌龟信仰是相关联

图2-04

的。尽管铜镜上的昆仑山已经是比较高的山了,但我们可以从它同乌龟的关联当中,从它同交龙的对应当中,看出它代表的是同死亡相联系的一样东西。这可以证实前面提出的种种观点。

在中国神话里面,还有一座同昆仑很接近的山——蓬莱。关于蓬莱的种种记录,都透露出一个迹象:蓬莱神话是昆仑神话的东方镜像。限于时间,我们不能一一介绍这些材料,但大家可以看一下相关的图片。

这是图 2-05——山东沂南墓门上的石刻,它们反映了汉代人关于昆仑增城的观念。左边那座山上坐着西王母,右边那座山上坐着东王公。西王母坐在昆仑山上,这是不难理解的,因为昆仑山代表西方,《山海经》就是这么说的——说西王母是昆仑

图 2-05

山上的大神。但是为什么东王公的宝座也是一座山呢?我认为,这是因为古人已经仿照昆仑山制造出了蓬莱。它与昆仑相对,不在西方而在东方。也就是说,昆仑神话的发展史,进入了新阶段。这有两个重要表现:其一,表现为由昆仑之"虚"变成昆仑之"墟",增高了;其二,表现为从西方移植到东方,产生了蓬莱神话这一分支。

图 2-06

这是图 2-06——蓬莱山图。它是日本"重要文化财"之一，收藏在东京国立博物馆，画在袈裟箱箱盖的里部。这幅图的特点是把整座蓬莱山安置在龟背上。它仍然保存了古代人以蓬莱为龟山的观念。我们知道，按照古代神话的说法，蓬莱山是由十五个巨鳌托起来的，巨鳌就是大乌龟。这和"盘龟背八角镜"所反映的昆仑山神话相一致。这说明，神话中的蓬莱山的确是由昆仑山分化而来的。

如果把鸱龟神话、黑水神话、昆仑神话、蓬莱神话联系起来，那么，我们不仅知道蓬莱是依照昆仑观念所塑造的一座神山，而且知道，之所以有蓬莱山或蓬莱神话的出现，是因为过去作为墓葬的昆仑山，由于祭祀制度的变化而被人们赋予了越来越强烈的再生观念。我们于是可以得出这样一个结论——在古人的观念中，黑水指的是晚上太阳从西方返回东方的通道，代表生命的流动和永恒。昆仑指的是黑色的墓丘，代表死亡，被设想为太阳和所有生命的归宿；它被安置在大地的西北角，称为"虚"，传说是幽都和众帝的居处。蓬莱指的是旭日之山；它取象于乌龟顶戴鸱鹗（太阳鸟）的形象，代表生命的再生。这三者的关系是：蓬莱是同昆仑相对应的一座神山，黑水则是

蓬莱：旭日之山，代表生命的再生。

联结这两座神山的纽带。当古人把龟设想为在黑夜中运载太阳的神使，让它承担经黑水将太阳送返东方的使命的时候，在古人观念中的大地两端，也就是黑水的东西两极，便出现了以乌龟为原型的两座神山——西北方的昆仑秉受黑夜和死亡的性格，成为刑杀之山；东南方的蓬莱秉受白昼和再生的性格，成为天堂之山。

这个结论意味着：中国古神话中的种种直观事物，是有其象征意义的。它们往往是表达某种思想和观念的符号。这是神话所特有的表述方式，是理解神话的重要方面。

四、结语

现在，让我们对以上讨论作一总结。

在我们所看到的这些神话——鸱龟神话、黑水神话、昆仑蓬莱神话当中，各种具体事物，包括动植物和山川，都是观念的化身，是思想的符号，是关于古代宇宙观的术语，而不是现实生活中的山川、动植物等事物。这就是说，在古典哲学当中保留的"气"和"道"这样的术语——以具体事物来表达抽象观念的术语——在中国思维发展的某个阶段，实际上是非常普遍的现象。在那个时候，人们都是用具体事物来表达某种抽象的观念的。这是比较重要的看法，是我要特别强调的。

但是，一旦把上述现象同古典哲学——比如保存了很多神话的老子、庄子的哲学——作一比较，我们可以发现，中国智慧

> 中国智慧的发展过程：由具象物体符号、具象事类符号到抽象事物符号的演进。

的两个发展阶段，经典阶段和经典以前的阶段，是相互连接的。它们构成了一个过程。这个过程，可以就其所使用的符号手段描写为以下三种符号次第演进的过程：

（1）具象物体符号；

（2）具象事类符号；

（3）抽象事物符号。

通过这一过程，我们可以了解经典之前的智慧的特质：它同样具有高度的抽象能力，只是不具有经典时期的符号手段。因此，应该把它称作"智慧"，而不是什么"原始思维"。实际上，中国早期智慧，尽管是神话阶段的智慧，但它仍然有明显的向经典阶段过渡的倾向。

关于上面说的这种理解，其实还有很多例证。有一个典型的例证——龙。龙的本质或原型是什么？这是大家都关心的热点问题，学者们也给过很多解释。我想有几十种解释吧——或解释为牛，或解释为马，或解释为鳄鱼，或解释为猴子，或解释为蛇，或解释为云和闪电，或解释为其他各种各样的动物。这就像刚才说的黑水研究、昆仑研究一样，也有点像盲人摸象。尽管大家摸到了尾巴，摸到了耳朵，摸到了象腿，但据此就下判断，说象是绳子、是簸箕、是柱子，却是大谬不然的，因为这都是就一个局部来建立自己的论证的。

要纠正这种偏颇，我们就要去追究象的整体。刚才说过，从整体看，神话中的黑水并不是一条简单的河流，神话中的昆仑也不是一座简单的山；同样，我认为被人们解释过许多次的龙也是另外一样东西。是什么东西呢？请大家看图2-07。这幅图叫作"六种脊椎动物在相似发育阶段上的胚胎"。它共有三行，每行有六种动物，自左至右是：鱼类、两栖类（蝾螈）、爬行类（龟）、鸟类（鸡）、哺乳类（猪）、人。最上层是这六种动物胚胎的早期形态，最下层是这六种动物胚胎的成熟形态。到了下层，这六种动物彼此有分别了，而等它们从子宫当中诞出，我们一眼就能分辨：哪个是鱼，哪个是青蛙，哪

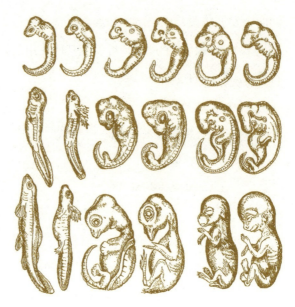

图 2-07

个是龟，哪个是鸡，哪个是人。但是在胚胎发育的早期，是分辨不出来的，因为它们的形状太相像了。古人肯定会注意到这个现象，会因此产生万物同祖的观念。那么古人会用什么名称来称呼这个"祖"呢？或者说，会怎样称呼上面的这一排东西呢？我认为，这个名称就是龙！

请大家再看几幅图。

图 2-08 是红山文化的玉龙，出土于内蒙古翁牛特旗和内蒙古巴林右旗，距今有五千多年。图 2-09 是陶寺文化的蟠龙，出土于山

图 2-08

图 2-09

西襄汾陶寺，原来绘在一个陶盘之上。它的年代相当于夏王朝，距今四千年左右。图 2-10 是出土于殷墟妇好墓的玉龙，左上方叫"龙形玦"，两面雕蟠龙纹，龙背脊有扉棱，龙身、龙尾饰云纹。其他几个玉龙也有相近的特点：中脊雕成扉棱形状，龙身、龙尾饰有菱形纹、三角纹或云纹。图 2-11 是出土于殷墟妇好墓的龙形玦。这件玉玦整体呈蟠龙形，背脊雕成扉棱状，特别简洁，它实际上是对龙形象的本

图 2-10

第二讲 从"鸱龟曳衔"神话看上古神话 | 055

质特征的概括。为什么说它表现了龙的本质特征呢？因为它强调了两样东西：一是强调了龙的脊棱，实际上，这也就是强调了龙作为脊椎动物之代表的身份；二是强调了龙的蜷曲状态，实际上，这也就是强调了龙作为胚胎之化身的身份。只要把前面的胚胎图和后面的玉龙图作一对比，我们不难发现：龙的原型，就是胚胎。

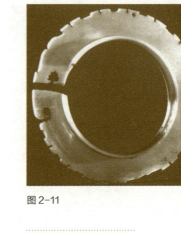

图2-11

龙的原型是胚胎。

实际上，在那些记录龙、描写龙的文献当中，我们也能辨别出龙作为胚胎的身份。比如关于龙的描写总是会强调龙是水物，说龙善于变化，说龙代表了生殖和繁衍。胚胎不就是这样的吗？胚胎是生活在羊水当中的，胚胎代表了生命的起源，相似的胚胎却隐含了发展为不同的生物的可能性。因此，我们完全可以作出判断，说龙就是胚胎的化身。而这一判断又意味着：龙并不是一种实有的动物，不能简单地说它是牛、马、鳄鱼、猴子、猪、蛇等等；而应该把它看成是对各种各样的动物的概括。这就是说，"龙"也是一个符号。这个符号是关于生命的无限发展的可能性的符号，是一个具有高度抽象性的符号。如果要找出一个词来和它相对应，那么这个词就是《周易》当中的"乾"。《周易·乾卦》曾经使用"潜龙勿用""见龙在田""飞龙在天""亢龙有悔""群龙无首"等爻辞来描写乾之"德"，描写阳气或生命之气的消长盛衰。在这一描写和古老的龙形象之间，是有明显的继承关系的，这也就是我刚才说的中国智慧的两个发展阶段——经典阶段和经典以前的阶段的关系。

第二单元

艺术

第三讲 饕餮艺术

一、"狞厉的美"和其他

饕餮是一种以贪吃而著名的兽类动物。它的形象常常见于商周时代的青铜器。它有一个奇怪的特征：没有下颌和身体。正是由于这一特点，它被称作"饕餮"，而不同于其他动物。

图 3-01 青铜铙上的饕餮纹

商晚期纹饰。采自《保利藏金》第48页。

关于饕餮和狞厉的美。

很多人对于饕餮的了解，来自美学家李泽厚《美的历程》一书。这本书出版于1981年。书中有"青铜饕餮"一章，描写了哲学家、艺术家眼中的饕餮。

根据李泽厚的看法，饕餮有这样几个文化属性：第一，它虽然是一种艺术，但它由具有浓厚宗教性质的巫史文化孕育而成。第二，它是一个时代的标准符号，代表战争、屠杀、俘获，所呈现的是神秘的威力和狞厉的美。第三，它的功能具有两面性，从异族角度看是恐怖的化身，从本族角度看是保护神。因此，它具有肯定自身、保护社会、协合上下、承受天休的祯祥意义。李泽厚总结说：很难定义饕餮这个事物，只能说，它本质上是兽面纹（牛头纹），表现"吃人"，指向某种超世间的权威神力的观念。从艺术角度看，它的特点是以怪异形象的雄健线条，以沉着、坚实、稳定的器物造型，体现无限的、原始的、还不能用概念语言来表达的原始宗教的情感、观念和理想，因而具有一种不可复现和不可企及的童年气派的美丽。

以上这些说法，是"青铜饕餮"一章的要点。它反映了艺术家的感觉，而没有具体论证。它说得对不对呢？当然不太对，至少很模糊。比如所谓"无限的、原始的、还不能用概念语言来表达的原始宗教的情感、观念和理想"，就是一句让人糊涂的话——是说现在人无能力用概念语言来表达它呢，还是说当时的人不能用概念语言来表达呢？什么是"概念语言"呢？怎么知道古代人"不能用概念语言来表达"呢？另外，关于"狰厉风格"的审美概括也不可靠，因为饕餮图像的特点未必是狰厉（图3-02）。由此看来，我们不如用考古学的方法，从功能角度来认识饕餮，比如联系青铜器的用途来解释饕餮。日本学者林巳奈夫就是这样解释的。他说：饕餮图像之所以面目狰狞，是因为要用它们来守护铜器中用于祭祀的酒

图 3-02　西周早期的青铜卣

食,守护祖先,不让蠹虫侵害。还有,除掉老虎,商代青铜器上的饕餮"大部分都是对人畜无害而且不会造成威胁的动物"[1]。这又意味着,我们很难说饕餮纹是表达战争、屠杀的符号。

当然,对于饕餮研究来说,《美的历程》一书是有积极贡献的。它说到了以下三件重要的事情:第一,饕餮艺术内涵很丰富,可以作为中国早期艺术的代表;第二,饕餮的确有"吃人"的特征,不过这一特征的内涵是什么,还需要深入研究;第三,饕餮纹主要存在于商、周两代,反映了政治、宗教、族群文化同艺术的结合。正是考虑到这三点,我们选择饕餮为代表,来考察上古智慧的艺术表现。

> 通过饕餮来考察上古智慧的艺术表现的理由。

事实上,早在宋代,当时的考古学家——"金石学家"们就开始了对饕餮纹饰的考察。到一百年前,近代考古学脱离传统的金石学而成为独立学科,这项工作也就成为商周青铜器研究的重要方面。从方法角度看,一百年来的饕餮研究是用四种方式展开的。

首先一种方式是著录青铜器,因为传世饕餮纹主要见于各种青铜器。从日本住友家族编印《泉屋清赏》(1911年,图3-03)时起,人们便开始收录和印刷青铜器照片。后来中国学者容庚、于省吾也编有《颂斋吉金图录》(1933年)、《双剑誃吉金图录》(1934年)等书。这些著作以青铜器型为主

---

[1] 参见林巳奈夫《神与兽的纹样学:中国古代诸神》,三联书店,2009年,第3、41页。

要考察对象,但它们同时也对青铜器纹饰作了分类整理,包括饕餮纹。

其次一种方式是综合研究青铜器。1924年,

图3-03 《泉屋清赏》书影

英国学者亚伯特·库普(A. J. Koop)出版了《中国早期青铜器》一书;1937年,瑞典学者高本汉(Bernhard Karlgren)出版了《中国青铜器的新研究》一书。这些著作的主要内容是对青铜器进行类型学研究,但它们同时也对相关纹饰作了分类,指出了各类型之间的关系。稍后,研究内容同样涉及纹饰和饕餮艺术的书有:中国学者容庚的《商周彝器通考》(1941年)、陈梦家的《中国铜器概述》(1946年)、荷兰收藏家万孝臣(W. V. Heusden)的《宝鼎斋重要私藏三代铜器图谱》(1952年)、《中国商周青铜器图解》(1952年)、日本学者水野清一的《殷周青铜器与玉》(1959年)。其中万孝臣一书认为:"饕餮"是个不确切的名称,应该称作"兽面纹";它代表远古传说中一种难以辨明的怪兽。

第三种方式是对青铜器纹饰作专门研究。早在20世纪20年代,日本学者就已进行这项工作。1930年,瑞典学者高本汉写成《论中国早期青铜器装饰的法则》一文。这篇论文讨论商周青铜器各种形式之间的关系及其演变规律,认为从龙纹饰和饕餮纹饰的装饰法则(例如具有各种形状相同的

关于兽面纹的原型。

图 3-04　饕餮纹的结构

　　构成饕餮纹的基本元素是眼、角、身、鼻。眼是整个图形的核心；角则是重要的符号标志，分为环柱角、牛角、外卷角、羊角、内卷角、曲折角、双龙角、长颈鹿角等类型。在构图上，饕餮纹讲究对称，以鼻梁为中轴线，展开对称的目纹、眉纹、耳纹和向上弯曲的身躯。它另有一个特点是经常对局部形象进行夸张，比如本图夸张了身躯部分。

角）来看，这两种纹饰具有同源的关系。1934 年，中国学者郭沫若则发表了《两周金文辞大系图编序说：彝器形象学试探》一文。后来，青铜器纹饰研究受到各国学者的重视，其中比较重要的研究成果有：1942 年，美国学者沃特伯里（F. Waterbury）著成《早期中国的符号及文献：遗存与推测》一书。这本书讨论了一系列动物纹饰，包括兽面纹。它认为兽面纹的原型是老虎；老虎具有驱邪及保护农业的作用，因而成为商代人最重要的守护神。从 1956 年起，李济在台湾发表了一系列关于殷墟青铜器形制与花纹的研究论文，例如《殷虚出土青铜觚形器之研究：花纹的比较》，同样对青铜器纹饰作了细致分类；这些论文把饕餮纹判属"兽面纹"。

　　以上这些著作对饕餮艺术研究产生了重要影响。由于它们以青铜器类型研究为出发点，习惯采用形式分析的方法，所以，"饕餮纹"一名就被"兽面纹"的提法代替了。比如 1984 年，上海博物馆青铜器研究组所著《商周青铜器纹饰》（文物出版社）一书便采用了这一提法，把兽面纹解释为"各种幻想动物的集合体"。

第三讲　饕餮艺术　｜　065

第四种方式是对饕餮艺术进行专门探讨。这一方式最早也是由日本学者采用的。1928年,石田幹之助发表了《饕餮的原义》;1939年,奥村伊九良发表了《有舌的饕餮》。后来,林巳奈夫发表了《中国古代的兽面纹》(1976年)、《所谓饕餮纹表现的是什么》(1984年)等论文,并出版专著《殷周青铜器纹饰之研究》(1986年)。在这些成果中,最值得注意的是林巳奈夫的著作。他分析了良渚文化以来各种陶器、玉器、青铜器纹饰的细节,并作了类型学研究。比如他按角的形状把饕餮纹分为13种,同时提出:青铜器上不同的动物纹是不同部族的象征,这些纹饰在器物上的位置反映了相应部族的社会地位。他还说:饕餮纹是甲骨文和金文中"帝"的形象,"虎食人"母题中的人是散发着"气"的人形神。[1]

接下来,欧美学者也进入饕餮艺术,提供了开阔的研究视野。比如美籍华裔学者张光直在《商周神话与美术中所见人与动物关系之演变》(1963年)、《商周青铜器上的动物纹样》(1981年)等论文中指出:商周青铜器上的动物纹饰起到沟通人、神两界的作用,张开的兽口在很多文化中都象征着通往另一个世界的通道,因此,"虎食人"母题中的人应当是巫师或萨满。类似的观点也见于江伊莉(E.Childs-Johnson)的论文。她认为:商代青铜器上的兽面纹实际上代表萨满作法时所戴的面具,是协助萨满沟通人、神两界的工具。

1980年代后期,饕餮艺术研究的中心转移到中国。这一

> 张开的兽口象征通往另一个世界的通道。

---

[1] 参见林巳奈夫《神与兽的纹样学:中国古代诸神》,三联书店,2009年。

时期,李学勤连续发表了《试论虎食人卣》《论二里头文化的饕餮纹铜饰》《良渚文化玉器与饕餮纹的演变》等论文,把饕餮艺术追溯到良渚文化玉器、二里头遗址出土的嵌绿松石铜牌饰和山东日照两城镇遗址出土的玉圭兽面形象。他认为,青铜器上的"虎食人"母题所表现的是人神合一。[1] 1990年,陈公柔、张长寿合作发表了《殷周青铜容器上兽面纹的断代研究》一文,为兽面纹建立了一个四型四十式的谱系。这时,美国学者艾兰(S. Allan)所著《饕餮纹及其含义》、英国学者罗森(J. Rawson)所著《商与西周时期玉器与青铜器的纹饰》等论文也介绍到中国来了。[2] 艾兰认为饕餮属于另一个世界的幻象,带有神圣的意味,并不是再现性的形象,但可以使人联想到某种用于祭祀的动物;其大张的嘴可能代表通往另一个世界的通道,也就是暗示了死亡之途。罗森则认为饕餮纹是某一类青铜器的标志,代表器物主人的等级或器物在祭祀仪式中的某种用途。这些论文推动了关于饕餮艺术功能与内涵的探讨。

最近几年,学术界关心饕餮研究,产生了许多新成果。[3] 其中影响

---

[1] 李学勤《试论虎食人卣》,《南方民族考古》第一辑(1987年);《论二里头文化的饕餮纹铜饰》,《中国文物报》1991年10月20日;《良渚文化玉器与饕餮纹的演变》,《东南文化》1991年第5期。

[2] 艾兰《饕餮纹及其含义》,《中国史研究》1990年第1期。J. Rawson "Shang and Western Zhou Designs in Jade and Bronze","中国艺术史国际学术研讨会"论文,台北故宫博物院,1991年。

[3] 比如学位论文有:蔡庆良《商至西周铜器与玉器纹饰分期研究》,北京大学博士学位论文,2002年;杭春晓《商周青铜器之饕餮纹研究》,南京艺术学院硕士学位论文,2002年;朱志鹃《青铜文化考——解析青铜造型艺术及其演变》,武汉理工大学硕士学位论文,2002年;黄姗《商代青铜器兽面纹与良渚玉器兽面纹关系之研究》,中国艺术研究院硕士学位论文,2006年;卢昉《论商代及西周人虎母题青铜器的内涵及流变》,西北大学硕士学位论文,2006年;夏雨《商周青铜器兽面纹中羊角纹艺术探析》,汕头大学硕士学位论文,2007年;魏晓明《饕餮纹三题:起源、功能与演变》,陕西师范大学硕士学位论文,2007年。此外浙江大学黄厚明博士亦发表了多篇论文。

比较大的是以下两本书：一是萧兵写的《中国上古图饰的文化判读：建构饕餮的多面相》。这本书采用很多人类学资料，就饕餮艺术的内涵提出了推测。它的主要看法是：饕餮的原型是"粘连着饥饿情结的食欲"，联系于上古之时的夸富宴、人祭或食人之风。由于要炫示权威、镇辟邪魅，所以饕餮用猛虎、藏獒、鸱鸮以及猛兽化了的牛羊为母型。饕餮既不属于至上神或太阳神，其纹饰也不能泛称"兽面纹"。[1] 二是段勇写的《商周青铜器幻想动物纹研究》。这本书通过图案类型分析，讨论了饕餮的功能、名义和原型。它有三个重要观点：第一，关于饕餮纹的功能，认为饕餮纹铸在以鼎为代表的青铜器之上，这些青铜器本质上是祭器、礼器、吉器，是政权的象征，所以饕餮纹有"使民知神奸""协于上下，以承天休"的特殊功用。第二，关于饕餮纹的命名，认为兽面纹在商周时期的青铜器中一直占据显著部位，其中"有首无身"者只占少数，所以"兽面纹"是一个无奈的名称。第三，关于兽面纹的类别及其内涵，认为对这些兽面纹加以区分的标准是兽首上的角、耳，由此可以分为牛角、羊角、猪耳三类，说明饕餮的原型应当就是牛、羊、猪等祭牲；在兽面纹中，牛角类、羊角类数量较多而猪耳类数量较少，这大概与商、周时期祭牲以牛、羊为主而以猪为次有关。商周祭牲有双重地位：既是奉献之牺牲，又是受祭之

> 关于饕餮的功能、名义和原型。

---

[1] 萧兵《中国上古图饰的文化判读：建构饕餮的多面相》，湖北人民出版社，2011年。

对象。这正是商、周青铜器上兽面纹的又一属性。[1] 如果要把这两本书作个比较，那么可以说，段勇比较重视饕餮艺术的历史环境，因而就"饕餮是什么"的问题，给出了比较有说服力的解释。

关于饕餮的基本认识。

总之，以上学者的研究都是有积极意义的。综合他们的看法，可以就饕餮艺术建立以下认识：

（1）饕餮艺术包含兽首无身、虎食人等多种形态，不仅见于商周青铜器，而且见于浙江良渚文化、山东龙山文化玉器和二里头文化陶器。饕餮艺术的产生时间，可以追溯到良渚文化时代，也就是追溯到五千多年前。

（2）饕餮艺术有多种原型，首先是牛和老虎，其次是羊、猪、鹿，另外也表现为多种动物特征的集合。这些动物有些是食肉动物，有些不是。

（3）青铜器是饕餮艺术的主要承载者。青铜器本质上是祭器、礼器、吉器，所以饕餮纹有"使民知神奸""协于上下，以承天休"的功用。作为受祭者，饕餮形象可以看作特定部族的标志。

（4）从兽面纹的年代分布看，它所代表的信仰体系与商代（商族）有最密切的联系。

---

[1] 段勇《商周青铜器幻想动物纹研究》，上海古籍出版社，2012年。该书第二章题为"兽面纹的类型学分析"。

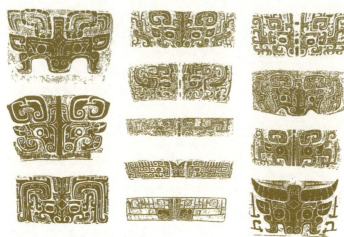

图 3-05　商代青铜器上的几种饕餮纹

不过,尽管有以上认识,对于现在人来说,饕餮仍然是一个谜一样的事物,有很多相关问题需要解决。比如,"饕餮"的本质是什么?既然有"兽面纹"一名,那么,是不是可以废除"饕餮纹"这一名称?或者说,有没有"饕餮"这回事?是不是有必要进行独立的饕餮艺术研究?——总之,怎样理解饕餮和兽面的关系?第二,怎样看待饕餮"吃人"的特征?饕餮为什么要吃人?又为什么要以老虎的形象、牛的形象、羊的形象来吃人?——总之,怎样理解饕餮同动物的关系?第三,既然饕餮艺术是上古艺术的典型表现,那么,它反映了上古艺术哪些特质?刚才我们说过:用"狞厉的美"来概括这些特质是不妥当的。而如果说饕餮艺术表现为"各种幻想动物的集合体",那么,它为什么要这样做?它采用了哪些智慧元素来达到这一效果?

有待解决的问题。

总之，为了理解上古艺术，理解它的表达方式和符号手段，我们应该对饕餮艺术的方方面面作一个重新考察。

二、从古记录看虎噬人器物

在我看来，对饕餮的理解之所以出现偏差，最重要的原因是没有完整地看待资料：思想史研究者忽视对图像资料加以分析，考古学家则忽视了关于饕餮的文字记录。比如以下四条记录，本是认识饕餮的基本资料；但不知为何，常常被人们忽视：

第一条记录见于《吕氏春秋·先识览》："周鼎著饕餮，有首无身，食人未咽，害及其身，以言报更也。"这段话说明：饕餮是一种神话事物，人们曾经用"铸鼎象物"的方式把它记录了下来。从周鼎的情况看，它的形象表现出"有首无身，食人未咽"的特点。在《吕氏春秋》一书中另外有五条关于"周鼎著象"的记录，可以证实这样的理解。总之，联系现有的图像资料可以判断，"鼎著饕餮"也就是夏王朝所谓"远方图物"，鼎上画的是边远民众的神话事物。

第二条记录见于《山海经·北山经》，说有一种神兽，"其状如羊身人面，其目在腋下，虎齿人爪，其音如婴儿，名曰狍鸮，是食人"（图3-06）。根据晋代人郭璞的注解，这个狍鸮也

> 关于饕餮的文字记录。

图3-06　清毕沅图注本《山海经》中的狍鸮

就是"像在夏鼎"、事见《左传》的饕餮。联系现有的图像资料来作判断，饕餮有两个特点：一是"虎齿人爪"，二是"食人"。

第三条记录见于《左传·文公十八年》，说"缙云氏有不才子"，"谓之饕餮"。这些不才子被尧帝"投诸四裔，以御螭魅"。有研究者认为，在这条记录背后隐藏了一个史实："唐虞之际（或可能较晚或更早），曾有某些强悍民族与唐虞民族互争雄长，但后者终获胜利，而将前者逐至荒远之地。饕餮等四凶族或即这类强悍民族。"[1]

第四条记录见于《吕氏春秋·恃君览》，说饕餮、穷奇等民族分布在"雁门之北""西荒"或"西南方"，同信仰鸷鸟、猪和儋耳（大耳）的民族有一定关联。《神异经》的说法是：西荒中有"苗民"，"为人饕餮，淫逸无礼，舜窜之于此"。我们知道，所谓"苗民"，是一个同九黎有族源关系的民族，原来住在彭蠡泽、洞庭湖区域，后来被舜驱赶而迁至三危，融合于氐羌[2]。由此看来，饕餮代表了一个居住在中国中南部、曾经往西北迁移的民族。

以上四条的内容是不是彼此冲突的呢？是不是同现有的图像资料相冲突呢？不冲突！因此，我们可以借这些记录建立起这样一个认识：饕餮其实是某西部民族所崇奉的神灵。这个民族曾经和中原民族互争雄长，失败后被驱逐，但它仍然保持着自己的神灵信仰。这个神灵以介于人虎之间的动物为主要标志，形象特点是"有首无身，食人未咽""虎齿人爪"。夏王朝曾经用"铸鼎象物"的方式，在青铜图像上记录了这个神灵；周王朝则进一步从它的形象中，引申出某种告诫

---

[1] 杨希枚《古饕餮民族考》，《先秦文化史论集》，中国社会科学出版社，1995年，第938页。

[2] 《后汉书·西羌传》："西羌之本出自三苗。"

图 3-07　商代父庚方鼎
采自《保利藏金》，第20页。

意义。这种告诫其实是民族偏见的反映。正因为这样，后来有所谓"为人饕餮"之说，把"饕餮"当作恶劣品德的代表。这恰好也表明，饕餮和浑敦、穷奇、梼杌、鹰鸶、儋耳、猪等事物有信仰上的关联。

我的意思是：对于古人的记录，我们必须尊重。关于同一件事，记录必有不同，这是正常的，因为不同的记录有不同的来源。我们不能用这一点做理由来否定古代记录，相反，要从不同的记录中找出它们所共有的底层，也就是共同指向的真相。以上这些话——关于饕餮是西部民族所崇奉的神灵，和浑敦、穷奇、梼杌、鹰鸶、儋耳、猪等事物有信仰上的关联；关于它以介于人虎之间的动物为神灵的标志，形象特点是"有首无身，食人未咽""虎齿人爪"——正好构成了饕餮传说的骨干，因此，可以确认关于饕餮的第一个定义。

定义一：饕餮是西部民族所崇奉的神灵，以介于人虎之间的动物为标志，形象特点是"虎齿人爪"和"有首无身，食人未咽"。

我们为什么要尊重古人的记录呢？有一个理由：这些记录实际上代表了古人的考古学研究和民族学研究。同现代人的考古学研究、民族学研究相比，它们是更加接近现场的。它们说明：在商周两代，饕餮艺术是一

第三讲　饕餮艺术　073

个真实的存在。事实上,现代人的研究也证明了这一点:饕餮艺术有清楚的表现。比如商代的那些虎噬人器物和神兽噬人纹饰,便明确体现了饕餮的形象特点。以下是几个比较典型的例证:

A. 商代虎食人卣(图3-08)

这是两件流失在海外的青铜器,左件藏在日本京都的泉屋博物馆,右件藏在法国巴黎的塞努奇亚洲艺术博物馆(Musée Cernuschi de Paris)。它们都是商代后期的器物,形制也基本相同,高度分别是 35.7 厘米和 35.2 厘米。它们的造型特点是:通体呈现为猛虎蹲踞形。顶部有盖,盖上有立兽。盖上那个圆环叫提梁,提梁上雕饰夔纹,提梁两端有兽首。老虎的前足上装饰了顾首龙纹。老虎用两爪抱着一个人,把人放在上齿之下,好像在吃他。这个人身体与老虎相对,手拊在老虎的肩上,脚踏在老虎的后爪上。他的头发在后颈部截齐,后背衣领饰有菱形纹,领下有一小兽面;他的臀部至上腿部分则饰有对称的蛇纹。老虎身上也有种种纹饰:后足侧饰虎纹,背上饰牛首纹,中脊塑有扉棱,颈侧和尾上饰有鳞纹。铜卣腹下部则装饰了龙纹,两旁各置一条鱼纹。右边一件铜

> 虎食人卣:古代虎民族的神物。

图 3-08 商代虎食人卣

器的外底上另有牛角兽面龙身动物的纹饰和鱼纹。

这两件青铜卣明显代表了某些族群所崇奉的神灵。因为在老虎身上饰有扉棱、鳞纹等龙的标志性纹饰,代表它具有生殖的神性;老虎身上又饰有夔纹、蛇纹、牛首纹和鱼纹,代表它集中了若干种图腾的神力。因此,它绝不是自然的老虎,而是作为神灵的老虎。

其次,在它的形象中,利齿和人爪都得到了强调,而它的整体又呈"食人未咽"状态,所以它明显属于饕餮之神。另外,关于这两件虎食人卣的来历,传闻和实地调查都证明它们出土于湖南安化与宁乡交界附近。器物表面有锈色,也符合湖南红壤埋存物的特点。联系古代流传在湘、鄂、巴交界处的廪君传说,可以推测,这两件器物是古代虎民族(也就是崇奉老虎的民族)的神物。

B. 鸟兽纹觥(图 3-09)和后母戊鼎(图 3-10)

这两件器物也产于商代后期或周代早期。鸟兽纹觥通高 31.4 厘米,由美国弗利尔美术馆(Freer Gallery of Art)收藏。它的上部有盖。盖的前端是露牙齿的兽首,有卷角,像是大角羊形。盖的后端是牛首,盖背上有伏龙。盖两侧浮雕夔纹、大象纹和顾首麟兽纹。它的下部为觥体。觥前端浮

图 3-09　鸟兽纹觥

图 3-10　后母戊鼎

雕了一只鸮（也就是猫头鹰），鸮喙突出，鸮面有虺纹，鸮腹有扉棱。觥后端则浮雕一个兽面，兽面口中含有一个人，这个人也构成觥的后足；人身上饰有蛇纹。图 3-09 下所展示的就是这个兽面噬人的景象。

后母戊鼎原名"司母戊鼎"，是中国古代青铜器中体量最大的一件器物，高 133 厘米，长 112 厘米，重 875 公斤，现在由中国历史博物馆收藏。它是一件大型方鼎，有立耳，有长方形腹，有柱足。鼎腹上下各以夔龙相对，组成兽面纹。鼎腹两侧浮雕兽面纹和夔纹。鼎腹中间为素面，内壁铭有"后母戊"三字，说明这个鼎是商王文丁为祭祀他的母亲戊而铸造的。右图所展示的是后母戊鼎的立耳部分：两耳外侧是一对浮雕的立虎，虎口相向，同咬住一个人头；两耳的四足饰有兽面纹。

以上 A、B 两组器物有两个共同点：一是由鸮、大角羊、牛、龙、夔纹、象纹、麟兽纹、虺纹等神性符号装饰起来，二是以"食人未咽"为题材。但 B 组器物另外有一个特点，也就是把吃人之兽分别塑为虎和兽面。这样一来，它们就在吃人的虎纹和兽面纹之间建立了一种同位的关系。这意味着，圆雕的虎和浮雕的兽面或虎，具有共同的本质。这个本质是什么呢？其实就是所谓"饕餮"。也就是说，"饕餮"最初指的是那些以食人之兽为图腾和族群神灵的民族。

C. 三星堆龙虎尊和阜南龙虎尊（图 3-11）

图 3-11

> 饕餮器物的形象特点：一是"食人未咽"，二是同鸷鸟相联系。

这两件龙虎尊分别是商代中期和后期的器物。上边一件在 1986 年出土于四川广汉三星堆，下边一件在 1957 年出土于安徽阜南朱砦润河。它们的形制基本相同：大口，侈唇，折肩，直腹，高圈足。颈上都有三圈弦纹，肩上都以高浮雕铸成游迤形状的龙，龙首突出尊外作探视状。龙首下为器腹部，腹部的主纹都是高浮雕的老虎。虎首突出于器表之外，张口作噬人之状，虎身向两侧展开。虎的形象是大脑袋，肥耳朵，尾巴下垂，尾尖上翘。人在虎颈下，手臂屈举齐肩，两腿分开下蹲，臀部下垂与脚平齐。虎身下方左右有夔龙纹，圈足上有一周阴刻兽面纹。图 3-12 集中展示了其中虎噬人的情景。

以上 B 组、C 组四件器物有两个重要的形象特点：一是"食人未咽"，二是同鸷鸟相联系。例如鸟兽纹觥以鹰鸮型鸟为

第三讲 饕餮艺术 | 077

主体纹饰,这表明它是鹰鸮族群的神物。而后母戊鼎上噬人之虎有"臣"字形目,这一形状是由鹰鸮的眼睛和钩喙构成的(图3-13),也反映了对鹰鸮的崇拜。前面提到,《吕氏春秋·恃君览》说:"雁门之北,鹰隼所鸷,须窥之国,饕餮、穷奇之地。"现在看来,这句话的意思是说:"鹰隼所鸷"是信奉饕餮的民族的特点。也就是说,鸟兽纹觥和后母戊鼎,是保留了"鹰隼所鸷"的饕餮民族文化成分的祭祀重器。

图 3-12

图 3-13 商代玉鸮

"臣"字眼是殷商时代出现的一种近似平行四边形、眼角略带弧度的眼形。周代"臣"字眼的特点与此不同:扁而细窄,眼角下勾或上翘,并有细长弧线。采自《古玉刀工鉴别·高古卷》,湖南美术出版社,2006年,第93页。

D. 妇好铜钺(图 3-14)

这件铜钺是商代晚期的器物,1976 年出土于河南省安阳殷墟妇好墓。钺身通高 39.5 厘米,刃宽 37.5 厘米。肩下两侧浮雕出双虎噬人纹饰。钺身中部铭有"妇好"二字。它作为饕餮艺术的特点是很鲜明的——由两虎相对而显示的"食人未咽"的形象。

类似的形象也见于西周早期的器物,如龙纹五耳鼎(图3-15)。这个大鼎于 1979 年在陕西淳化史家塬出土,现在由

图 3-14　妇好铜钺

图 3-15　龙纹五耳鼎

图 3-16　西周铜簋

淳化县文化馆收藏。这也是一件具有相当体量的器物，高122厘米，口径83厘米。折唇，上面有两立耳，耳上两龙大张其口，形态和妇好铜钺上的两虎相当。

值得注意的正是这种两龙相对噬的形态。它和妇好铜钺纹饰在形式上是相同的，可以想象，这里蕴含了相同的意义。也就是说，龙纹鼎把老虎的巨耳改换成龙的长角，把所咬的人首改换成某种徽识，这种置换，表明虎的巨耳和龙的长角有相近的含义，人首被咬食和徽识被咬食也有相近的含义。我们知道，巨耳、长角是神性的标志；而五耳鼎的徽识也见于美国弗利尔美术馆所藏的西周前期的铜簋，位于浮雕兽面的鼻尖之上（图3-16）。既然如此，人首和徽识就有相近的意义，也就是作为神灵标志的意义。这一点证明，所谓饕餮，它的原型是不固定的，因此不能把它简单地解释为虎或兽面，而应当解释为同"食人未咽"相关联的动物神灵。这神灵实际上是特定族群的化身。

根据以上种种，我想，我们已经有条件来回答"饕餮是什么"的问题了。关于这个问题，过去有很多说法。有人认为饕餮指的是"枭羊"；有人认为饕餮源于牛头；更多的人则认为饕餮代表虎首，例如有人说"食人饕餮的头像与那些不食人的饕餮面并无两样"，它们"最初的图像很可能就是以獠牙凸露的猛虎为原型的"。[1] 现在我们知道，这些看法是似是而非的。从后母戊鼎、龙纹五耳鼎纹饰中虎和其他动物相代换的情况看，饕餮的确可以解释为枭羊、牛首或"鹰隼所鸷"——这是这些看法"似是"的地方。但这些看法犯了盲人摸象的错误。它们没有想到：在不同的表现形式的掩盖下，这些食人神灵之间是存在同一性的，饕餮的本质就在于这种同一性。

> 人首和徽识的意义：作为神灵标志和特定族群的化身。

我的意思是，古人曾经对饕餮作过多元的解释：或者认为它"身多毛，头上戴豕"；[2] 或者把它称作如羊如牛的"蚩尤之像"，认为"其状率为兽形，傅以肉翅"；或者称它为"狍鸮"，把它描写成"其状如羊身而人面，其目在腋下，虎齿人爪"的食人怪兽。[3] 这些彼此矛盾的解释，其实正好说明：

---

[1] "枭羊"说见丁山《中国古代宗教与神话考》，上海龙门联合书局，1961年，第282—296页；"牛头"说见韩湖初《略论青铜饕餮的"狰狞美"》，《华南师范大学学报》1998年第4期；虎首说见贺刚《论中国古代的饕餮与人牲》，《湖南考古2002》（下），岳麓书社，2004年，第660页。

[2] 《史记·五帝本纪》正义引《神异经》："西南有人焉，身多毛，上头戴豕。性狠恶，好息积财而不用，善夺人谷物。强者畏群而单，名饕餮。"

[3] 分别见《左传·文公十八年》正义引《神异经》、《路史》后纪四《蚩尤传》罗苹注；《山海经·北山经》及郭璞注，郭璞《山海经图赞》。

饕餮是隐藏在种种动物面具之下的"一般",其本质就是具有超凡能力的神兽。

总之,现在我们可以得出一个结论:古代的饕餮神话和饕餮艺术,在内容、形式上都是彼此相对应的。通过比较研究可以确定:饕餮也就是某种具有超凡能力的神兽;作为标志物,它们代表了崇奉这种神兽的族群。在这些族群中,它有不同的表现形式,即表现为若干种具有图腾色彩的神性动物。老虎和鹰鸮是其中最重要的动物。这也就是关于饕餮的第二个定义。

定义二:饕餮是具有图腾色彩的神性动物。

三、饕餮艺术的思想内涵

刚才我们看了8幅老虎吃人的图案。我们不免要去思考它们的含义。一个人坐在老虎的利齿下面,或者一个人头被两只老虎争抢,这象征着什么呢?你们会想到什么呢?很多人想到的是拿人来喂老虎,被喂食的是俘虏,或者奴隶,或者人牲。但有的学者却注意到这些被老虎噬咬之人的态度——他们是"泰然自若"的。这些学者于是推测,这些人"是配享于帝的祖先之灵魂","意味着人与神性的龙、虎的合一"。[1]

这种推测是否有道理?有道理!不过,还需要作进一

---

[1] 林巳奈夫《神与兽的纹样学:中国古代诸神》,三联书店,2009年,第22页。李学勤《试论虎食人卣》,《南方民族考古》第一辑,四川大学出版社,1987年,第42—43页。

步论证。可以作为旁证的有这样两批资料——都是关于中国中南部少数民族民俗的资料。

> 廪君神话和人虎相化的故事。

第一批资料是著名的廪君神话。大意说：廪君死后，他的精魂化为白虎，所以廪君这一族的人用人来祭祀老虎。《后汉书·南蛮西南夷列传》就记载了这一神话。

第二批资料是《博物志》等古书记载的人和虎相转化的故事。这些故事以"虎皮"为重要母题。比如《搜神记》说："江汉之域有貙人，其先廪君之苗裔也，能化为虎。……俗云：貙虎化为人，好着葛衣，其足无踵。虎有五指者皆是貙。"这段话的意思是说：在古代江汉地区有一种"貙人"，是廪君的后裔。这种人能够化为老虎；同样，他们也是老虎的化身。凡是老虎化成的人，便怕热，喜欢穿用葛布制成的夏衣；而且没有脚后跟。而由这种人化成的老虎也有一个特点：每个爪子都长着五趾。我们知道，通常的老虎是前爪五趾，后爪四趾。所以这段话有一个巧妙的细节，也就是在老虎形象中暗藏了人的生理特征，比如"无踵"和"五指"。至于其中谈到采用血祭虎神仪式的廪君族，则也会使我们联想到：人虎故事是以古代的饕餮观念为渊源的。

由此出发，我们可以对古代的饕餮艺术品再作一些分析。

E. 虎噬人饰件（图 3-17）和虎噬人带钩（图 3-18）

虎噬人饰件是商代的青铜器，现藏于英国伦敦不列颠博物馆。全件高 11 厘米，由上下两个人形组成，一个人踞坐在另一个人的头上，两手抱着一只鸟；他的背上趴着一只老虎，老虎作张口咬人首的模样。虎噬人带钩则是战国

图 3-17

图 3-18

时期的青铜器,现藏于美国赛克勒博物馆。带钩通长 11.8 厘米,宽 3.7 厘米,呈人虎合一的形态,老虎尾部也是一个鸟首。

这两件器物也有一些共同的特点:首先,它们包含多种动物崇拜的成分——除掉虎崇拜以外,鸟崇拜的迹象也很明显;其次,它们体现了人虎之间的平等关系——前面一件人体长过老虎,人首深入虎口,像是戴了一顶虎皮帽;后面一件人脸与虎面相合,看上去像是人首虎身。它们的造型证明:第一,所谓老虎吃人,应该理解为人虎合一,也就是通过老虎的吞噬而获得老虎的神力;第二,人兽同化观念不仅流行在崇奉老虎的民族当中,而且流行在崇奉鸟或其他动物的民族当中;第三,由于以上两点,饕餮成为若干族群共同信奉的神灵,因而具有比

> 虎吃人应该理解为人虎合一。

较稳定的身份。正因为这样，我们才能在古代的遗存物中，看到这样多的虎噬人器物和虎噬人形象。

F. 人兽合体骨雕（图 3-19）

这是一件西周中期的骨雕，现藏于美国明尼阿波里斯美术馆（Minneapolis Institute of Arts）。骨雕正面是一个带有"几"字形角的人形神，背面则是一只老虎。老虎张开大口咬住人形神的头，其四肢则紧紧抱住人形神。在人形神的腹部还有一只密密麻麻地排着两列鳞纹的蛇形动物。

这件人兽合体骨雕和图 3-17 虎噬人饰件有一点相近，即背后的伏虎紧贴在人身上，仿佛是一张虎皮。这不由得使人联想起后来的虎皮故事。《高僧传》《集异记》等书记载了这种故事，说人穿上虎皮就变成老虎，老虎脱掉虎皮就变成人——虎皮是人虎相转变的媒介，或者是人虎相转化的重要道具。以上两件器物事实上提示了这些故事的来源，说明人兽合体骨雕和虎噬人饰件器物所表达的正是人向虎的转化以及虎向人的转化。

那么，中国古代人为什么那样看重人和虎的相互转化

图 3-19

虎皮：人向虎转化的道具。

图 3-20

呢?为了认识这一问题,我们可以讨论一下图 3-20 中的四件文物:右起第一件是商代玉饰,表现为虎吃人的形象,虎和人都有瓶形的或菱形的角;右起第二件是苏门答腊巴塔克人的雕刻,原来刻在短剑象牙柄上,人脸、虎脸同一方向;左起第一件、第二件是美国西北岸夸秋托印第安人的雕刻。有位美国学者解释后两件雕刻的意义说:"第一件表现熊正从首部开始,吞食一人;在第二件上,熊坐于人后,将前爪放在面向前的人顶上。……作为新手的这个人被熊吞食了,但通过这一过程便取得该动物的保护。"[1] 这句话说到一个很重要的事实:在信奉图腾的人群当中,人们喜欢用艺术品来表达人与图腾物的相互同化。但这其实是一个比较常见的现象。

英国人类学家弗雷泽在《金枝》一书中说到一个类似的情况。他说:在很多奉行图腾制的氏族当中,有一种特殊的成年礼,也就是假装杀死

---

[1] 图、文均采自李学勤《试论虎食人卣》,《南方民族考古》第 1 辑,四川大学出版社,1987 年,第 41—43 页。

已经到了青春期的孩子又使他复活。这可以说是人与其图腾交换生命的仪礼。因为这些氏族的人相信一个故事，说当猎人被熊咬死的时候，熊的灵魂会进入猎人体内，猎人变成那熊。所以成年礼是一个表演：孩子作为人而死去，作为一个动物又复生；该动物的灵魂进入孩子体内，孩子的灵魂则进入动物身上。

> 用神兽食人的方式来表现死亡－复活过程。

弗雷泽还说：在新几内亚北部一些部落的成年礼中，要举行一个类似于戏剧的仪式。这就是在偏僻的树林里搭起一座一百米左右长的棚子，好像怪物的形状，一头略高，表示怪物的脑袋，另一头则逐渐矮小，表示怪物的身体。人们还把一株槟榔树连根挖起，当作怪物的背脊；把树的蓬松须根当作怪物的头发；而且在长棚高大的一头装饰两只圆睁的眼睛和一只大张着的嘴巴，使整个棚子活像一只怪兽。他们把怪物称作"祖父"，然后让受礼者通过怪物。"仪式的本质似乎就是杀死受礼者的人身，待他回生时则换成为动物的生命。"[1]

弗雷泽的描写指出了死亡－复活仪式同图腾制的关系。它说明，人们是用神兽食人的方式来表现死亡－复活这一过程的。实行仪式的基本观念是认为人与作为图腾的神兽可以交换彼此的灵魂。人们把神兽称作亡灵或"祖父"，表明仪式的目的就是向神兽回归。上述虎噬人器物，既然可以和苏门答腊巴塔克人、美国印第安人的雕刻相比证，那么，它们

---

[1] 詹·乔·弗雷泽《金枝》第六十七章第四节"死亡与复活的仪礼"，中国民间文艺出版社，1987年中译本，第977—988页。

就必定包含死亡－复活的含义。

让我把以上这些话再解释一下：

第一，虎噬人器物上的种种装饰，包括龙、扉棱和饕餮纹，都是对老虎的神化。这正如商代玉饰中的虎角一样：它借自龙角，实际上隐喻了老虎的神性。这样的老虎，其性质是和《金枝》中的神兽相同的。

第二，神兽食人仪式反映了一个生命更新的过程，旧人和新人分别处在仪式过程的两端。因此，如果采用印第安人的理解，那么龙虎尊上的人（图3-11）和商代玉饰上的人（图3-21）便具有相同的身份。它们都是背向虎的，代表经吞食以后更新之人。B组鸟兽纹觥和后母戊鼎上的面朝器表的人像也具有这一含义，即代表新生之人。而A组虎食人卣所展示的则是被吞噬之人，因为卣上的人身是面向器腹和老虎的。

图3-21

神兽食人图像是人与图腾交换生命的仪礼的象征。

第三，以上观念是在虎图腾习俗之上建立起来的。因此，要了解各种青铜器神兽食人主题的含义，我们还应当考察藏缅语各族关于人死化虎的信仰以及用虎皮裹尸火葬等等习俗。不过，我们现在已经可以肯定地说，这些神兽食人图像，都是人与图腾交换生命的仪礼的象征。

为说明这一点，我们打算再讨论几件饕餮器物：

G. 饕餮形车饰（图 3-22）

这件车饰是西周中期的器物，1974 年至 1975 年出土于陕西宝鸡茹家庄。同形制而大小稍有区别的器物一共有三件，都是车辕首的饰件。全器作圆管状，顶端封实。它的正面是一个兽首，兽首束冠，冠上饰云气纹。神兽鼻梁隆起，裂口，两腮下垂，没有下巴。兽首之后有一个人抱着它。这人阔嘴巴，大耳朵，宽鼻子，长头发，文身，穿短裤，束宽腰带，肩背部饰有两只相背回首的小鹿（图 3-22B）。它的造型很特殊，不见于其他墓葬。那么，它意味着什么呢？

从前面的讨论看，饕餮形车饰实际上是虎噬人造型的变体。兽首没有身体，没有下巴，这也就是《吕氏春秋》所说的"有首无身"。抱兽首的人两肩饰鹿纹，这代表他所属的族群。这人面向兽，但位置不在兽口，而在兽背，按照上文的理论，这

图 3-22A

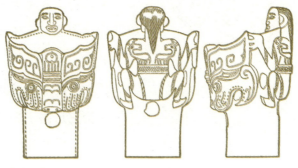

图 3-22B

表示他是新生之人。也就是说,这件车饰的含义应当是:饰鹿纹的人物虽然不是虎民族的人,虽然没有进入虎腹,但他却已经接受神的洗礼而获得了再生。这种人,正像那些披虎皮之人——例如图 3-19 人兽合体骨雕、图 3-17 虎噬人饰件、图 3-21 商代玉饰中的人物———一样,是由神虎化成之人。

H. 人兽合体辖(图 3-23、图 3-24)

这两件青铜辖都是西周中后期的器物,装饰在马车车轴的辖上。图 3-23 藏品现藏于美国弗利尔美术馆,图 3-24 采自林巳奈夫的《神与兽的纹样学》。这两件器物都描写了人和猫科动物的合体关系,但含义有所不同。图 3-24 的内容接近 G 组饕餮形车饰。它的正面是一个兽首,圆耳朵,上面有涡纹。兽面向前拱起,鼻梁上隆,鼻、眼之下有一张巨口,口中有利齿,但无下巴。兽首之后有一人抱持。这人大耳朵,宽鼻梁,裸身,脑后挽了一个发髻。

值得注意的正是这个发髻,因为它透露了人兽合体辖的民族文化信息。云南民族学家冯汉骥、汪宁生说过,这是湘、滇等地的古民族

图 3-23

图 3-24

图 3-25　长沙楚墓帛画　　图 3-26　李家山铜俑　　图 3-27　石寨山铜俑

的髻式（图 3-25、图 3-26、图 3-27）。[1] 具体说来，这种髻式叫作"结髻"，是云南壮傣语各族的先民（百越部落）所特有的髻式。

因此，这件器物所表现的同样是一个接受虎神洗礼而新生之人，他应该属于《括地图》所说的"越俚之民"。图 3-23 一件的内容有所不同。图中之人与虎首合为一体：人的臀部是虎鼻，人的侧腹部则化为虎眼和虎脸颊。这人身体正对虎身；但人脸却转向

> 从髻式看越俚之民。

---

[1] 图 3-25 帛画 1949 年出土于长沙陈家大山楚墓；图 3-26 椎髻铜俑 1972 年出土于云南江川李家山；图 3-27 束髻铜俑 1956 年出土于云南晋宁石寨山 13 号墓，这种髻式在滇族男子中比较常见。参见冯汉骥《云南晋宁石寨山出土文物的族属问题试探》，《云南青铜器论丛》，文物出版社，1981 年，第 17—41 页；汪宁生《云南晋宁石寨山青铜器图像所见古代民族考》，《汪宁生论著萃编》，云南民族出版社，2001 年，上卷第 612—624 页。

身后,和虎脸方向一致。这也是一个束髻、裸体之人,和云南石寨山束髻铜俑像是同族;但从他身首相背这一特殊姿势看来,他代表一个正在与虎同化的人群——身向虎身,表示受虎吞食;脸向虎脸,则表示经同化而后获得新生。

总而言之,我认为,饕餮神话和艺术是关于人和兽相互转化的神话和艺术。前面说到段勇的一个观点:饕餮是仪式活动的道具,因而对仪式活动作了反映。这个观点很对,因为经过具体分析可以知道,饕餮是和以下三种仪式相联系的:

> 饕餮仪式:血祭仪式,裹尸送死仪式,死亡—复活仪式。

(1)以猛兽为族神的血祭仪式,比如廪君祭祀;
(2)用兽皮裹尸送死的仪式,比如《云南志略》等书所记的"以豹皮裹尸而焚"的仪式;
(3)和成年礼相对应的死亡—复活仪式。

实际上,饕餮神话和艺术正是对这些仪式的反映。正因为这样,它们往往以某个仪式段落为内涵:首先有神兽吞噬人的段落,表现人向神兽的回归,它的图像特点是人面向兽身,"食而未咽"(图 3-08);其次有人兽合为一体的段落,表现旧生和新生的交接,它的图像特点是人的身首相背(图 3-23);另外还有死人复活的段落,表现神兽向神人的转化,它的图像特点是神人背向兽身,蜕皮而出(图 3-17)。把这三个段落合起来,就是一个完整的从死亡到复活的过程。商周青

> 饕餮的本质是借助兽神而完成的死亡—复活过程及其表现。

铜器用多样的方式记录了这三个段落，贯穿于其中的主线就是所谓"饕餮"。也就是说，饕餮的本质，就是借助兽神而完成的死亡－复活过程以及关于这一信仰的种种表现。我认为，这是"饕餮"一词的最重要的定义。

第四讲 上古艺术的符号意义

一、饕餮纹和兽面纹的关系

在前面一讲,我们着重讨论了"饕餮是什么"的问题,通过讨论,提出了一批典型的饕餮图像。现在,我们来讨论另外两个问题:(1)什么是饕餮纹?(2)饕餮纹和兽面纹关系如何?为了便于讨论,现在且依照年代先后,对前面说到的那批典型的饕餮图像列表(表4-01)作个总结:

表 4-01

组别	器名	年代	出土地	位置或形状	人兽关系	主体纹饰	备注	图样
C	龙虎尊	商代中期	四川广汉	高圈足尊,尊腹	虎噬人,虎为一首两身	高浮雕龙,夔纹	人面向外,在虎口下。	
C	龙虎尊	商代后期(?)	安徽阜南	高圈足尊,尊腹	虎噬人,虎为一首两身	高浮雕龙,夔纹	人面向外,在虎口下。	
A	虎食人卣	商代后期	湖南	猛虎蹲踞形	食人未咽姿态,强调虎齿人爪	立兽夔纹,龙鳞纹	人面向虎身。	
A	虎食人卣	商代后期	湖南	猛虎蹲踞形	食人未咽姿态,强调虎齿人爪	立兽夔纹,龙鳞纹	人面向虎身。	

续表

组别	器名	年代	出土地	位置或形状	人兽关系	主体纹饰	备注	图样
B	鸟兽纹觥	商代后期		兽形觥觥足	兽首噬人	鸮、大角羊、牛、龙、夔、象纹	人面向外，在兽口下，身有蛇纹。	
B	后母戊鼎	商代后期	河南安阳	方形鼎鼎耳	两虎相向，同噬一人首	龙、夔纹	人首向外，两侧为虎口。	
D	妇好铜钺	商代后期	河南安阳	钺肩	两虎相向，同噬一人首		人首向外，两侧为虎口。	
D	五耳鼎	西周早期	陕西淳化	圆形鼎鼎耳	两龙相向，同噬一徽识	龙纹，夔纹	徽识向外，两侧为龙口。	
E	噬人饰件	商代（？）		两人上下相叠	虎咬人首，伏于人身之上	人手持一鸟	形似人披虎皮。	
F	骨雕	西周中期		虎抱人形	虎咬人首，四肢抱持人身		形似人披虎皮。人腹饰蛇纹。	
G	车饰	西周中期	陕西宝鸡	兽首形饰件	人自后抱持兽首		人兽同向。人有椎髻，饰鹿纹。	
H	人兽辖	西周中后期		人抱虎形	人自后抱持兽首		人兽同向。人有圆髻，裸身。	
H	人兽辖	西周中后期		人兽合体形	人身与虎首相化合		人虎身相迎，脸同向。人有圆髻，裸身。	
E	噬人带钩	战国		人兽合体形	人首与兽首合一	带钩一端为鸟	形似人首兽身。	

这份表格说明：从现存资料看，典型的饕餮艺术最多见于商代后期。在这一时期的饕餮图像中，神人由被吞噬到重新诞生出来，各个段落都得到了表现。饕餮器物主要出土在长江流域，也就是现在的湖南、安徽、四川等地；除此以外，在当时的都城安阳也出现了饕餮器物。安阳出土的后母戊鼎是王室的祭祀重器，代表了饕餮艺术同国家仪式的结合。这意味着，饕餮信仰在商代进入了主流社会的信仰世界。

西周以后，饕餮图像呈现出世俗化的趋势。首先一个表现是：在那些同国家典礼相联系的祭祀重器中，不再看到饕餮的图像；相反，它总是出现在车辖和各种小型饰件当中。其次一个表现是：它不再强调神兽的威猛，而是表现龙噬徽识、人兽相抱等主题。另外，一些表现与神灵平等交通的图像也在这时涌现出来，比如人披虎皮式的饕餮图像（图 3-17）、人兽合体式的饕餮图像（图 3-18）。《礼记·表记》有一段话说到殷周文化的差别：

> 殷人尊神，率民以事神，先鬼而后礼，先罚而后赏，尊而不亲。……周人尊礼尚施，事鬼敬神而远之，近人而忠焉。

意思是说：商代的统治者尊崇鬼神，带领民众一起侍奉鬼神，重视鬼神祭祀而轻视礼仪，重视刑罚而轻视奖赏；这样的统治有威严，但使人不易亲近。周代的统治者尊崇礼制，喜欢施放恩惠；他们祭鬼敬神，但只把祭祀当作政治和

商周两代饕餮神和人神的关系：从"尊而不亲"到"近人而忠"。

教化的附属品,讲究人情而待人忠厚。这些话的含义和饕餮艺术的表现是一致的。因此可以说,饕餮神和人神的关系,在商代是"尊而不亲"(图4-01),到周代却亲切起来了,形成"近人而忠"的关系。

以上说的是商周两代政治与文化的区别;不过,商周两代的饕餮艺术却有一个共同点,那就是始终表现了一定的民族属性。比如图4-01鸟兽纹觥,它有三个核心纹饰:第一是盖前端的羊角兽首,第二是盖后端的露齿兽首,第三是觥腹后端的鸮。这和所谓"鹰隼所鸷,须窥之国"的记载是相对应的。也就是说,它表现了鸷鸟族(鹰鸮族)的文化属性。又比如这件鸟兽纹觥之上的被噬之人,身上有蛇纹;F组骨雕上的被虎抱持之人,腹部饰有蛇纹。这些人物属于蛇族,蛇纹就是他们的身份标志。

另外值得一提的是羊族。除刚才说到的商代鸟兽纹觥觥盖后端的羊角兽首外,属于羊族的有两件西周饕餮纹车辖(图4-02、图4-03)。这两件车辖分别出土于河南平顶山和陕西扶风,有明显的亲缘关系。首先,它们在结构上相同,都是兽

饕餮纹中的蛇。

图4-01 商代鸟兽纹觥

前面已经介绍过这件容酒器。它铸于商代后期,有复杂的纹饰:盖前端是一个羊角怪兽,兽背上伏一条长颈鹿角形的龙。盖后端是一个兽面,有双角双耳。器前腹装饰鸱鸮纹,鸮爪和觥足相合。器后部装饰兽面纹,兽面的口部咬住觥的后足,足上装饰人首蛇身纹。器鋬是一个兽首衔立鸟。器盖上还有虎纹、象纹、龙纹、鱼纹等。器物的通体纹饰以雷纹为地纹。它属于人神之间"尊而不亲"的时代。

图4-02　西周青铜车辖表面纹饰

出土于河南平顶山北滍村一号墓,采自《河南商周青铜器纹饰与艺术》,河南美术出版社,1995年,第85页。

图4-03　西周青铜车辖表面纹饰

出土于陕西扶风县黄堆乡齐家村,采自《文博》1993年第6期《周原出土的人物形象文物》一文。

饕餮纹和兽面纹的异同。

口含人的形状。其次,两兽的前齿都是整齐排列的,表达了相同的人兽关系。再次,人与兽眉目相近,都表示人和兽同族。第四,两只神兽都是绵羊角。所以我们判断,它们在文化上都属羊族,很可能代表了羊族的两个分支。《能改斋漫录》卷七有"饕餮"条,说古书《神异经》记载:"饕餮,兽名。身如羊,人面,目在腋下,食人。"可见羊族自古以来就是很有名的饕餮民族。

以上情况说明什么呢?说明当我们使用"饕餮艺术"这个词的时候,我们指的不是一般的兽面纹或兽的造型,而是特定的兽面纹或兽的造型;这兽面很可能是老虎,但不一定是老虎。其中关键在于:是否表达了通过吞食而再生这一观念,是否为此而采用了"有首无身,食人未咽"等表现形式。

以上这些话,实际上回答了饕餮纹和兽面纹的关系问题。它的结论是:饕餮的本质就是借助兽神而完成的"死亡—复活"过程,以及关于这一信仰的表现。

让我们把这句话再说一遍:各种资料表明,饕餮信仰具有鲜明的民族文化属性，因而必定来源于某种图腾。正是从这个角度看，我们判断饕餮是指通过图腾祭祀而表现的死亡－复活过程，以及关于它的信仰。因此，对于通常说的"兽面纹"，可以作两种分类。首先是把典型的饕餮图像分成两类：一类是以老虎为原型的饕餮图像，另一类是以其他动物为原型的饕餮图像。它们说明，饕餮艺术是通过不同民族之间的图腾转移、图腾借用而形成的一种文化现象。其次是把所有的兽面图像分成两类：一类包含了吞食而再生这一观念，因而采用了"有首无身，食人未咽"等表现形式；另一类则不采用上述观念和形式。这又说明，饕餮纹、兽面纹是两个内涵不完全相同的概念。饕餮纹其实是一种特殊的兽面纹，也就是作为图腾复活符号的兽面纹。这种分类可以图解如下（图4-04）：

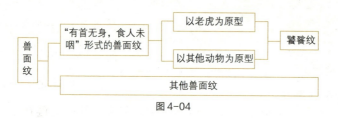

图 4-04

图4-02表明："兽面纹"是一个比较大的概念，"饕餮纹"则是一个比较小的概念。饕餮艺术是表达吞食而再生这一观念的艺术品。"有首无身，食人未咽"便是关于这一观念的符号。兽面纹没有这一限制。饕餮纹加上"其他兽面纹"才构成"兽面纹"这个概念。

值得注意的是：早在商代以前，饕餮图像就已经走上了抽象化的道路。主要有两种抽象方式，第一是淡化原型，形成综合多种

饕餮图像抽象化的方式：淡化原型，形成综合纹饰；强调共同神性，形成幻想神兽纹。

图 4-05　殷墟青铜器上的饕餮纹

这三幅图都是河南安阳殷墟五号墓青铜器上的纹饰，1976年出土。上图是偶方彝的腹部纹饰。它的形状像虎面，但有"臣"字形目，有向外平折的角，又有桃形耳。中图是铜瓿的腹部纹饰。它的形状也像虎面，有"臣"字形目，有向下卷的大角，两侧又有夔纹。下图是连体甗的颈部纹饰，方形目，巨眉大耳，以云雷纹构成身、尾，面容同样是各种动物的概括。采自《河南商周青铜器纹饰与艺术》，第30页。

图 4-06　殷墟夔纹和龙纹

两件纹饰都出自殷墟五号墓。上图是769号三联甗的甑颈部纹饰。其形制为两夔相对，夔有"臣"字形目、尖状角，作张口吐舌状。下图是853号盘底的纹饰。居中龙首也有"臣"字形目、尖耳、鹿角形角，身饰菱形纹、三角形纹，头部饰雷纹，作张口噬人状。

动物之特点的纹饰。比如图4-05所展示的商代青铜图像，就是没有明确原型的——或者说，它们都具有"原型模糊"的倾向。第二是强调共同神性，因而以龙为基础，设计出富于幻想色彩的神兽纹。比如青铜器上有一种装饰纹样，表现传说中的近似龙的动物，称作"夔纹"。夔纹的特点是有一角，有一足，口张开，尾上卷。请看图4-06：上面是虎头龙身有蛇舌的夔纹，下面是兽面蟠龙纹。夔和蟠龙，其实都是饕餮。所以，图中两种纹饰，都可以归入"以其他动物为原型"的饕餮纹类型。

图 4-05、4-06 的图案是很有代表性的。首先，从中可以看到饕餮纹和夔纹的关系——在商周青铜器中，夔纹一般用为饕餮纹的陪衬，反映了龙纹和兽纹的结合。其次，从中可以看到饕餮纹对龙纹的影响——由于它的影响，龙纹

具有兽头蛇身的特征,也就是说,实现了饕餮信仰和爬行动物崇拜的结合。

以上图像的共同点在于:不管哪一种抽象,都是以比较具象的饕餮图像为基础的。因此,即使经过了抽象,饕餮纹仍然保留了兽面、"有首无身"的特征——也就是说,省略下巴,成了饕餮纹的标志。古人是不是为了表达饕餮观念(吞食而再生的观念)而故意省略了下巴呢?我们打算在下面再作讨论。现在可以肯定的是:我们已经有了一个条件来对兽面纹加以分别:凡是具备"有首无身"(省略下巴)特征的兽面纹,便是饕餮纹;如果不具备这种特征,那么就是一般的兽面纹。比如商代兽面大钺(图4-07)和后世的铺首(图4-08),就是一般兽面纹:这种有下巴的兽面表示威吓,未必具有图腾和复活的含义。

图 4-07

图 4-08

饕餮纹具备"有首无身"的特征。

二、饕餮艺术的起源和早期历程

前面,我们讨论了饕餮的定义,讨论了饕餮纹同兽面纹的关系。这些看法是否正确呢?需要检验,拿出更多的资料来。所以我们要着重考察饕餮艺术的起源及其早期历程。因为任何事物的本质，在它的起源过程和早期发展中表现得最明显；而且，通过这种考察，我们可以了解上古艺术的本质。

为此，现在谈谈新石器时代的彩陶。最近，在整理彩陶资料的时候，我和助手伍三土发现，在甘肃地区的马家窑文化陶器上有一批以撒种为主题的图案。这个主题有三个要素，一是植物种粒，二是变形人，三是网纹（图4-09）。这三者在图案上反复出现。其中网纹有两种主要形式：一是编织袋形状，二是貌似田地的菱形。这就意味着，"撒种"主题是关于农业文明的主题。而其中的变形人更值得注意，因为它有三个奇异的生理特征：一是长尾，二是利爪，三是长体毛（图4-10）。这些特征并不属于正常的人类。它意味着：图案所

> 撒种主题图案有三个要素：一是植物种粒，二是变形人，三是代表田地或编织袋的网纹。

图4-09　出土于甘肃兰州土谷台的陶壶花纹

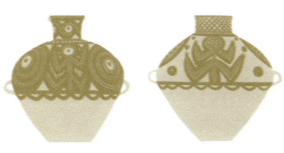

图4-10　出土于甘肃兰州、会宁、康乐的陶壶花纹

第四讲　上古艺术的符号意义

表现的并不是日常的人,而是经过变形或经过装饰的人,也就是仪式上的人。这和各土著民族所保留的装饰习惯是一致的。稍加比较便可以知道,它实质上表现了一种图腾习俗或图腾习俗的遗留。古所谓"百兽率舞"以及《山海经》所记录的种种怪兽,便是对这种习俗的反映。

我们知道,图腾艺术有两个意义:一是作为标志,把不同的人群区别开来;二是作为象征,在想象中向这个氏族的人赋予某种神性。因此,崇尚图腾的人一定会注重头部装饰,因为头部是最有标志性的人体部位,通常被看作灵魂寄寓之所。非洲土著人的确是这样的(图4-11),马家窑文化中的人其实也是这样——他们不仅用同心圆纹、网纹等表神性的图案来装饰撒种人的头部(图4-10、图4-12),而且直接塑造了头颈部有花纹的人形(图4-13)。这种情况说明了什么呢?我认为,第一,说明在新石器时代,具有图腾意义的人体装饰有两种:一是装饰人的头部,二是装饰人的身体。第二,尽管大部分撒种人形图案比较强调后一种装饰,但以上两种装饰是彼此联系

图4-11

彩陶上的撒种人是披戴兽皮的人,撒种主题产生在披戴兽皮的农业祭祀活动当中。

图4-12 兰州土谷台彩陶盆顶部花纹

图4-13 甘肃广河出土的人头盖器

的。因此,如果说饕餮纹是头部装饰艺术的遗存,那么,我们就应该结合身体装饰艺术对它加以理解。如果说长尾、利爪、长体毛等特征是野兽的特征,那么,彩陶上的撒种人就是披戴兽皮的人。总之可以说,撒种主题产生在披戴兽皮的农业祭祀活动当中。

关于以兽皮为衣,我想各位一定不会陌生,因为它在早期典籍中不乏记载。现在我们要考究的是:上古人为什么要以兽皮为衣呢?是为了御寒吗?不是。只要研究一下衣帽的产生,就会懂得,对于已经习惯裸身的动物,穿戴花草皮毛绝不是出于生理上的需要,而是出于别的目的,比如装饰的目的。现在的宠物狗就是这样。同样,最早以兽皮为衣的人,他的行为目的也不是御寒,而是为了把自己装饰成某种动物,以便在想象中成为超人,也就是在想象中和图腾物同化。早期典籍对此多有记载,说明以兽皮为衣的现象在仪式上很常见,同时也说明,兽皮之衣是很常见的仪式道具。例如前面说到的"百兽率舞",便可以理解为很多穿戴兽皮的人在跳舞。不难推测,饕餮艺术正是从这种仪式行为中起源的。古人关于饕餮的那些描写,正是和兽面、兽皮相联系的——所谓"有首无身",其实就是对兽皮之衣的描写;所谓"食人未咽",其实是表现兽面、兽皮覆盖在人身上的形象;所谓饕餮纹,其实就是对道具面部作重点表现的图案。由此可以理解:正因为这样,藏在兽面之下的人往往神态淡定而不恐惧,兽面也往往没有下巴;同样因为这样,人虎之间可以方便地转变和转换,转变和转换的关键只在兽皮之衣的一穿一脱之间。

> 饕餮艺术起源于同祭祀仪式相关联的身体装饰。"有首无身"是对兽皮之衣面部的描写,"食人未咽"是表现兽面、兽皮覆盖在人身上的形象。

以上所说,主要有两个意思:第一,饕餮艺术起源于同祭祀仪式相关联的身体装饰,也就是以兽面、兽皮为衣;第二,其起源的年代在新石器时代。关于后一点,考古学资料也提供了很多证明,这就是在新石器时代后期古器物中所出现的以神兽食人为主题的图像。这种饕餮图像强调巨口利齿,主要见于以下遗存:

1. 湖南洪江高庙文化遗址,距今 7000 年以上,比良渚文化早几千年。在一件白陶制品上发现了兽面纹。其中一个兽面强调獠牙利齿(图 4-14 左),另一个兽面纹则在獠牙之间刻有一人体(图 4-14 右)。二者表达了食人的主题。

> 距今 7000 年以上的神兽食人图像。

2. 良渚文化遗址,距今约 4800 年。遗址中出土了很多绘刻圆眼、横鼻、阔嘴、长牙的兽面纹的玉琮(图

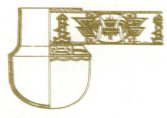

图 4-14

距今约4800年的饕餮图像。

图 4-15

4-15左)。最典型的一件是神人图。神人阔嘴、利齿，头戴放射形羽翎冠，脚是蜷曲的三爪，胸腹部有阔嘴、尖齿、露獠牙的兽面（图4-15右）。值得注意的正是这个兽面：它是和上方的人面相叠加的；相对于人面，它是人身；但是同下方的利爪相对，它又是一种变相的"有首无身"。因此，它表达了人兽相合的饕餮主题。

3. 龙山文化玉石器，距今约4000年（图4-16）。这些玉器大部分是传世品，通过推测而被判定为龙山文化时期的文物。玉器上的兽面有两种类型，少数是典型的饕餮纹，无下颌，属"有首无身"类型；但大多是非典型的饕餮纹。不过，所有兽面都强调了圆目、羽冠、獠牙或利齿，绘刻如人脸，因而也表达了人兽相合的主题。[1]

4. 河南新砦二期遗址，和龙山文化遗址大致同一时期。在一件泥质磨光黑皮陶平顶器的器盖上绘刻了一个兽面。兽面阔口，无下颌，梭形眼，有高羽冠（图4-17）。它印证了龙山文化玉石器兽面所表达的主题。

---

[1] 参见林继来、马金花《论晋南曲沃羊舌村出土的史前玉神面》，《考古与文物》2009年第2期。

距今约 4000 年的饕餮图像。

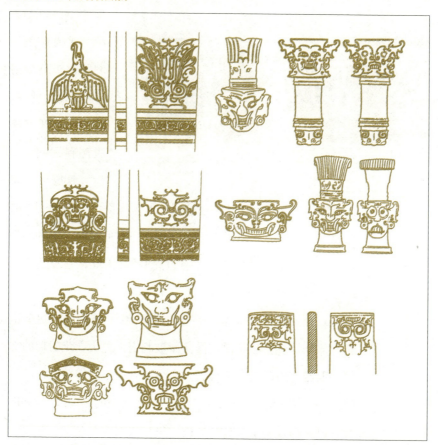

图 4-16

以上图像都属于早期的饕餮艺术。它们说明，兴盛于商代的饕餮神话与艺术，实际上是以新石器时代的饕餮信仰为基础的。在新石器时代，它们流行于黄河流域下游和长江流域下游，也就是流行在普遍信

图 4-17

奉鸟崇拜的地区。正因为这样，饕餮信仰同鸟崇拜有很密切的关联。关于这一点，下面我们再作详谈。

新石器时代的人面饕餮。

现在需要注意的是：新石器时代的饕餮艺术有一个重要特点，就是出现了很多人面饕餮。这些人面往往饰有羽冠和鸷鸟。它的符号意义相当于古代的"皇"字——《周礼》郑玄注说"皇"是"杂五彩羽如凤皇色"，因此"皇"是代表太阳的至上神的标志。那么人面是什么含义呢？前面提到，《神异经》一书曾这样说到人面饕餮："饕餮，兽名，身如牛，人面，目在腋下。食人。"意思是说：饕餮是人面牛身的"食人"动物，是由人和兽化合而成的。这就意味着，饕餮是由图腾崇拜转变而来的——只不过崇拜的对象由作为图腾的动物神转变成了作为氏族祖先的人神。

图4-18

现在我们看看江西大洋洲文化遗址。这是一个商代晚期的遗址。遗址中出土了一枚玉神面（图4-18）。这枚玉神面是按人的形象来塑造的饕餮之神，表现了人面与兽面的同一。

关于以上这件玉神面的年代，人们还有一些争议。因为从形制看，它很可能是龙山文化时代的遗物；但它却出土于商代晚期的遗址当中。它好像是"穿越"而来的。值得注意的正是这种跨越年代的情况。它说明，人面饕餮不仅是龙山文化时期的信仰，也是商代的信仰。

第四讲　上古艺术的符号意义

古代器物对年代的跨越，并不是偶然现象。比如在湖北盘龙城遗址——年代相当于二里头文化晚期到殷墟早期的遗址，出土了一件青铜斝。在它的腹部纹饰中，同样可以看到龙山文化元素和商代元素的交织。这个青铜斝纹饰是一个兽面纹饰。它的鼻部图案显示为人形（图4-19），结构很像河南新砦出土的神兽噬人陶片图像（图4-17），但它却是铸在青铜器上面的。它给我们这样一个提示：上古饕餮图案中的兽面和人面是对应的，兽面纹中的兽面可以理解为神人的替代形式。

图4-19

兽面纹中的兽面是神人的替代形式。

现在让我们看看河南安阳大司空村出土的一件商代青铜卣。卣上有兽面纹，兽面的两耳用两条象形龙代替了，兽面鼻部则有一枚徽章状的物品。特别值得注意的是：徽章下方是一个小兽面，鼻旁两眉用两条虫形龙来代替

图4-20

（图4-20）。这幅图在结构上也接近河南新砦出土的神兽噬人陶片图像。不过它的特点是：用徽记和小兽面替代神人，用眉上两龙替代人身。这个特点很有意思。为什么呢？因为除人以外，其他动物是没有眉毛的；眉是人类所特有的体

> 在饕餮艺术史上，有过由人面饕餮向兽面饕餮的过渡。

征！因此，那两条虫形龙实际上是对已经退居隐蔽地位的人面的暗示。这样一来，这幅图就证明：人面饕餮不仅是饕餮艺术的重要组成部分，而且在饕餮艺术中曾经占有主流地位。换句话说，在饕餮艺术史上，出现过由人面饕餮向兽面饕餮的过渡。这一点可以解释：在饕餮纹中为什么会反复出现神人和神兽的同一。

新石器时代之后，饕餮纹进入进一步发展的时期。这也就是与湖北盘龙城遗址年代相当的郑州二里岗遗址时期——商代早期和中期。这一时期出现了以下三种形式的饕餮纹：

一是歧尾连体式。其特点是兽面两侧连接躯干，尾端分歧作鱼尾状。例如郑州窖藏青铜瓿上的兽面纹（图4-21）、湖北盘龙城青铜鼎上的兽面纹（图4-22下）。

二是普通连体式。其特点是兽面两侧各连接一条躯干，尾部卷扬而不分歧，李济称之为"肥遗型动物纹"。例如盘龙城青铜簋上的兽面纹（图4-22上）、郑州窖藏青铜卣上的

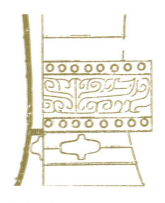

图4-21

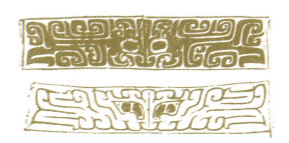

图4-22

兽面纹（图4-23）。

三是独立兽面式。其特点是有兽面而无躯干，是典型的"有首无身"。例如郑州窖藏青铜尊上的兽面纹（图4-24）。它也是高度抽象的饕餮纹。

从以上情况看，二里岗时期的饕餮纹有三个特点：第一，它具有多种抽象类型。不仅有分解式兽面纹，而且有其他形式；各种形式基本上是齐备的。第二，它对于这几种饕餮纹是综合使用的，不同类型的兽面纹有时见于同一器物。比如有两件铜盉，上面兼有独立兽面纹和歧尾连体兽面纹。第三，它基本上淡化了原型。

图4-23

二里冈时期饕餮纹的特点：综合使用多种抽象类型。

图4-24

也就是说，除其中的独立兽面式保留了牛角或羊角，有比较明显的原型成分而外，其他兽面上的原型是什么？这是看不清楚的。

这三个特点意味着什么呢？在我看来，第一，意味着饕餮纹在商代早期已经成熟；到商代中期，它已经在抽象化的道路上走了很远。第二，意味着青铜饕餮纹和青铜饕餮图像并不是饕餮艺术唯一的品种,也不是最早的品种。至少我们现在看到的那些老虎吃人题材的饕餮图像,其实不是原生态的饕餮艺术作品,因为它们在逻辑上属于抽象化以前的类型。第三,意味着所谓夏王朝"铸鼎象物"——传说大禹曾经征收九州之金,铸九鼎,并铸上各种动物的图像——是有一定根据的。

以上判断,在一件器物上得到了证实,这就是同样属于二里岗时期的一块陶片(图 4-25)。

图 4-25

20 世纪 70 年代,这块陶片出土于郑州宫殿区第五夯土基址小区,其夯土层属于商代二里岗期文化层。考古工作者推断它是陶簋的腹部残片。发掘报告将陶片上的图案称作"虎噬人"图案,描写说:"左侧为一个刻有面、眼、鼻、口、耳的人头像,头下有颈,颈下有肩;在人头右侧有一只似作跪立状的侧面虎,口大张,目前视,作欲吞噬人头状。"后来,有学者对这一图案作了复原(图 4-26),认为原来被称作"虎"的动物,"虽然其体干部位缺失严重,但还可以很清楚地看到其头部较小,身躯

图 4-26

第四讲 上古艺术的符号意义 | 111

细长弯曲，颈部饰有鳞甲，有臣字型巨目，嘴部龇牙张开，甚至口吐信子，这些特征与商代典型的猛虎造型特征明显不符"。他们推断这噬人的动物是龙。[1]

以上这个推断及其所依据的复原图是富有启发意义的。它们说明了四件重要的事情：

第一，早在二里岗时期，已经存在陶制的饕餮艺术品。前面说到的"典型的饕餮艺术"，其实是晚起的饕餮艺术。

第二，在商代中期以前，除掉比较抽象的饕餮纹以外，还出现了具象的饕餮噬人图像。这就是说，"典型的饕餮艺术"并非产生在商代中期，而是在更早的时候；只不过在不同时期，它的表现形式不同。

第三，在陶制的饕餮图像中，已经出现一首二身的神人。这种神人造型又称"肥遗型"、连体式。从艺术角度看，它标志着对半折分这一重要的构图法则已经出现了。

第四，二里岗时期的噬人之兽已经具有幻想性质，它的原型已经淡化，它的形象包含蛇的舌信、龙的身躯、虎的大口，具有综合性。

以上四点，说明我们过去对饕餮艺术的认识是不够系统的；而现在，一旦建立历史的眼光，我们就有条件重新认识饕餮艺术的早期历程了。以下是我提出的几个认识，请大家检验：

> 早期饕餮的特点：陶制和玉制；以人面为主流；产生了一首二身形式。

第一，饕餮艺术在青铜艺术之前，有一个

---

[1] 汤威、张巍《郑州商城"人兽母题"陶片图案复原及相关问题探讨》，《中国历史文物》2008 年第 1 期。

石器（陶器、玉器）艺术阶段。这一阶段的神兽食人主题是以巨口利齿为表现形式的。这一点应当是没有问题的。

第二，在兽面饕餮之前，饕餮艺术有过以人面饕餮为主流的阶段。在这一阶段，兽面表现为对神人的替代。这意味着，饕餮艺术中所谓"复活"，其早期表现形式是向神人归化。

第三，饕餮艺术的早期发展，大致经历了五个阶段。因此，关于饕餮艺术各种早期形式的逻辑关系，可以图解如下（图4-27）：

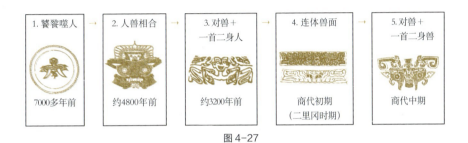

图4-27

这个关系图意味着：饕餮纹中的饕餮面，来源于兽面与人面的化合；饕餮纹中的二身，来源于兽身与人身的化合。二里岗陶片图像上的一首二身，是两种连体兽面纹的早期形式。从新石器时代到商周之际，饕餮艺术的形式在不断变化，但它一直葆有稳定的内涵。

现在请看图4-28。实际上，这两幅图也证明了兽面与人面的同一性。上面一幅是殷墟妇好墓青铜甗口下的纹饰，下面一幅是上海博物馆所藏古父巳卣的纹饰。值得注意的是：两件纹饰都在两龙相噬之处安放了一枚徽状物。我们知道，在其他青铜纹饰的这个位置，有时候置放人或人首，有时候置放兽或兽首。这就说明：神兽噬人、神兽噬兽、神兽噬徽状物这三者，在造型结构上是相同的。如果我们承认同样的结构具有相近的符号意义，那么可以说，它们是具有相同含义的纹饰。值得强调的是：一直到商代后期，人们仍然用青铜器纹饰表达了

第四讲 上古艺术的符号意义 | 113

图 4-28

这种神人、神兽、神徽相同一的观念。

三、对饕餮艺术若干形式元素的分析

以上说的是饕餮艺术的概貌。现在,我打算讨论一个比较有深度的问题:饕餮艺术的结构和形式要素问题。为什么要讨论这个问题呢?因为通过它,我们或许可以接触到上古艺术的本质。

为此,我们要重点考察一下繁盛时期的饕餮艺术。这个时期就是殷墟时期,也就是商代中晚期。这是饕餮艺术在形式上品种最丰富的时期。就这一时期饕餮艺术的形式要素来说,最值得注意的是以下三个方面。

> 殷墟时期的饕餮艺术。

(一)结构

除前面介绍的虎噬人器物外,这一时期的饕餮艺术在结构上有两大特点:第一是饕餮纹普遍采用双角(图 4-29);第二是出现了分解兽面式(图 4-30),也就是用许多不连贯的小单元构成一个兽面。这是不同于二里岗时期的新形式,它们有什么意义呢?

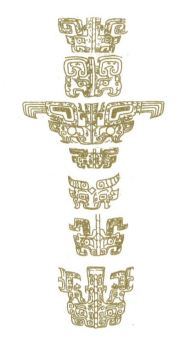

图 4-29

图 4-30

一般来说，这意味着饕餮艺术有了更多的形式元素。因为在殷墟时期，饕餮艺术上的双角有很多角形，包括羊角形、牛角形、长颈鹿角形、外卷角形、内卷云纹形、矩尺形、曲折形、夔状、迤逦如蛇形等。它们多见于各种独立兽面纹。

这些双角有两个特点：第一，角形多种，联系于不同动物——实际上是联系于不同的氏族神；第二，出现了大量抽象角形，比如云纹角、矩尺角、曲折角、夔状角。这种多样化、抽象化的特点，和商周青铜器图案的发展趋势是一致的。如果要追究它们的符号意义，那么可以说，这实际上是社会组织发生变化的表现：地缘社会组织逐步扩大，容纳了更多的血缘族团，由此造成了图腾观念的融合。

至于分解兽面式的意义，则主要意味着：饕餮艺术向高度抽象方面发展了。因为分解兽面式是一种抽象性较高的构图方式。

第四讲 上古艺术的符号意义 | 115

从整体看，可以说它是独立兽面纹或连体兽面纹；但从局部看，兽面中的各个器官却是分解开来的，不相连属，不同于以上两种兽面纹。也就是说，分解兽面式的图像结构是多层次的，每个层次都有其符号意义。这种形式的兽面纹最早见于殷墟第一期的青铜器，但那时只对独立兽面纹加以分解；到后来，它发展为对连体兽面纹加以分解，成为殷墟时期至西周早期青铜器上比较常见的一种纹样。

关于分解兽面式，有以下四种相关联的情况值得注意：

第一，兽面纹的身、首比例大多不相称。兽首总是构图的中心，而身部好像是独立首部的辅助纹样。例如属于殷墟第一期、第二期两件青铜觚上的纹饰（图 4-31）。

第二，在很多兽面纹中，首部和身部是相分离的，表现为首和身的相加，而非相连。例如妇好大方尊上的纹饰（图 4-32）。

第三，很多兽面纹在构图时采用了双关的手法，也就是用夔纹、目纹、雷纹等纹饰组合成连体兽面纹。例如两件小屯青铜器上的纹饰（图 4-33）。

关于分解兽面。

图 4-31

图 4-32

第四，很多兽面纹在虎齿下方刻画了爪子，也就是用某种特殊方式表述了"虎齿人爪"的信仰。例如小屯青铜尊纹饰（图4-34）、江西新干大洋洲青铜器纹饰（图4-35）。

这四种情况说明了什么呢？我认为：

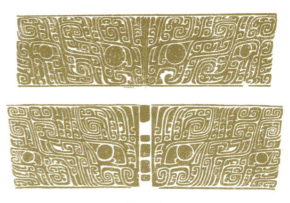

图4-33

图4-34

图4-35

第四讲 上古艺术的符号意义 | 117

第一，它说明兽面纹中的兽首、兽身曾经有各自独立的发展（所以能够被分解）。

第二，它说明独立兽面纹代表了一种独立发展的形式（所以兽首总是被强调）。

第三，前面已经说到，这里则进一步证明：连体兽面纹来源于独立兽面纹，连体兽面是独立兽面的变化形式；兽面纹中的一首二身，可以看作兽面与人身的化合——因为它经过了独立兽面、人兽化合这样的发展阶段。

第四，它说明，连体兽面图像同样符合"有首无身，食人未咽"这一关于饕餮的定义——因为连体兽面仍然以"有首无身"的饕餮面为构图中心。

以上四点，中心意思是：饕餮艺术在其变化过程中，一直注意保持兽面的主体地位。也就是说，每个饕餮纹都有比较明确的文化属性。各种连体方式，目的都在于增强兽面主体的神性，比如用夔纹表示龙蛇之神，代表生殖的神性。又比如，根据在很多民族当中流传的"天之眼"的神话，[1]目纹表示太阳，代表光明的神性；雷纹是天体的象征，代表天道，包括天谴、天罚、天的千变万化。这就是说，饕餮艺术的结构变化，是同它的符号内涵相联系的。有理由推测，上古图像的结构变化，遵循了一定的历史逻辑。它的演变，主要不是取决于审美意识的发展，而是取决于文化内涵的扩大。换句话说，上古图像

> 对兽面主体地位的解释。

---

[1] 参见汤惠生、田旭东《原始文化中的二元逻辑与史前考古艺术形象》，《考古》2001 年第 5 期。

艺术的精神实质，是对于神灵的敬畏，以及关于神灵的和谐关系的想象。所有的符号手段，都是围绕这个核心而发展的。

(二) 作为饕餮原型的凶猛动物——老虎和鸱鸮

对于饕餮艺术来说，老虎是最重要的一个神灵原型。特别是，殷墟时期出现了一批虎噬人的圆雕艺术品，具象地反映了老虎同饕餮艺术的紧密关联。这使很多人认为，饕餮信仰最早发生在崇拜虎的民族之中，是依托虎图腾而在不同民族之间相转移

> 虎面饕餮：饕餮艺术的一个门类和阶段。

的。我过去也这样看。[1] 现在知道，这个看法是需要修正的，因为我们看到的早期饕餮艺术品，尽管同"食人"有关，但不能说食人者就是老虎。不过，虎面饕餮毕竟代表了饕餮艺术的一个重要门类和重要阶段。

虎面饕餮的产生，是和强大的老虎崇拜相联系的。同其他四足兽崇拜相比，老虎崇拜覆盖的地区更广——覆盖了从中国东北到中国西南的广大地区。老虎是许多民族所共有的图腾物。从现在的情况看，这些民族包括彝族、白族、藏族、怒族、傈僳族、普米族、纳西族、珞巴族、土家族，主体上分布在湘西、川西、云南和藏东。它们所对应的是古代的羌人、氐人、僰人、滇人和作为巴民族各分支的虎夷人、板楯人、廪君人等等。近五十年来，这一地区有大批虎文物出土。比如在云南晋宁石寨山、江川李家山的祭祀场面贮贝器（图 4-36）上，有人牲祭祀的景象、人首祭的景象、人牲

---

[1] 王小盾《饕餮神话和艺术的真相》，《艺术与科学》第 10 卷，清华大学出版社，2010 年，第 1—26 页。

第四讲　上古艺术的符号意义

饲虎的景象。这些资料说明：以老虎为主题的饕餮艺术，其实是虎神祭祀的道具，因为这两者具有相同的意义结构。

由于仪式和仪式器具具有同构性，所以对上古艺术进行考察的时候，我们可以用民族学资料来说明文物。这样一来，对于以老虎为主题的饕餮艺术品，对于它们的内涵，理解起来就不难了。比如：

图4-36 祭祀场面贮贝器，出土于晋宁石寨山一号墓

1. 在普米族、纳西族当中有人虎同化的观念表现，也就是把老虎当作人类的来源，用老虎的名称来称呼自己的氏族、首领和居住地。[1]这些迹象说明，姓氏制度和命名制度原是图腾制的组成部分。因此，饕餮和浑敦、穷奇、梼杌、鹰隼、须窥、叔逆、儋耳等等，既可以看作神名，也可以看作族名、地名、动物名或某一信仰的代名。

2. 在彝族、纳西族当中有虎为天神、虎是宇宙的象征、虎化生万物等信仰的表现。[2]这些迹象，其实表明了虎吃人情节在死亡－再生仪式上的意义，也就是把老虎当作生命归宿和再生之所。由此看来，《山海经》中关于虎形之神的神

---

[1] 参见《中国各民族原始宗教资料丛编·普米族卷》，中国社会科学出版社，1999年，第651页；《中国各民族原始宗教资料丛编·纳西族卷》，上海人民出版社，1993年，第33页。

[2] 参见《中国彝族虎文化》，云南人民出版社，1992年。

图 4-37　西汉壁画中的开明兽和不死树

壁画出自甘肃省武威市五坝山7号墓,是对《山海经》所记昆仑山神开明兽的描写。

话（图 4-37），其实质是把虎视为西方世界或死亡世界（昆仑）的主宰。

3. 在土家族当中有还人头愿的仪式，在白族当中有人被虎吃而成仙的信仰。[1] 这实际上是虎为厉神、虎为祥瑞这种观念两重性的表现。它们证明：饕餮图像中的人物具有多重属性——既可以是神人（族神和祖神），也可以是人牲。

4. 在珞巴族和傈僳族，虎皮、虎牙被看作神力的象征。[2] 这可以解释饕餮艺术中对虎皮、虎牙的描写，证明老虎的特征器官象征着图腾神力。

5. 四川藏族曾经向当地彝族借用虎崇拜，因而同样崇奉女神"巴丁喇木"。[3] 可见在不同民族之间存在转移图腾、借用图腾的现象。这意味着，在这些民族的图腾艺术品之

---

[1] 参见《中国各民族原始宗教资料丛编·白族卷》，中国社会科学出版社，1996 年，第 533 页；《民族志资料汇编·土家族卷》，贵州省志民族志编委会，1989 年，第 34、155—157 页。

[2] 参见《傈僳族社会历史调查》，云南人民出版社，1981 年，第 161 页；《中国各民族原始宗教资料丛编·珞巴族卷》，中国社会科学出版社，1999 年，第 742—751 页。

[3] 参见杨学政《摩梭人和普米族、藏族的女神崇拜》，《世界宗教研究》1982 年第 2 期。

间,也会出现符号的转移和借用。这一点有助于解释:饕餮图像为何有多样的抽象形式。

总之,通过比较可以知道,崇虎习俗的思想基础是四种观念:一是人虎同化的观念,二是老虎为天神的观念,三是老虎为祥瑞和民族保护神的观念,四是老虎为厉神的观念。饕餮艺术品的形式多样性,是和这些内涵相对应的。

> 虎崇拜的思想基础:人虎同化观念,虎为天神观念,虎为祥瑞观念,虎为厉神观念。

除掉老虎以外,饕餮艺术另外一个重要原型是鹰鸮。前面说到鸟兽纹觥(图3-09)和后母戊鼎(图3-10)——前者的主体纹饰是鸮,后者的噬人之虎纹有"臣"字形目(图3-13),而这一形状是由鹰鸮的眼睛和钩喙构成的。现在我们知道,这反映了以上两件饕餮艺术品的文化属性:它们属于"鹰隼所鸷"的饕餮民族。这和《吕氏春秋》《山海经》等书的记载是彼此对应的。前面说过:根据这两部书的记载,在信奉饕餮的民族中,"鹰隼所鸷"是非常重要的一支。

和虎崇拜不同,上古时候的鹰鸮崇拜主要流行于中国东部地区,是东夷民族和商民族的图腾神鸟。因为鹰鸮器物很早就见于红山文化遗址(图4-38),后来又流行于商代。从商代青铜器的造型看,它的图像特点是有一个从两耳发展过来的外折角(图4-39)。正因为这样,在商代的饕餮纹中,这种以直立外折角为标志的形式(图4-33)比较流行。

有人对殷商时期的鸱鸮崇拜作过研究,认为它得以成立的缘故主要有两条:第一,它是猛禽,象征威武;第二,它

图 4-38 红山文化玉鸮

图 4-39 殷墟鸮尊

在夜里活动，被人视为夜神或梦神。[1] 这话是有一定道理的，但有点简单。它忽视了一个事实：鸮鸟崇拜具有鲜明的族群属性。商代人崇拜它，周代人却贬斥它，以至于它在历史上有两个截然不同的身份。有一个例子很典型：在商代墓葬中，出现了很多威严的饕餮形象（图 1-03），这种情况却不见于周代墓葬；与此相反，从周代开始，人们纷纷把鸮鸟说成是恶鸟，是凶残之鸟（图 1-09），比如《诗经·豳风·鸱鸮》就是这样描写的。因此，我在第一讲说过：鸮鸟是具有强烈的族群性的宗教符号，它的地位的升降代表了商周两个民族图腾观念的嬗替。

第一讲还说到一个情况，即在古人的看法中，鸮鸟不仅具有氏族神或图腾神的身份，而且具有太阳神的身份——代表夜晚的太阳。不止一个族群认为：每天晚上，太阳都要化身为鸮鸟，由龟背负着从西方或者北方运往东方（图 1-10）。所以我们看到了很多关于"鸮龟曳衔"的图像；而且，直到屈原时代，人们还有"鸱龟曳衔，鲧何听焉"这样的疑问。

---

[1]《夜与梦之神的鸱鸮》，《刘敦愿文集》上卷，科学出版社，2012 年。

第四讲 上古艺术的符号意义 | 123

我们为什么要考察饕餮同老虎、鸱鸮的关系呢？因为我们想弄清楚：饕餮到底是什么神。有人说它是天神或上帝，有人说它是祖先神，还有人说它是太阳神或月亮神；有人却不同意这些看法，质疑说："试问'上帝'怎么会被儒家文献、上古经典当做'四凶'之一？"[1] 现在我们知道，最后这个说法是片面的。它忽略了一件重要的事：任何历史事物都是在一定的时间条件、空间条件上存在的，神灵有它的族群属性。鸱鸮就是这样：在不同的人群当中，在不同的条件下，它有不同的性质。比如，在以老虎、鸱鸮为氏族神灵的人群中，它既是祖先神，也是族群保护神。如果流行吞食而再生的信仰，那么，它就会被这些族群的人当作再生的对象，获得天神或太阳神的地位。但对于周民族，它不是这样，而是"四凶"之一。所以到周王朝以后，饕餮失去了作为至上神的地位。假如我们问：在饕餮艺术中，老虎和鸱鸮的含义如何？其实也应该这样回答。

（三）饕餮艺术中各种具有程式意义的符号

额鼻部是饕餮面的重要部位。在这里，总是会出现一种几何形图案。按其形状，可以称作盾形纹饰、类贝形纹饰、箎形纹饰或菱形纹饰。比如图 4-40 的额鼻部位有一个倒"U"形的纹饰，下有菱形纹。显而易见，这些纹饰是拥有共同的结构意义的；不过，形状不同，也应当有不同的寓意。

其中最受学者关注的纹饰是菱形纹（◇）。据考察，

---

[1] 萧兵《中国上古图饰的文化判读：建构饕餮的多面相》，湖北人民出版社，2011 年，第 37 页。

饕餮面额鼻部的几何纹饰。

图4-40

在商周两代的兽面纹青铜器当中,饰有菱形纹的器物,比重占到六分之一。它最早出现在商代二里岗期的青铜罍腹部,多见于商晚期到西周早期。凡是饰有菱形纹的兽面青铜器,它往往是祭祀用器。这说明菱形纹是重要的神灵符号。有人认为,它代表"人们赖以生存的谷物"或"天地四方"。[1] 又有人认为,它和蛙蟾图形背部的菱形纹一样,以生殖孔为原型,是代表繁殖和"生命之源"的符号。[2] 另外还有人认为,这是龙神的符号,因为菱形是鳄鱼体表鳞纹的特征,而鳄鱼是龙的重要原型。这几种说法其实有共同点,因为龙也是生殖之神,同样代表生命的源泉。[3]

现在我们来讨论一下图4-40菱形纹上方那个倒"U"形的纹饰。它通常叫作"盾形纹"或"箎形纹"。它有很多形态。

---

[1] 参见钱志强《西周青铜器兽面纹上菱形符号新探》,《周秦文化研究》,陕西人民出版社,1998年。

[2] 参见范明三《中国的自然崇拜》,香港中华书局,1994年,第131页。靳之林《生命之树与中国民间民俗艺术》,广西师范大学出版社,2002年,第182页。

[3] 参见王小盾《龙的实质和龙神话的起源》,《清华大学古代汉文学论集》,中华书局,2005年。

图 4-41 饕餮面上的额鼻纹饰
自左至右,分别出自殷墟中期的先壶和殷墟晚期的父乙盂、父乙觯。

如果以殷墟时期(商王朝后期)的图像(图 4-41)为讨论对象,那么,关于这一纹饰,至少可以提供以下三种解释:

1. 解释为太阳符号。因为在图 4-43 中部的殷墟父乙盂上,纹饰为旋涡形。这种符号通常被理解为象征太阳和火。在曾侯乙墓出土的漆衣箱上,有关于天象的二十个字——"民祀惟房,日辰于维"等等,旁边出现的钺形太阳符号(图4-42),和这种旋涡纹也相近。因此可以判断,包含旋涡纹的"盾形纹"或"筐形纹",表现了太阳崇拜的内涵。

2. 解释为舌头符号。日本学者林巳奈夫曾论证这种符号。他列举若干种手绘图(例如图 4-43),通过比较,指出大量饕餮面上的额鼻纹其实是舌头的代表。[1] 舌头意味着什么呢?前面说到,夔纹是由虎头龙身蛇舌组成的;二里岗时期的噬人之

---

[1] 林巳奈夫《神与兽的纹样学:中国古代诸神》,三联书店,2009 年,第 18—19 页。

图 4-42

吐舌符号的内涵：抵御邪祟、镇压蛇毒的神力，吞吐生命的象征。

兽由蛇的舌信、龙的身躯、虎的大口综合而成。可见商周饕餮纹中的舌符是古神形象的遗留。由于在长江中下游地区和台湾东部出现过很多吐舌造像；春秋中期至晋代的镇墓兽往往口吐长舌，头插鹿角，手爪执蛇；可以判断，吐舌代表了抵御邪祟、镇压蛇毒的神力。另外，在北美印第安人、新西兰毛利人的图腾柱上，常常出现吐舌形象；在佛经中，也有关于"广长舌"的描写。因此又可以判断：吐舌是"大神力"的代表，是吞吐生命的象征。[1]

图 4-43

---

[1] 佛经经常把广舌作为大神力来描写，如《法华经·神力品》说："现大神力，出广长舌，上至梵世。"参见凌纯声《台东的吐舌人像及其在太平洋区的类缘》，《中国边疆民族与环太平洋文化》，台北联经出版社，1979 年，第 473—500 页。又见宾娟《吐舌状镇墓兽及其文化意义的探讨》，《四川文物》2013 年第 6 期。

3. 解释为兵器符号。在上古图像中，这种符号有很多表现方式。比如图4-44中的甲骨文，读为"干"或"戝"，代表盾；图4-45中的甲骨文，读为"辛"。根据古代的五行之说，它们代表金属和刑杀。

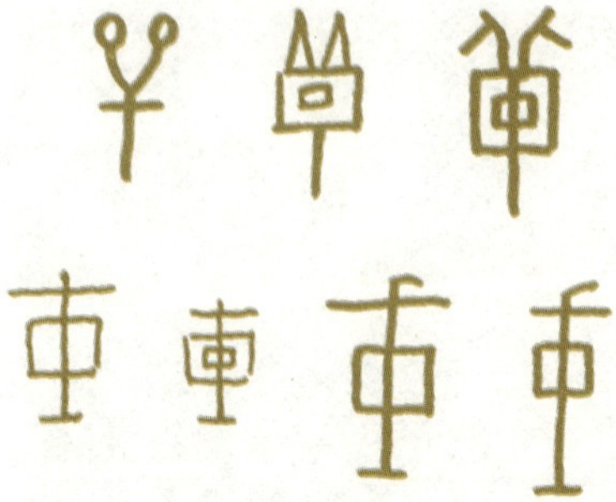

关于"干""戝""辛"等符号的含义问题，可以在古文献中找到答案。比如在《山海经·海内西经》中，有"凤皇、鸾鸟皆戴戝"的说法；在《河图》一书中，有"颛顼首戴干戈"的说法；在《白虎通·圣人》篇中，有"颛顼戴午"的说法；

图4-44

图4-45

在《潜夫论·五德志》中，有帝喾"其相戴干，其号高辛"的说法。这些说法表明：在饕餮面的额鼻部装饰几何纹，其实就是所谓"戴干""戴辛""戴午"或"戴戝"，是用兵器、刑具或巫术法器来象征某种神力。象征什么神力呢？大概有三：一是象征"德"，比如凤凰戴戝又记写为"戴德"；二是象征统治之力，因为"戴干""戴辛""戴午""戴戝"之人，都是统管生死的大神；三是象征政治秩序，比如《太平御览》卷八十引《春秋元命苞》说："帝喾戴干，是谓清明，发节移度，盖像招摇。""清明""发节移度"都是对良好的政治秩序的表述。

值得注意的是，以上这些话里说到的"颛顼""帝喾""高辛"，在中国古史系统中，是东夷民族的神灵；而根据以下资料,"戴干""戴辛""戴午""戴赦"等等,是表示东方鸷鸟的符号。大家是不是知道,在上古中国,对鸟的崇拜分为两个系统:一是东方短尾鸟的系统。东部多河流沼泽,生存了很多水鸟。由于要在水中择食,这些鸟很凶猛,尾巴也很短。二是西方长尾鸟的系统。西部多高原山地,生存了很多旱鸟。由于要吸引异性,这些鸟往往有华丽的长尾。这些鸟分别在东方、西方进入人们的图腾信仰。如果说凤凰等长尾鸟比较多地具有西方鸟崇拜的色彩,那么,饕餮艺术中的鸷鸟符号,便反映了东方民族的信仰。

东方短尾鸟和西方长尾鸟。

东方民族的鸷鸟崇拜,在"戴胜"鸟资料中有比较明显的表现。《礼记·月令》曾经记录这种鸟的习性,说:"季春之月……戴胜降于桑。"《方言》和《广雅》则说到这种鸟的具体名称,说它包括"戴鵀、戴䳋、鵱鸩、泽虞、服鵖、尸鸠"等鸟。按照《左传·昭公十七年》的记载,这正是少皞民族所崇奉的鸷鸟。《左传·昭公十七年》的说法是:少皞民族的首领名叫"鸷"或"挚"。在鸷的时代,少皞民族的重要官职是由各个鸟部落的首领来担任的。其中祝鸠(又称鷞鸠)担任司徒之官,雎鸠(图4-46,又称王雎)担任司马之官,鸤鸠(又称鹊鵴)担任司

图4-46 水鸟雎鸠

第四讲 上古艺术的符号意义 | 129

空之官,爽鸠(即鹰)担任司寇之官,鹘鸠(又称鹘鸼)担任司事之官,统称为"五鸠"。有趣的是,雎鸠另有一个名字叫"鹫"或"鸑",爽鸠也有一个名字叫"鶒鸠"。在金文中,"鹫"和"鶒"都写成鸟戴干、戈之形(图4-47)。这说明什么呢?说明在崇拜短尾鸟的东方民族看来,头戴兵器是鹫鸟的特征。或者说,戴干、戴辛、戴胜等符号,是用来表达对统治之神的崇拜,表达王权观念的。联系古代在王杖之上镶鸠、把鸠杖用为王杖的制度(图4-48),可以判断,古代神话和图案中的戴干、戴午、戴胜等等,其实是王者或酋长的标志,也就是权力的标志。

关于"戴干""戴辛""戴午""戴戚""戴胜"的话题,有很多内容可以谈。现在,不妨对上面所举的例证作一个总结:

(1)饕餮艺术中的很多符号,也出现在其他造型艺术品上,以及文字符号之上,并不是孤立的;

(2)在崇拜鸑鸟的民族当中,头戴兵器是一种重要符号

图4-47

戴干、戴辛、戴胜、戴午等符号是王者和权力的标志。

图4-48

左为汉代的鸠杖杖首,出土于山东日照海曲;右为春秋时期的鸠杖杖镦,出土于浙江绍兴坝头山。

图 4-49　金文中的鸷鸟符号

（图 4-49），主要用于表示某个鸟族的神威；

（3）由此来看饕餮面额鼻部的几何形纹饰，可以推测，它们也是族权神威的象征。或者说，它们是王者或酋长的标志，也就是权力的标志。

四、结论：早期艺术是人神交通的工具和符号

现在，让我们对本讲的内容作个总结。

就理解上古艺术来说，饕餮艺术是具有典型意义的案例。它兴盛的时间很长，见于浙江良渚文化、山东龙山文化玉器和二里头文化陶器，而最盛于商代青铜器。它品种很多，主要有三种形态：一是巨口食人的图案，二是虎食人的圆雕，三是各种兽首无颔的花纹。从内容看，它有图腾崇拜的底层，往往表现为多种动物特征的集合。在这些动物当中，最重要的是老虎、鸱鸮两种动物，其次是牛、羊、猪、鹿等动物。如果说这些动物是作为特定部族的标志而进入饕餮艺术品的，那么，从饕餮艺术

品的分布情况看，它所代表的信仰体系和商民族有最密切的联系。

通过讨论，我们初步明确了饕餮的本质。表面上看，饕餮是某种食人之兽，或者说是以食人之兽为神灵的族群；实质上，它是人兽相互转化这个信仰的艺术呈现，是人与图腾交换生命而复活这种仪礼的象征。所以在具象的饕餮艺术品中，也就是在青铜器圆雕作品中，可以看到由人和兽所构成的三种关系：(1) 人面向兽身，被吞噬，代表人向神兽回归；(2) 人的身和首相背，代表人兽合为一体；(3) 人背向兽身，蜕皮而出，代表神兽向神人转化。可以说，三者综合表现了被噬、化合、复活的过程（图4-50）。这说明，饕餮艺术是仪式的产物。

关于饕餮和饕餮吃人现象的本质，还可以这样来表述：它是借助兽神而完成的死亡－复活过程，同时是关于这一过程的信仰。因此，饕餮纹是一种特殊的兽面纹；同其他兽面

> 饕餮：人兽相互转化之信仰的艺术呈现，人与图腾交换生命而复活之仪礼的象征。

图4-50

纹相区别，它对应于特殊的祭祀仪式。从民族学资料看，它可能对应于以下三种仪式：(1)以猛兽为族神的血祭仪式；(2)用兽皮裹尸送死的仪式；(3)成年礼上举行的死亡-复活仪式。因此，它是商周时期最重要的一种兽面纹。

以上这些认识，主要是通过考察商代虎食人青铜器得出来的。这种青铜器用圆雕手法，非常形象地再现了虎食人的场景。相比之下，其他饕餮图像则具有抽象化的特征。经分析，后者主要有两种抽象方式：第一是淡化原型，在图像上综合多种动物的特点；第二是强调共同神性，由富于幻想色彩的纹饰——包括夔纹、蟠龙纹、凤鸟纹等等——组合而成。作为抽象图像的饕餮艺术，主要有两个标志：一是有兽面，二是省略下颌。后者意味着什么呢？很值得研究。在这里，我暂且提出两个解释。

第一个解释：所谓"有首无身"，源于以兽皮为衣的仪式装饰。装饰的意图是用兽皮把人覆盖起来，在视觉上造成人兽合一的效果。这种兽皮衣要取动物自背部到头部的整张皮。由于兽面的下颌部分既不便于制作，又不便于穿戴，所以被省略。

> "有首无身"源于以兽皮为衣的仪式装饰。

第二个解释：由于以上原因，古人很早就把"无颔"当作神鬼的特征。宋代洪迈《夷坚志》便记载了一个"无颔鬼"的故事，说某村民"负机轴夜归"，路上遇到一个鬼。鬼对他说："人言鬼无颔，试视我面。"村民举刀想要砍鬼，这鬼于是"颔与胸接，两眼眈眈然，遂不见"。故事表明，在古人心目中，人和鬼神的区别在于有下颌或无下颌。另外也表明："无颔鬼"的观念，不仅产生于上古祭祀所用的兽皮衣装饰,而且因为人死以后,下颌骨容易脱落,于是造成脱落下颌骨者为鬼的印象。今西藏比如县有一骷髅墙(图4-51),墙上骷髅多无下颌,可以为证。总之,所谓"有首无身",指的就是强调头面而忽略下颌和身体的形象。反过来说,"有首无身"的形象特征,是用来表明饕餮作为鬼神的身份的。

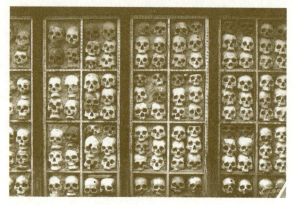

图 4-51

省略下颌是用来表明饕餮作为鬼神的身份。

以上这个"人无颌为鬼"的观念,还有助于说明一个事实,也就是前面说到的:我们所看到的兽面饕餮,其实是从人面饕餮发展而来的。或者说得具体一点,商周以前,饕餮艺术经历了三个发展阶段——先是图腾崇拜的阶段,然后是人面饕餮的阶段,最后是兽面饕餮的阶段。关于第二个阶段,前面已经举证了龙山文化玉石神人面(图4-16)、二里岗文化陶簋上的一首二身神人像(图4-26)等一批证据。事实上,另外还有一批证据,这就是新石器时代的人面神像。图4-52所展示的就是这种人面像,它们分别出土于安徽双墩遗址、陕西杨官寨遗址、甘肃柴家坪遗址、辽宁牛河梁遗址、南京营盘山遗址:都是距今七千年至五千年的遗址。它们证明,新石器时代曾经流行对人面的崇拜。饕餮艺术中的

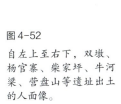
图4-52
自左上至右下，双墩、杨官寨、柴家坪、牛河梁、营盘山等遗址出土的人面像。

人面元素，应该是这种崇拜的遗存。到龙山文化时期，这些人面往往饰有羽冠和鸷鸟，说明在饕餮艺术发展史上，出现过图腾崇拜和人神崇拜的交织。也就是说，在某一时期，崇拜的对象由作为图腾的动物神转变成了作为氏族祖先的人神；在另一时期，图腾的底色又在饕餮艺术中得到复原。所以在湖北盘龙青铜斝等器物（图4-19）中，可以看到兽面和人面的许多双关形式。

以上这些话，意思是：饕餮艺术并不是孤立存在的。它不仅同上古时期的图腾信仰相关联，而且同祖先崇拜相关联；从它的铸造方式看，它还同与此相对应的祭祀仪式相关联。正是由于这许多关联，饕餮艺术品才会展现出那么丰富的形态。由此看来，以饕餮艺术为代表的中国早期艺术，实际上是仪式道

> 早期艺术的性质：仪式道具，人神交通的工具和符号。

具，是人神交通的工具和符号。

有了这样一个立足点，饕餮艺术的种种表现，便都是容易理解的了。怎样理解呢？

首先，可以借此理解饕餮纹的抽象化过程。这个过程起步于石器（陶器、玉器）时代，特点是以巨口利齿的形式来表现兽食人的主题；成熟于青铜器时代，特点是淡化原型，综合使用多种抽象纹饰。值得注意的是：其间相隔了一个夏代。为什么要注意夏代呢？因为，尽管缺少实物资料，但可以推测，正是因为夏王朝的"铸鼎象物"，饕餮艺术才完成了从以人面饕餮为主流到以兽面饕餮为主流的转变。根据传说，大禹所铸共有九鼎。这就意味着，夏代出现了使用九鼎的大型祭祀仪式。这种仪式是由许多族群共同参与的。可以想见，正是这种容纳了较大社会组织的仪式，推动了饕餮艺术的抽象化。我曾经写过一篇关于五行起源的文章，认为只有制度化、仪式化的行为，才能最大限度地影响广大人群，造成思想史上革命性的变化；认为五行思想的基础是历法五官之制，这一制度经历了"二祀""三祀"等阶段才形成。[1] 饕餮艺术的抽象化，也应当是对仪式改制运动的反映。

> 饕餮艺术的抽象化是对仪式改制运动的反映。

其次，可以借此理解饕餮艺术诸元素的文化内涵。如上所说，从以人面饕餮为主流到以兽面饕餮为主流，这一转变，反映了仪式背景的变化。这是因为，和人面饕餮相比较，兽面饕餮一般由多种符号综合而成，富于图腾表达手

---

[1]《从"五官"看五行的起源》，《中华文史论丛》2008年第1辑。

图 4-53

在强调兽首的同时进行多种符号的综合与平衡，是饕餮艺术发展的必然结果。

段，适宜于多族群共存的地缘社会组织。商代饕餮纹的许多特点，也反映了类似的功能。比如角形多种，表面上看是联系于不同动物，实际上却是联系于不同的氏族神；又如云纹角、矩尺角、曲折角、夔状角等抽象角形，其实质，也是用共同的神灵符号代替了具体的氏族神符号。从这一角度看，在强调兽首的同时进行多种符号的综合与平衡，是饕餮艺术发展的必然结果。图 4-53 所展示的兽面纹卣，作为西周早期的盛酒器，便是说明这一情况的佳例。从花纹看，这件青铜卣记录了以下 11 种"神物"：(1) 饕餮，卣的主体纹饰是无下颌的兽面；(2) 鸱鸮，盖纽为鸮纽；(3) 羊，兽角是羊角；(4) 虎，杏形兽眼为虎眼；(5) 人，兽面的宽鼻、人中、C 形人耳都是人的象征；(6) 鸟，兽面外侧靠下有三根横羽；(7) 无名兽，见提梁两侧；(8) 大象，见提梁两端和器沿下的兽首；(9) 鱼鳞，见提梁纹饰；(10) 肥遗，圈足饰一首双身蛇纹，《山海经》称此为肥遗；(11) 龙骨，器身两侧有扉棱。这些神物组合在一器之中，对复杂的社会关系作了充分反映，显示了丰富的神秘性，所以有人称它为"神面纹卣"。[1]

实际上，对兽面纹卣的纹饰可以作更细致的分析，至少从中分出两种纹饰。第一种表示抽象神性，比如饕餮代表复

---

[1] 参见《保利藏金》，岭南美术出版社，1999 年，第 105、349 页。

活神性,龙纹(扉棱)代表生殖神性,肥遗代表旱神和"涸水之精","干"形纹代表武力和统治之力,[1]目纹代表光明神性,鱼纹代表潜游的神性,鸟纹代表飞翔、知时的神性,等等;另一种由族徽或图腾符号演变而来,代表特定人群的神祇,比如鸱鸮、羊、虎、大象等等。由这些符号所构成的象征系统,一代一代延续下来,成为饕餮艺术的重要表达方式,可以想象,这也是由有通有变的祭祀仪式造成的。

再次,可以借此理解关于饕餮的所有记录。

第一类记录是关于饕餮、浑敦、穷奇、梼杌、鹰隼、须窥、叔逆、儋耳等名称的记录。结合中国少数民族关于姓氏制度和命名制度的资料,可以判断,这些名称原是图腾制的组成部分,既是祭祀仪式上的神名,也是族名、地名、动物名或某一信仰的代名;只不过,这些名称都联系于信奉它的人群。

第二类记录是关于饕餮和虎形之神的神话。结合中国少数民族关于虎为天神、虎是宇宙的象征、虎化生万物的信仰,可以判断,神话中的老虎吃人情节其实影射了死亡－再生仪式。正是通过这类仪式,虎神被看成了生命归宿和再生之所。

第三类记录是《吕氏春秋》等典籍关于饕餮形象的记录,例如所谓"周鼎著饕餮,有首无身,食人未咽,害及其身,以言报更也"云云。原话的表面含义是:周鼎上所刻画的饕餮形象,是有头无身的,吃人还没有咽下去就自身灭亡了,用来说明报应的道理。这里表现了很明显的比德观念。在《吕氏春秋》中,这样的记录还有五条,比如所谓"周鼎著象,为其理之通也"(周鼎上刻画大象,是为了让事理贯通)、"周鼎

---

[1] 参见王小盾《中国早期思想与符号研究》,上海人民出版社,2008年,第677—690、607—611、374—384页。

著倕而龁其指,先王有以见大巧之不可为也"(周鼎刻画倕的图像却让他咬断自己的手指,先王以此表明大巧是不可取的)、"周鼎著鼠,令马履之,为其不阳也"(周鼎上刻画着鼠形图案,让马踩着它,乃因为它属阴;丧失阳气,这是亡国的特征)等等。现在我们知道,这些记录之所以显得荒唐,乃因为它们都是饕餮民族的对手——周民族的记录,是脱离了原始祭典的记录。这些记录对早期图像的歪曲,最重要的一点,是抹杀了它们作为仪式道具、作为人神交通的工具和符号的性质。当然有人认为,从中国思想史的角度看,这种歪曲代表了某种进步,即人文精神的高涨。我们在最后一讲,将对这一点有所涉及。

第三单元

科 学

第五讲　武王伐殷天象和上古天文学

现在进入第三单元。在前面两个单元,我们讲了上古智慧以神话方式、艺术方式作出的表现。其中第一单元讲的是鸱龟曳衔神话。通过这个案例,着重讨论了神话所特有的表达方式。我们由此知道,神话是用符号语言对上古知识和思想的表达;所表达的内容,不仅包含信仰需求、道德智慧,而且包含当时人对社会和周围环境的认识。第二单元讲的是饕餮艺术,通过这个案例,着重介绍了上古艺术所特有的文化功能。我们发现:上古

图 5-01　新石器时代的鸱龟曳衔图
见于河南汝州洪山庙仰韶文化遗址瓮棺。

艺术的每一个细节都有深厚的内涵,从其中的抽象化过程可以看出当时人思想和思维的发展。现在,我们打算进入本课程第三个单元,讲一讲周武王讨伐殷纣王时的天象,通过这个案例,来谈谈上古科学的展开。在上古时候,所

有信仰都是以一定的科学技术为成立基础的；或者说，知识本身也是人们膜拜的对象，人们的知识水平达到什么程度，他们所建立的信仰世界也就扩大到什么程度。这种知识的核心，就是反映天文现象的天文学。

> 上古信仰以一定的科学知识为成立基础。

一、从武王伐殷天象谈起

我们所要讨论的这个案例，是由几份古老的记录组成的。它们记的是武王伐殷那几个月的天象。

这几份记录很重要。最近十几年，它们成了学术讨论的热点。为什么会这样？有一个重要原因：1996年，"夏商周断代工程"被立为国家"九五"规划重大科研项目。这个工程的目的是排定中国夏商周时期的确切年代，为研究中国五千年文明

> 殷周断代的方法：一是遗址测年，二是排列金文王年，三是研究武王伐殷天象记录。

图 5-02 郑州商代遗址，距今 3600 年

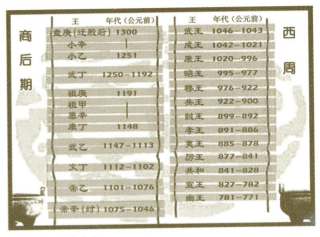

图 5-03 商周年代表

史创造条件，而武王伐殷一事恰好位于殷周两朝的分界处，是重要的断代标准。于是，这几份记录成了武王伐殷年代讨论的主要证据。当然还有其他的证据，比如对殷末、周初的几个遗址进行测年，由此确认武王伐殷年的大致范围；又比如利用西周金文当中的纪时词语（包括干支符号），排出西周列王的年表，往前推出周朝建国的大致年代。但相比之下，最直接的证明方式，还是利用相关天象记载来推定武王克商的具体年份。

后来，经过讨论，"夏商周断代工程"课题组从五十几个疑似年份中，选出一个公元前1046年，作为武王伐殷一事的发生年份。这个结论是不是成了定论呢？目前还没有。不过有一件事是大家都同意的，那就是：关于武王伐殷天象的记录具有可信性，因为这些记录可以和其他资料彼此互证。也就是说，退一步看，即使这些记录证明不了武王伐殷的准确年代，但它们毕竟可以说明商周之际的天文情况，因而反映当时人的天文知识。

现在，我们就对其中最重要的几条记录稍作介绍。

第一条，是1979年在陕西临潼出土的一件青铜器上的铭文（图5-04）。这件青铜器名叫"利簋"，是周武王时候铸造的。铭文说："武王征商，惟甲子朝，岁鼎（当）。克闻夙有商。辛未，王在阑师，锡右吏利金，用作檀公宝尊彝。"[1] 它的大意是说：周武王是在甲子那天的早上打败商王的。黎明前岁星在东方，与大军相对。武王发动进攻，到甲子清晨就取得了胜利。七天后，辛未那天，武王在阑师向"利"颁赐青铜，让他铸造了这个祭祀祖先檀公的宝器。值得注意的是，这段话说到一个重要的天文现象：黎明前东方出现了岁星。

更有意思的事情是：这个天文现象，在《荀子》《尸子》《淮南子》等书中也有记载。比如《淮南子·兵略训》说："武王伐殷，东面而迎岁。"于是，我们可以对比这些记载，建立两个认识：其一，武王伐殷那天人们注意了岁

利簋记载了岁星，说明古书关于武王伐殷天象的记录是有来历的。

图5-04 利簋铭文

---

[1] 成家彻郎《武王克商的年代》，《武王克商之年研究》，北京大学出版社，1997年。又参见张政烺《〈利簋〉释文》，《考古》1978年第1期；张培瑜《伐纣天象与岁鼎五星聚》，《清华大学学报》2001年第6期；刘桓《利簋铭文新释》，《古文字研究》第二十四辑，中华书局，2002年。

星;其二,古书关于武王伐殷天象的记录,并不是臆说,而是可以和出土青铜器铭文相印证的。

第二条,是《尚书》中的三段记载,分别见于《泰誓》《武成》《牧誓》。这三段话说:武王在当政十一年发动灭殷的战争,戊午那天渡过孟津,武王作《泰誓》。过五天,即癸亥那天陈兵于商城郊外。再过一天,甲子那天一大早到达牧野,再作《牧誓》。比如《武成》的记载是:"既戊午,师逾孟津。癸亥,陈于商郊,俟天休命。甲子昧爽,受率其旅若林。"相关的记载还见于《国语》《逸周书》《史记》《汉书》等许多文献。《国语·周语下》说:"王以癸亥夜陈,未毕而雨。"这是说周武王于癸亥那天陈兵于商城郊外。《史记·周本纪》说:"十一年十二月戊午,师毕渡盟津,诸侯咸会。曰'孳孳无怠!'武王乃作《太誓》。"又说:"二月甲子昧爽,武王朝至于商郊牧野,乃誓。"这是说周武王于戊午那天渡过孟津,作《泰誓》;于甲子那天的凌晨到达牧野,作《牧誓》。其中所谓"十二月戊午",从各种资料看,多出一个"十"字,正确的说法是"二月戊午"。通过这几段记录又可以建立一个认识:在殷末周初,人们已经使用了干支纪日的方法。所以,关于武王伐殷一事有比较详细的记载。

第三条是《国语·周语下》中的一段话。这段话是伶州鸠对周景王说的,本来是讨论乐律的,内容很丰富。原话为:

> 昔武王伐殷,岁在鹑火,月在天驷,日在析木之津,辰在斗柄,星在天鼋。星与日辰之位皆在北维……

《尚书》记载了武王伐殷过程,说明当时人已经采用干支记日法逐日记事。

岁之所在，则我有周之分野也。月之所在，辰马农祥也，我太祖后稷之所经纬也。王欲合是五位三所而用之……

由于三国时人韦昭对这段话作过完整的注解，《汉书·律历志》也对其中的主要内容作了详细讨论，所以，我们现在可以把它完整地翻译出来，即是说：

周武王发师东行的这一年，岁星（木星）位于鹑火星区。这里是周民族的分野。周师初发的那一天是戊子日，晚上月亮位于天驷，也就是在房宿。这个星座是周民族的农祥之星。这一天，太阳位于黄道上横跨银河之处，古称"析木"，也就是尾宿与斗宿之间。再往后三天是周历的正月辛卯，日月合朔于斗宿前，也就是合辰在斗柄。师发以后三十天，武王度过孟津，这一天是戊午日，适逢冬至。这一天水星（辰星）经过斗、牛二宿而行至婺女天鼋之首。天鼋又称玄枵，范围在女宿、危宿之间。它代表北方、水位，同时是周民族的女性祖先——齐女太姜族的分

表5-01 六十甲子表

1	2	3	4	5	6	7	8	9	10
甲子	乙丑	丙寅	丁卯	戊辰	己巳	庚午	辛未	壬申	癸酉
11	12	13	14	15	16	17	18	19	20
甲戌	乙亥	丙子	丁丑	戊寅	己卯	庚辰	辛巳	壬午	癸未
21	22	23	24	25	26	27	28	29	30
甲申	乙酉	丙戌	丁亥	戊子	己丑	庚寅	辛卯	壬辰	癸巳
31	32	33	34	35	36	37	38	39	40
甲午	乙未	丙申	丁酉	戊戌	己亥	庚子	辛丑	壬寅	癸卯
41	42	43	44	45	46	47	48	49	50
甲辰	乙巳	丙午	丁未	戊申	己酉	庚戌	辛亥	壬子	癸丑
51	52	53	54	55	56	57	58	59	60
甲寅	乙卯	丙辰	丁巳	戊午	己未	庚申	辛酉	壬戌	癸亥

> 《国语·周语》的记载说明：商末周初人们在观察天文现象的同时，建立了一系列相关的信仰，以及关于岁星纪年、天空分区、黄道星观测、日月交会观测等方面的知识。

野之星。冬至这一天太阳到达北方最顶点，辰星居于天鼋位置，所以说"星与日辰之位皆在北维"。岁、日、月、星、辰，这是所谓"五位"；族祖星、分野星、农星，这是所谓"三所"。周民族的天数，是对这五位三所的综合。

这条记录意味着：在商末周初，人们不仅注意观察天文现象，而且建立了一系列相关的信仰。这种信仰是以下面这些知识为基础的：

1. 干支纪日，也就是用六十干支来表示日历。我们通常用甲子、乙丑代表第一天、第二天，但在武王伐殷这一事件中，戊子是第一天，辛卯是第四天，壬辰是第五天，戊午是第三十一天，癸亥是第三十六天，甲子是第三十七天。

2. 岁星纪年，也就是根据木星约十二年运行一周天的知识，参照木星所在的星区来纪年。因此，木星被称为岁星。

3. 天空分区，也就是对太阳经行的天空作等距离的划分。按《中国大百科全书》的说法，这就是周代以来人所说的"十二次"。十二次的名称分别是：(1) 寿星，含角、亢两个星宿；(2) 大火，含氐、房、心三个星宿；(3) 析木，含尾、箕两个星宿；(4) 星纪，含斗、牛两个星宿；(5) 玄枵，含女、虚、危三个星宿；(6) 娵訾，含室、壁两个星宿；(7) 降娄，含奎、娄两个星宿；(8) 大梁，含胃、昴、毕三个星宿；(9) 实沈，含觜、参两个星宿；(10) 鹑首，含井、鬼两个星宿；(11) 鹑火，含柳、星、张三个星宿；(12) 鹑尾，含翼、轸两个星宿。

表 5-02

十二次	十二辰	二十八宿
星纪	丑	斗、牛
玄枵	子	女、虚、危
娵訾	亥	室、壁
降娄	戌	奎、娄
大梁	酉	胃、昴、毕
实沈	申	觜、参
鹑首	未	井、鬼
鹑火	午	柳、星、张
鹑尾	巳	翼、轸
寿星	辰	角、亢
大火	卯	氐、房、心
析木	寅	尾、箕

4. 黄道二十八宿。尽管二十八宿的星名尚未系统出现，但"天驷"等星名表示，当时人已经对黄道星座作了观测，并建立了相关的观念。

5. 月亮观测，也就是观测月亮在运行周期中出现的方位和时间。一般来说，新月于每月初二、初三的黄昏出现在西方地平线上，上弦月于每月初七、初八的黄昏出现在中天，满月于每月十五日左右的黄昏出现在东方地平线上，下弦月于每月二十二日、

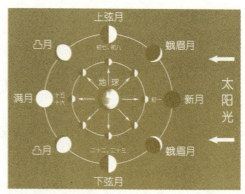

图 5-05　月亮的位相

二十三日的夜半出现在东方地平线上,每月的残月于黎明时出现在东方。"月在天驷"这句话表明,当时人对月亮的观测很细致。因为月球轨道与黄道之间有倾角,只有当月球黄纬在负5°左右的时候,月球才会恰好靠近天驷。所以说,"月在天驷"代表了一个不常见的天象。

6. 太阳观测。任何历法都是以太阳观测为本质的,所以,成熟的天文学必定会关注太阳在星空背景上的位置。这里说的"日在析木之津",指的就是太阳的星空位置,也就是析木星次和银河的交界处。

7. 对日月交会的观测。月亮运行到地球和太阳之间,古人称作"日月之会",也称作"辰"。这时候的月亮被太阳掩盖,是人眼看不见的,只能推算。"辰在斗柄"就是推算的结果,意思是日月交会于南斗的斗柄之处。这是夏历二月晦日的星象。如果用月象的术语来表达,就叫作"既死魄"。《逸周书·世俘》说:"越若来二月既死魄,越五日甲子,朝至,接于商。"这和《国语·周语下》的说法是一致的,意思是说:二月末的那一天,月光完全隐没了。过了五天,武王发起了灭商的战争。

8. 分野。古人认为星空区域和地面州国之间有对应关系,因而建立了分野观念。分野意味着根据地上的区域来划分天上的星宿,认为天、地两种分区互为对应。比如包含女、虚、危等星宿的天鼋(玄枵),被看作齐民族的分野星次;包含柳、星、张等星宿的鹑火,被看作周民族的分野星次。怎样确定分野呢?大致有两个办法:一是看这个国家受封之日岁星的位置,比如吴、越同日受封,所以吴、越都把星纪作为分野星次;[1]二是

---

[1] 明周祈《名义考》卷一"分野":"古者封国,皆有分星,以观妖祥。或系之北斗,如魁主雍;或系之二十八宿,如星纪主吴、越;或系之五星,如岁星主齐吴之类。有土南而星北、土东而星西,反相属者,何耶? 先儒以为,受封之日,岁星所在之辰,其国属焉。吴越同次者,以同日受封也。故自昔星家以岁之所在为福,岁之所冲为灾,屡有明验。秦以后则一统矣,疆域之废置则又大不侔矣。如之何皆验也?"

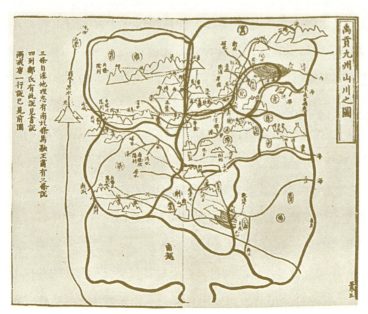

图 5-06　九州分野图

看这个族群作为历法标准的星座,比如商民族依大火星定农时,商族的后裔分封于宋地,所以宋把大火作为分野星次。周民族的分野星就是按后一个办法确定的:它有春季观测鹑火定农时的习俗,所以把鹑火作为分野星。《周礼》记"保章氏"的职责说:"以星土辨九州之地,所封封域皆有分星,以观妖祥。"这意味着,分野理论是一种星占学理论;不过,它是以一定的地理知识、历法知识为基础的。

总之,在殷末周初的时候,中国人已经有很丰富的天文学、地理学知识。

二、武王伐殷天象的图像表现

不过,对于以上几则天文记录,仍然有很多人持怀疑的看法。有一种看法是:岁星纪年法和关于十二次的学说都产生在春秋中期,而不会早到西周开国的年代,所以武王伐殷天象记录中的星次观念是后来人附会上去的。因此，利簋铭文中的"岁"也未必是指岁星。这种看法流传很广。为什么会产生这样的看法呢？主要因为：在《左传》《国语》之前，没有相应的文献记录。

但在我看来，这个看法是软弱的。因为没有文献记录不等于没有记录；或者说，文献记录之外其实有图像记录。比如有这样一幅图，它可以证明：关于武王伐殷的天象，是周民族的一种信仰，有很长的历史。也就是说，上面对武王伐殷天象的解释，所依据的并不是孤证。

这幅图出土于湖北省随县的曾侯乙一号墓，画在一个漆箱上（图5-07）。箱盖中央用粗笔书写了一个篆文朱色的大"斗"字，周围是二十八宿的星名。这二十八宿按顺时针方向排列，依照古天图前南后北、左西右东的绘图规则看，它们分别是以下四组星座：从南往东是角、亢、氐、房、心、尾、箕

对曾侯乙墓漆箱龙虎二十八宿图的重新解释。

图 5-07

七个星宿，从东往北是斗、牵牛、婺女、虚、危、西萦、东萦七个星宿，从北往西是圭、娄女、胃、矛、绎、此佳、参七个星宿，从西往南是东井、舆鬼、酋、七星、张、翼、车七个星宿。值得注意的是：在东方的亢宿之下书写了"甲寅三日"四字。另外，画面东西两端绘有青龙白虎。龙的头部

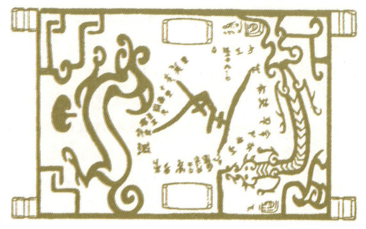

图 5-08

蜿蜒向北,再向西弯曲伸到危宿部位。白虎的肚皮下有一枚三刃的圜形纹(图 5-08)。这幅图画的内容是什么呢?我认为,它画的就是武王伐殷的天象。也就是说,这幅人称"曾侯乙墓龙虎二十八宿图"的图画,其中所有细节都符合上面说到的周民族的五位三所观念。

1. 图上北斗伸张四足,按照《淮南子·天文》的说法,它象征"帝张四维,运之以斗"。

2. 北斗西南一足(图左上方)指向张宿,它象征"岁在鹑火",表示伐殷时的年份,也表示周的分野星。《国语》韦昭注说过:"鹑火,次名。周分野也。从柳九度至张十七度为鹑火。"

> 鹑火:既是伐殷的年份,又是周的分野星。

3. 北斗东南一足(图右上方)指向房、心二宿之间,象征"月在天驷",既表示伐殷时的月位,也表示周民族的"农祥"。关于房星与天驷的关系,《国语》韦昭注也有解释,说:"天驷,房星也。"而关于房星的意义,则有另外一件天文文物作为参证，这就是在曾侯乙墓的五件漆木箱中，那个刻有若木扶桑、持弓射鸟之图的箱盖。箱盖上有漆书二十个字（图5-09），可以释读为："民祀唯房，日辰于维，兴岁之驷，所尚若陈，经天常和。"把这些话翻译成白话文，意思就是：曾国人民所奉祀的是房星，日辰的位置在北维，农事兴于房宿天驷，二十八宿依次排列，众星经天各得其所。[1] 值得注意的是：这件文物是和二十八宿图漆箱配套的，两者都自称"匫器"。显而易见，它的文字可以看作对二十八宿图的注释。

总之，以上两幅图共同描绘了星宿经天的图景，同时强调了这一背景下的房宿（龙尾所在）与北维（龙首所在）。它们之间的联系，十分明确地表现了以房星与北宫星宿为轴心的星宿信仰，这和《国语》及其韦昭注文的说法是一致的。

房星：曾国的轴心星座。

图5-09

4. 北斗东北一足指向危宿，东方苍龙也把脑袋伸到这里，和斗足相迎接（图5-10）。这个细节象征"星在天鼋"以及"星与日辰之位皆在北维"，也就是表示伐殷时水星的方位和太阳的方位，代表姬周民族的女祖之神。《国语》韦

---

[1] 饶宗颐《曾侯乙墓匫器漆书文字初释》，《古文字研究》第十辑，中华书局，1983年。

昭注说到这一情况,云:"天鼋,次名,一曰玄枵。从须女八度至危十五度为天鼋。……辰星在须女,日在析木之津,辰在斗柄,故皆在北维。……周之皇妣、王季之母大姜者,逄伯陵之后,齐女也,故言出于天鼋。"

5. 北斗西北一足(下左)指向觜宿(图中称"此隹"),所象征的是曾国的分野。曾国分野今无资料

天鼋:既是伐殷时太阳的方位,又代表周族的女祖神。

图 5-10

可考,但根据以下两条理由,可以判断它是以魏的分野为分野的。这两条理由是:第一,曾国王族姓姬,和魏国王族同姓;而且,魏国是距曾国最近的姬姓国。第二,曾国在魏国南侧,有过自北南迁的历史。[1] 而关于魏国的分野,《汉书·地理志》说过:"魏地,觜觿、参之分野也。"《吕氏春秋·仲秋纪》高诱注则说:"觜嶲,西方宿,魏之分野。"据以上种种可以推测,曾、魏两族原来有族源关系,曾经居住在同一个地区,因而同以觜宿为分野之星。

---

[1] 石泉《古代曾国——随国地望初探》,《武汉大学学报》1979 年第 1 期;后收入《古代荆楚地理新探》,武汉大学出版社,1988 年。杨宽、钱林书《曾国之谜试探》,《复旦学报》1980 年第 3 期。

图 5-11

6. 白虎肚皮下的圜纹,其实是斧钺形符号,代表岁星。考古学资料和文字学资料都能证明这一点。比如郭沫若写过一篇文章叫《释岁》,说"岁与戉古本一字";又说"古人尊视岁星,以戉为符征以表其威灵"。[1] 这就是说,古人曾经用斧钺符号来表示岁星。利簋中的"岁"字正是这样一个斧钺符号(图5-11)。

那么,这个岁星符号的具体含义是什么呢?我认为,岁星光芒所指的老虎,是天上的西方白虎。我们知道,和十二次相对应,东方苍龙是代表寿星、大火、析木三个星次的,西方白虎是代表降娄、大梁、娵訾三个星次的,因此,老虎肚皮部分象征着大梁。

亢宿之下的"甲寅三日",一般认为是指墓主的卒日,即昏见亢宿那个月的甲寅三日[2];因此判断,这个岁星符号是用来指示墓主的卒年的,也就是岁在大梁那一年。综合推算下来,墓主死于公元前433年周历五月初三甲寅日。[3]

岁星符号指示墓主的卒年。

---

[1] 郭沫若《甲骨文字研究》,《郭沫若全集·考古篇》第一卷,科学出版社,1982年,第135—154页。

[2] 王健民、梁柱、王胜利《曾侯乙墓出土的二十八宿青龙白虎图像》,《文物》1979年第7期。

[3] 参见钟守华《曾侯乙墓漆箱岁星纹符和年代考》,《考古与文物》2005年第6期。

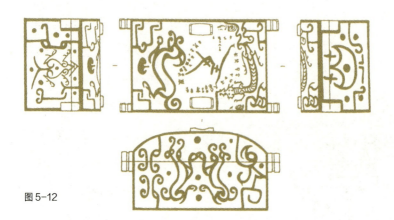

图 5-12

7. 值得注意的是，绘有龙虎二十八宿图的漆木箱，在其东、西、北三个立向上另外各有一幅星图（图 5-12）。加上这三幅图画，上述解释就更加充实了。

首先，东向（右方）绘有空心火圜和五个星座的图画，象征的是"日在析木之津，辰在斗柄"。图中五颗星分别属于尾、箕、斗三宿。在现实的天空上，尾宿、斗宿都有两颗亮星，箕宿只有一颗亮星，所以图中把它们表示为五颗星。图中上下两条曲线，分别代表尾宿和斗宿的弯曲形状。图中两个"十"字，代表"析木之津"。箕宿一星在火圜中央，与火圜共同组成日在箕宿的形象。火圜右侧有一"丨乚"形，实际上是"合"字，指日月合朔（"辰"），代表"辰在斗柄"。

东向图象征日在析木之津，辰在斗柄。

和这个火圜相同的符号，又见于那个刻有若木扶桑、持弓射鸟之图的箱盖，共十三枚，排列在"民祀唯房，日辰于维，兴岁之驷，所尚若陈，经天常和"等二十字的上方（图 5-13）。根据这些符号的环境可以推测它们的性质：既然若

图 5-13

西向图象征月在天驷。

图 5-14　汉瓦当中的蟾蜍玉兔

木扶桑是关于太阳的符号,"民祀唯房,日辰于维"等等说的是一个具体的天象,那么,这十三个圜形符号也应该是一个天文符号,也就是太阳符号。这一点,进一步证明火圜就是太阳的象征。

其次,如果说东向图画象征"日在析木之津,辰在斗柄",那么,西向那幅绘有心形爬虫和十个星座的图画,便象征"月在天驷"。这个爬虫也就是蟾蜍(图5-14),代表月亮。天驷也就是大火星次,包括氐、房、心三宿,所以图中用曲线分隔为三。氐宿有一颗亮星,其星座分布在赤道南北,所以图中下部绘有一颗亮星和两条曲线。房宿共有四星,旁有钩铃二星。《尔雅·释天》郭璞注说:"房四星,谓之天驷。"《晋书·天文志》说:"房北二小星曰钩、铃,房之铃键,天之管龠,主闭键天心也。"所以图中的蟾蜍体为心形,蟾蜍体周围有房四星,首部有钩、铃二星。这幅图的上部则是心宿。心宿共有三个星座,其名又为"三星"及"大火",所以图中用三颗星来表示。

再次,北向图画作两兽相对之形,两兽之间有七颗星,象征"星与日辰之位皆在北维"。图中七颗星,也就是辰星

（水星）和北宫星宿斗、牛、女、虚、危、室六星。其中右边一颗星是辰星，中部三颗星是女、虚、危。这三颗星合起来就是玄枵星次，也就是所谓"天鼋"。《尔雅·释天》曾经说玄枵是"虚"和"北陆"，《史记·天官书》索隐引孙炎说"陆"指"北方之宿中"。所以，代表北陆的虚宿安排在这幅图的中央。图中另外有曲线，左侧曲线是火圜形线，代表北至（冬至）的太阳；右侧曲线则是兔形线，代表水星，也就是辰星。《史记·天官书》说：兔星有七个名称，"曰小正、辰星、天欃、安周星、细爽、能星、钩星"。这句话里的"天欃"，史记《索隐》写作"天兔"。所以《广雅·释天》说："辰星谓之……兔星。"另外，图中两只野兽其实是分雌雄的，雄兽首毛上举，雌兽首毛卷伏——它们象征的是交合与万物化生。为什么这样说呢？因为《史记·天官书》索隐引《元命包》说过："北方辰星水，生物布其纪，故辰星理四时。"《管子·水地篇》也说过："水者何也？万物之本原也，诸生之宗室也。""男女精气合而水流形。"由此可见，这里的雌雄二兽是天鼋与北维的性格的化身。它代表水，代表一年的起始和四季的起始，代表化合而生，同时代表周民族的女性祖先。《国语·周语下》韦昭注也说到这个意思，云："周之皇妣、王季之母大姜者，逢伯陵之后，齐女也，故言出于天鼋。"又云："周亦木德，当受殷之水，犹帝喾之受颛顼也。"

北向图既象征星与日辰之位皆在北维，又代表周族的女祖先。

总之，曾侯乙墓的龙虎二十八宿图，其意义是很丰富的。它展示了二十八宿的全部名称，因此可以确定，在它所反映的年代——从周初到春秋末年——二十八宿星空系统已经存在了。从天文学角度看，这个系统和 16 世纪以来欧洲人所使用的赤道坐标系是一致的；而从文化史的角度看，它为我们理解关于武王伐殷天象的记录提供了重要线索。

首先，这些记录是有信仰成分的，所以二十八宿图除掉用北斗的一足指向曾国的分野星外，又特别强调了指向龙尾（天驷、房）和龙首（北维）的两足，以展示周民族和曾民族的族祖星、农星、分野星，也就是说，象征"民唯祀房，日辰于维，兴岁之驷"。由此推想，关于武王伐殷的记录也是这样——是通过某种信仰保存下来的。作为信仰，它必有其稳定性，而不会是春秋时候人的编造。

> 关于武王伐殷的记录是通过某种信仰保存下来的，表明周代有一种按群星关系来定历日的方法。

其次，这些记录联系于某种历法习惯。比如前面说到，曾侯乙墓二十八宿图有两个细节：一是用虎腹下的岁星符号代表墓主的卒年，也就是岁在大梁那一年，公元前 433 年；二是在亢宿下注明"甲寅三日"四字，表示曾侯乙的卒日，也就是周历五月初三日。这就意味着：在周代有一种按群星关系来定历日的方法——比如周历五月的时候，斗柄所指的方位正是亢宿，所以"甲寅三日"四字注于亢宿之下。在关于武王伐殷的天象记录中出现的"岁在鹑火""月在天驷""日在析木之津""辰在斗柄""星在天鼋"等等说法，和这种历法形态是一致的，因而可以相信是周代初年的记录。

也许有人会问：曾侯乙墓是曾族人的墓葬，怎么能把其中的文物用来证明周民族的文化呢？我的回答是，这两者当中并没有矛盾，因为曾国是姬姓国，从曾国旧地所发现的铜器铭文来看,曾国人实际上是周民族的后裔。[1]这一点,从二十八宿星名中也能看出来。我们知道,战国时候有两个著名的天文学家:一是代表楚文化或齐文化的甘德,二是代表魏文化或周文化的石申[2]。在《汉书·天文志》当中可以看到甘氏星名与石氏星名的异同。仔细比较可以发现,曾侯乙墓二十八宿的星名及其顺序和石氏二十八宿基本一致,而与甘氏二十八宿有较多出入。这就说明,把曾侯乙墓龙虎二十八宿图看作对周民族的星宿信仰和知识传统的表达,这种看法是顺理成章的。

---

[1] 参见李学勤《曾国之谜》,1978年10月4日《光明日报》;又黄敬刚《随都辨》,《楚史论丛》,湖北人民出版社,1984年。

[2] 《史记·魏世家》:"魏之先,毕公高之后也。毕公高与周同姓。"

第六讲　上古天文学的知识特质

在上一讲，我们对曾侯乙墓二十八宿图作了介绍。这样做有两个意义：第一，确认了武王伐殷天象记录的历史价值，也就是说，肯定它是一份西周时代的记录；第二，确认了武王伐殷天象记录的文化价值，也就是说，肯定了它同周民族祖先信仰、星辰信仰的关联。由此可以引申出一个认识——上古天文学有两种特质：其一是知识特质，反映了当时人的认识水平；其二是文化特质，反映了上古科学的社会功能。现在，我们打算面对武王伐殷时代的天文学，分别讲一下这两种特质。先讲知识特质，也就是上古天文学所包含的科学道理，以及它的水平和局限。我们要学习和研究上古天文学，首先一步，就是要了解它的科学原理。

> 上古天文学有两种特质：知识特质和文化特质。

一、上古宇宙观的科学原理

首先，讲讲上古天文观中的数学道理。

早在新石器时代，人们就有了天圆地方的观念。商代甲骨文和金文中的"天"字（图

> 天圆观念的科学基础。

6-01），以圆形的人首象征圆形的天盖，就是这种观念的表现。"天"字的下部是人的象形，意思是说，人之上的空间就是天。这种观念，是和古人的天文观察实践相联系的。

图6-01

为什么这样说呢？因为即使是现代天文学，也是从圆形或球形开始建立其认识体系的。比如在图6-02中，球有球心（O），它到球面上所有点的距离都相等；根据这一点，可以建立关于半径（OP、OZ）和直径（PP′）的认识。如果在球面上画许多圆，那么有两种圆：一种是大圆（图中的QEQ′W），半径等于OP；其余叫小圆

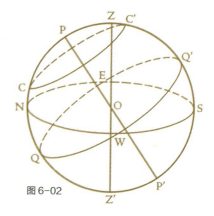
图6-02

（如CC′）。其实，这也是上古人已经具有的知识，因为在距今五千年以前的新石器时代图案上，就可以看到用多层次圆圈来表示天的习惯。《楚辞·天问》说"圜则九重"，意思也是说，在天球上可以画出许多圆来。

如果在大圆上取两个点（PC），截得一段弧长，那么，这弧长所对的圆心角叫什么？现在叫"角距离"。古人叫什么？这在上古文献中未见表述；但可以肯定，人们很早就懂得了其中的道理。因为天上两颗星之间的直线距离是没有办法确定的，只能用角距离来表示它们之间的相互位置。这就

是说，上古人一定是用两根相交的直线来对准这两颗星，测它们的距离的——这样就能用两线的夹角代表两颗星的视位置。这一点不难推测。比如先秦古书《周髀算经》说：大地四方，每边有81万里；天顶如盖，其高度是8万里。这里说的天的高度便是用角距离之法求得的——古人认为"日正南千里而影减一寸"（《尚书考灵曜》），古代的圭表又是8尺高，所以，用一寸来除表高可以得出天高8万里这个数据。另外，甲骨文有"中日至昃"一类说法；当时人又用"督""昼"两个同源字来表示立表测度日影，这两个字也由此成为表示日中时分的专门字。[1] 这就表明，当时人的天文观测使用了包括圭表在内的各种仪器。事实上，研究者早就认为：新石器时代遗址出土的各种玉琮（图6-03），就是天文观测的仪器。[2] 它们的形制特点是外方内圆，这象征天圆地方、上下贯通。

关于天高8万里和玉琮的功能。

图6-03

大家都知道，《尚书·尧典》记载了一种四方观测，说尧帝命令羲仲、羲叔、和仲、和叔四个人，分别在东南西北四方观察星辰的南中天，来确定季节。这一记录也是以使用

---

[1] 宋镇豪《释督昼》，《甲骨文与殷商史》第三辑，上海古籍出版社，1991年。

[2] 参见李约瑟《中国科学技术史》第四卷《天学》第一分册，科学出版社，1975年，第388—399页。

圭表为条件的——因为没有圭表，就不能准确认定"日中"（日正午）和"宵中"（夜半），也不能准确认定"日永"（白天最长的日子）和"日短"（白天最短的日子）。这一记录的真实性曾经受到怀疑；但后来在商代甲骨文中出现了关于四方风的说法——比如说"东方曰析，风曰协；南方曰因，风曰微；西方曰夷，风曰彝……"——两者互证，这个疑问于是便消释了。也就是说，甲骨文告诉我们：《尚书·尧典》所说的命四个天文官分别观察四方天象，这个制度可以追溯到商代或商代以前。

不过，这里有一个问题：根据《尚书·尧典》所说的"宅嵎夷""宅南交""宅西""宅朔方"等等，进行四方观测的官员，是不是要居住到东南西北四极去呢？

《尚书·尧典》所记载的四方观测。

有人认为是这样的，我却认为这样做没有必要。因为根据数学上的"无穷远"的道理，人在地球某一范围中的位置，并不会影响天象观测。图6-04说的就是这个道理。请看：C逐渐远离AB，越来越远，直到无穷。角C于是越变越小，直至变成零。当两个线段夹角为零，这意味着什么呢？第一，意味着平行。因此可以说：平行线是在无穷远处交于一点的。这一点也符合我们的视觉：我们看路旁两排平行的栏杆，一直看到远处，它们就好像交于一点了。第二，这也意味着，当CA与AB相比无穷大的时候，AB的距离就是微不

图6-04

足道的。比如把我们站立的地方看作地球的球心，即使我们往外走了几十天，新的位置仍然可以说还在球心。从这一点看，古神话说到的东南西北，比如《山海经》里说到的东南西北，不一定是指国土地理，而很可能是指祭坛地理。我们知道，祭坛其实也就是天象观测台。比如1981年在辽宁省牛河梁红山文化遗址中发现的祭坛，一个圆形，一个方形，便被人们称作"观象台"（图6-05）。在我看来，那个方形的台，它就包含四极。

> 神话中的四方，不一定是国土地理的概念，而很可能是祭坛地理的概念。

图 6-05

其次，讲一下上古人的地理观和其中的知识问题。

刚才我们讲到了天圆地方。如果说上古天文观的核心是"天圆"，那么，上古地理观的核心就是"地方"。《吕氏春秋》记载说：当年黄帝曾经以天圆地方的道理教导颛顼，说"大圜在上，大矩在下"。这句话便包含了"地方"这个富于想象力的认识。

为什么说"富于想象力"呢？因为对于人们的视觉感受来说，天的确是圆的，但地却未必是方的——从日常经验里得不出"地方"的认识。因此，这一观念一定是同某种科技工作相关联的。这种科技工作是什么呢？在我看来，一方面是土地测量，另一方面是同天象观测相联系的地面建筑规

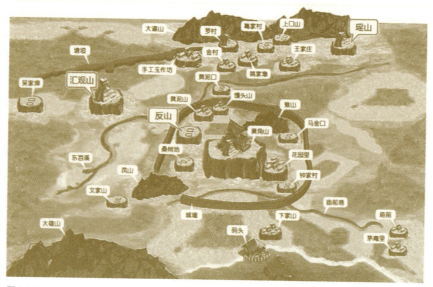

图 6-06

划。比如良渚文化瑶山与汇观山祭坛这两个地面建筑,就形象地说明了天圆地方的道理和"圜则九重"的道理。请看图 6-06:瑶山和汇观山都是正南北向的建筑,平面接近方形,这说明它们包含了北的观念。另外值得注意的是:它们都是三重结构,汇观山祭坛顶部且填出了个"回"字形灰色土框。如果通过对面山峰来观测太阳,那么就可以靠"回"字形的四个角来确定夏至、冬至。[1] 这两个祭坛说明,古人对天、地的认识是彼此相关的。一方面,人们通过天认识了地,比如根据太阳的出没建立了东西观念,根据北极星建立了北的观念;另一方面,人们也通过地认识了天,比如根据土地测量和建筑规划建立

"地方"观念的科学基础。

---

[1] 刘斌《神巫的世界:良渚文化综论》,浙江摄影出版社,2007 年。

图 6-11

古人很早就开始了对太阳与恒星的观测。在新石器时代的彩陶中，有大量关于太阳的图案，显然是太阳观测的产物（图 6-11）。另外有一本古书叫《夏小正》，其中的内容反映了夏代的历法现象。它提到，当时的人为确定月份的起始，观察了北斗和鞠、参、昴、大火、织女、银河等恒星的黄昏位置。

在商代甲骨文中也有大量星宿名称，反映了人们对恒星的认识。根据甲骨文资料，商代人已经认识了北斗和二十八宿中的大部分星座，因而有崇奉和祭拜北斗、大火、昴宿、参星的仪式。[1]

需要强调的是：对于恒星的观察，是建立在天球观念这一基础之上的。现在看来，在这一点上，古人的认识和我们大致相同。由于天体同我们的距离远大于地球上任何可以作为尺度的物体，而且从视觉上很难辨别天上物体的远近，因此我们需要以观察者为球心，以无穷远为半径来假想一个

> 商以前人对太阳与恒星的观测。

[1] 参见冯时《百年来甲骨文天文历法研究》，中国社会科学出版社，2011，第 32—78 页。

了天球经纬的观念。

关于天圆和地方的关系，《汉书·律历志》有一个说法。它说："衡运生规，规圜生矩，矩方生绳，绳直生准。"又说："绳者，上下端直，经纬四通也。"它的意思是说，古人的五种度量法——衡、规、矩、绳、准——是通过相互校正而生成的。古人通过圆而找出了方（图 6-07），通过方而建立了绳这个经纬的尺度。这意味着，古人是通过天圆而认识地方的。不过，《周髀算经》有另一个说法，它说："数之法出于圆方，圆出于方，方出于矩。"这话又意味着，古人通过地方而更清晰地认识了天圆。"绳"就是一个认识天的重要工具。在牛河梁文化遗址、二里头文化宫殿遗址中，可以发现一条长距离的建筑规划轴线。这就是所谓"绳"。它既可以确定地的经纬，又可以确定天的经纬。

古人以上这些知识，对于现在人的宇宙观也有很重要的意义。因为地球绕轴自转，轴与地面交于两点，为南北极（图 6-08，NS），这是观察各种天体运动的基准。然后，通过两极画无数个大圆，这些圆周就组成了经线；又画无数圆垂直于地轴，这些圆周则组成了纬线。如果我们规定某条

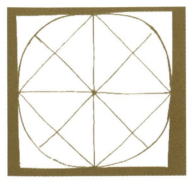

图 6-07

通过天圆认识地方，通过地方认识天圆。

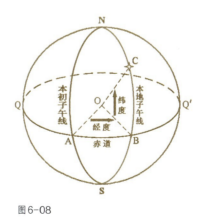

图 6-08

经线（NAS）的经度为零度，那么这条经线叫子午线；而纬度为零度的纬线（QABQ'）就叫赤道。在很早的时候，中国人就建立了"子午"概念，用以认识太阳与地球的关系。这在后来称作"二绳"和"四维"。"二绳"是指量度天空的子午线和卯酉线，它们分别指向北、南、东、西"四正"；"四维"则指丑寅、辰巳、未申、戌亥"四钩"，分别指向东北、东南、西南、西北。在4500年以前的安徽含山凌家滩玉版（图6-09）中，我们其实已经看到了这种"二绳""四维"观念。

"二绳"是对天的量度，"四维"是对地的量度。

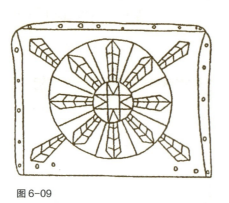

图6-09

不过，天圆地方是属于盖天理论的观念。古代中国人还建立了另一个宇宙学说——浑天说。这个学说产生得晚一些，有人说产生在战国，有人说产生在汉代。但值得思考的是，浑天说的要点在于：认为天是一个圆球，地球在其中，就像蛋黄在鸡蛋内部一样。它因此要采用球面坐标系来量度天体的位置，计量天体的运动。这就是说，它是同"赤道"概念相联系的。那么，周以前人是否已经建立了"赤道"概念呢？我认为是这样。从当时天文学家所作的种种天体推算看，这一概念早已存在了。周以前人区别于现代人的主要一点在于：他们没有明确建立关于经纬度和黄赤交角的认识。经纬度和黄赤交角的含义是：设想我们站在C这个地点（见图6-08），过C用经线做一条本地子午线，交赤道于B，那么，角COB的数值就是C的纬度，角AOB的数值则是C的经度。假设地轴的方那么，地球公转轨道平面和赤道平面之间便有个黄赤交角，角距离23°

6-10）。正是因为这个夹了地球上的一年四季的

图6-10主要表现地公转的运动。图中央有道，是近似于正圆的椭自西向东，绕一周为一约365日5小时48分。

位于A点的时候，太阳北，这时是北半球的夏由A向B运行，太阳的

黄赤交角和四季。

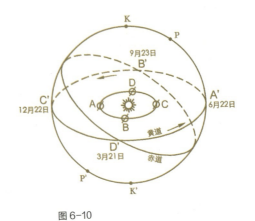

图6-10

向南移动，这时秋天来临；当地球到达B点的时直射赤道，为秋分。当地球位于C点的时候，太最南，是北半球的冬至。当地球由C运行到D点又向北移，再次直射赤道，为北半球的春分。一年四季周而复始的情况，看作太阳的循环。刚羲仲、羲叔、和仲、和叔四人在东南西北四方观时，就是为了观测这一运动而建立的制度。这就古人未必了解地球绕太阳公转的原理，但他们却作了长期的、仔细的观测。

二、古人对太阳和恒星视运动的观测

现在讲一下古人对太阳和恒星的观测。

球面。这个球面就是天球。在我们看来，天体就分布在这个球面上。刚才说过，由于地球半径与天球半径相比无穷小，所以，无论我们走到什么地方，我们总是感觉自己处在球心，我们甚至可以把地心看作是天球的球心。古人也是这样看的。《孟子·尽心上》有一个著名的哲学命题："万物皆备于我。"其实从天文观测的角度看，这句话是完全可以成立的。

> 天文学意义上的"万物皆备于我"。

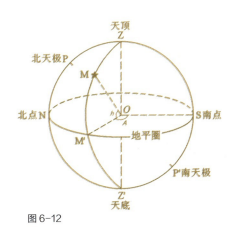

图 6-12

现在我们来看图 6-12，把它看成是一个天球。我们站在地球上 O 这个地方。沿我们的头顶所指的方向，作铅垂线向上无限延伸，与天球相交，取得一点为天顶（Z）；我们再沿同一方向向下延伸，与天球相交，又取得一点为天底（Z'）。天球上有一个基本圆（NM'S），叫地平圈。地平圈是地平线的延长，我们只能看到地平圈上面的半个天球。上古时候的人所看到的也是这样半个天球，不过，由于他们没有建立完整的地球坐标系，所以，他们不像现在人这样：习惯在天球坐标系上用经度、纬度来定义某颗星星的坐标。

> 关于"视运动"。

但古人和今人有一个重要的共同点：所有人看到的都是星球的"视运动"。比如在地球自转一周的时间里，也就是在一昼夜里，看到天体在天球上绕北极星旋转一周，即"天体周日视运动"。为什么叫"视运动"呢？因为看起来是天体在动，其实主要是我们的地球在转动。这个运动有一个规律性的现象，即围绕北极星转动，北极星始终代表正北方。

古人和今人最重要的区别在于：古人在比较晚的时候才建立完整的天球观念，而我们却比较容易掌握这个观念。请回看图 6-02。这幅图同样以 Z 和 Z′ 代表天顶和天底，也就是代表观察者感觉中的天顶和天底；这幅图又用 P 和 P′ 代表北天极和南天极，也就是代表由地球旋转所形成的天极。显而易见，P 和 P′ 是真正的基本点，因此，与北天极、南天极距离相等并且垂直于 PP′ 的那个圆（QQ′）就是基本圆。它通常被称作"天赤道"。由于地球是以 PP′ 为轴心而转动的，所以，天赤道实际上是地球赤道面在天球上的投影；而天体周日视运动则画出了许多与天赤道平行的圆圈，也就是赤纬圈，通常叫作"周日平行圈"。我们所能看到的周日平行圈是有限的，它们全部在地平圈以上；我们所能看到的天体也始终在这个范围之内，永不下落。我们把它叫作"恒显圈"。

"恒显圈"和"恒隐圈"。

与之相对，我们看不见的那些周日平行圈则叫作"恒隐圈"。上古人类的知识局限在于：尽管他们和我们一样，都能看到恒显圈中的天体，但他们却只能推测恒隐圈的存在。

再看一幅图（图 6-13）。设想观察者站在图中的 L 点上，HH′ 是水平线，也就是观察者所看到的地平。LP_1 与地轴平行，$\angle P_1LH'$ 则是北天极的地平高度。由于 $\angle Z'LP_1$ 和 $\angle Z'OP$ 是相等的，所以它们的余角——两个 α 角也相等。

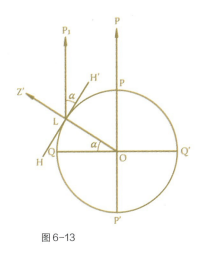

图6-13

"上中天"和"下中天"。

这也就是说，天极的地平高度等于观测者所在的地理纬度。对于这一点，上古人的看法可能还很模糊。

在恒星观测的实践中，有一个空间标准很重要，这就是古人说的"中天"，也就是天顶。请看图6-12。图中 P、P′代表北天极和南天极。天体（比如 M）是围绕这两个天极作周日视运动的，运动时会两次通过子午圈。一次靠近天顶，地平位置最高，古人称作"上中天"；另一次则离开天顶，地平位置最低，古人称作"下中天"。上中天时天顶、天极、天体都在子午圈上。而上中天的那颗星，最高点是在天顶的南边。

从现有资料看，古人最关心的天文现象，是太阳的周年视运动和周日视运动。关于太阳观测，他们留下了很多记录。图 6-10 可以说明太阳周年视运动的原理。我们现在知道，太阳周年视运动其实是地球绕太阳公转的反映，而古人则是站在地球上来感知它的。由于在感觉中，地轴在宇宙空间中的指向不变，所以，地球人随地球绕太阳转了一圈，在这一过程中，他们看到的恒星景象似乎是不改变的。也就是说，在他们看来，地球在 A 时，太阳在天球上的投影为 A′；地球在 B 时，太阳在天球上的投影为 B′；地球在 C 时，太阳在天球上的投影为 C′；地球在 D 时，太阳在天球上的投影为 D′。恒星背景好像是没变，而太阳则相对于恒星背景沿一个大圆绕行了一周。这个大圆也就是地球公转轨道在天球上的投影，古人把它称作"黄道"。根据观测所得，古人还在大圆上确定了春分点、秋分点，也就是太阳在春分、秋分那一天的位置。以上这些也是现在人的知识。现在我们比古人知道得更多的只是：春分点、秋分点也就是黄道与天赤道相交之处（图6-10，D′、B′）。由于天赤道是地球赤道平面在天球上的投影，黄道是地球公转平面在天球上的投影，所以，它们的夹角就等于黄赤交角。黄赤交角的角度是23°26′。

> 春分点、秋分点是黄道与天赤道相交之处，它们的夹角等于黄赤交角。

同太阳的周年视运动相比，古人更加关心太阳随恒星所作的周日视运动。在上古时代，这不仅有很多记录，而且有很多神话。我们在第一讲讲过，其中有太阳出生的神话——它出生在东海之上，浴于"汤谷"；有太阳经天的神话——它"载于乌"，从东方飞到西方；还有太阳鸟的神话——它居住在扶桑树和若木树上，早上从扶桑起飞，晚上在若木降落。现在我们知道，这种周日视运动，其实是因为地球的自转加公转而形成的。由于地球公转的缘故，太阳每天那个东升西落的过程，同恒星背景的关系是有些不一样的，在黄道上有一点点推移。

由于白天的星星完全淹没在日光当中，所以，无论古人还是今人，都无法直接看到相对于恒星背景的太阳运动；但古人却早已注意到，同样一颗星，每天升起的时间大约提前4分钟，也就是每昼夜提前1/365。这是太阳周年视运动的反映——反映了太阳日与恒星日的

> 太阳日与恒星日。

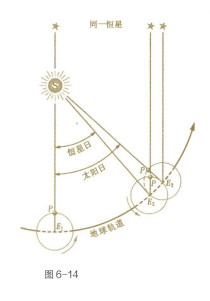

图 6-14

差别。什么是恒星日呢？恒星日就是同一颗恒星两次上中天的时间间隔，等于地球自转 360°的时间；什么是太阳日呢？太阳日就是太阳两次上中天的时间间隔——由于地球公转造成的位置变化，在这段时间里，地球的自转会超过 360°（图 6-14，观察点为 P）。反映到我们的视觉上，就是太阳走得比其他恒星慢一点。假设某天太阳（S）与恒星同时上中天，那么，中午 12 点时这颗恒星在正南方或正北方；但是，由于太阳相对这颗恒星有视运动，当第二天太阳再次上中天时，这颗星应该提前 4 分钟过了中天。

三、关于月亮和行星的视运动

现在讲一下月亮的视运动。这种运动是和历法相关联的。月亮沿椭圆轨道绕地球运动，每 27.32 天环绕地球走一圈。它的公转轨道面接近地球的黄道面（只有平均 5°9′的倾斜），它的自转周期也等于公转周期。所以在我们看来，月亮总是以一个面相朝着地球；而且，它的视运动轨迹接近太阳的轨迹。

> 黄道面：地球绕日旋转的轨道所在的平面。

月亮主要有两种视运动：首先是每天的东升西落，这其实是地球自转运动的反映；其次是每个月的圆缺，这是月亮、地球、太阳三者关系的反映（图 5-05）。月亮走到太阳方向，用黑暗的一面朝向地球，古人把这种情况叫作"朔"——"朔"的意思是"迎接新月"。月亮走到太阳对面，用明亮的一面朝向地球，这时的月亮叫作"满月"，古人称之为"望"——"望"字是由"亡""月""王"三个字符组合起来的，表示从初一到月底之间最大的那个月相，或者说"月相之王"。除此之外，月亮在它的运动中，还分别呈现了"初吉"（新月）、"既生魄"（上弦月）、"既望"（凸月）、"既死魄"（下弦月）等月相。所谓"魄"，又写作"霸"，原意是剥去衣服，这里指月亮裸露出来的体魄。新月的时候，月亮与太阳处在同一方向，因此与太阳同升同落。蛾眉月的时候，月亮出现在太阳附近，因此在傍晚见于西方天空（月初），或者在早上见于东方天空（月尾）。满月的时候，月亮与太阳相对，因此傍晚从东方升起，早上从西方降落。

我们都知道，月相变化是有周期的。从头一次朔到下一次朔的时间间隔，叫朔望月，为 29.5306 天。这是不是等于月亮围绕地球旋转一周的时间呢？准确地说，不是。月亮绕地球公转一周，其实只要 27.3217 天。这叫恒星月。请看图 6-15。图中 1 是满月时的位置。月亮绕地球公转一周后来到位置 2，虽然不是满月，但从地球的角度看，1 和 2 的恒星背景却是一样的；就是说，月亮在 2 时回到恒星间的同一位置，也就是经过了一个恒星月。可见恒星月是月亮公转的真正周期。但第二次满月却要等地球运动到位置 3 时才出现，这就是说，朔望月比恒星月要多出 2.29 天。

"朔望月"大于"恒星月"。

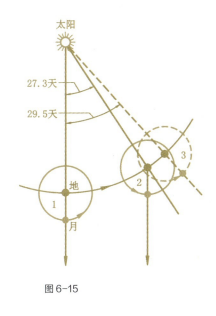

图6-15

从地球的角度看，在一个恒星月里，月亮会在恒星间沿一个大圆向东运动一周。这个大圆叫白道，是月亮公转轨道面在天球上的投影，和黄道有两个交点。当日月运行到黄道和白道交点的时候可能发生什么现象？日食或者月食。朔日、晦日会出现日食，望日会出现月食。所以印度天文学把黄道和白道的降交点叫作罗睺（Rahu），意思是日食；把升交点叫作计都（Ketu），意思是月食。

以上知识是可以通过肉眼观测而得到的，因此早就是古人的知识。《尚书·尧典》说："期三百有六旬有六日，以闰月定四时成岁。"这说明，早在商代以前，中国人就使用了阴阳合历，也就是把历法建立在对太阳、月亮的精确观察之上，首先用圭表确定了回归年的长度，然后通过观测确定了朔望月的长度。这和甲骨卜辞呈现的事实是一致的：甲骨卜辞表明，殷商武丁时候的历法已经有大月30日、小月29日的分别，有平年12个月、闰年13个月的分别。而且，武丁时候的人采用干支纪日法，建立了不间断的日期记录。另外，在商代卜辞中有8条关于月食的记录，其中最早的一次大约是公元前1201年。[1]

> 殷武丁时的历法。

---

[1] 张培瑜《甲骨文日月食与商王武丁的年代》，《文物》1999年第3期。

卜辞中关于日食的记录就更多了，甚至出现了公元前11世纪的预卜辞和验辞，表明当时人对交食周期——也就是太阳、月亮、地球回到原来的相对位置的周期——已经有了相当多的认识。[1] 总之，在对月亮视运动的观测和理解方面，商代人已经达到很高的水平。

再讲讲行星运动。

太阳系有八大行星，其中五个行星在史前就被观察到了，这就是《史记·历书》所说的"黄帝考定星历，建立五行"——五行指水星、金星、火星、木星和土星。《左传》说古有木正句芒、火正祝融、金正蓐收、水正玄冥、土正后土等"五行之官"。这也说明，早在神话时代，人们就有了五行和五星的观念。[2]

五星的视运动。

从运行轨道看，行星分两种（图6-16）：第一种是比地球更靠近太阳的"内行星"，有水星和金星。金星最亮，又称太白、长庚。水星离太阳最近，常被太阳光遮蔽；只有在早晨太阳未出之前，或者傍晚太阳落山之

图6-16

---

[1] 冯时《百年来甲骨文天文历法研究》，中国社会科学出版社，2011年，第118—129页。

[2] 王小盾《从五官看五行的起源》，《起源与传承：中国古代文学与文化论集》，凤凰出版社，2010年。

后，我们才能短暂地看到它。第二种是比地球离太阳更远的"外行星"，有火星、木星和土星。火星荧荧地发出红光，所以又名荧惑；木星每 11.86 年在天空绕行一周，所以被古人用来纪年（代表 12 年），称岁星。行星沿近似于正圆的轨道绕太阳运转，方向是一致的。不过在地球上的人看来，它们的运行轨迹比较复杂。除掉要和恒星一起作周日视运动以外，在感觉中，行星还要在恒星背景中作有时向东有时向西的运动。自西向东叫"顺行"，自东向西叫"逆行"；在顺行、逆行之间，有"留"（停留不动）的阶段。关于行星的运动，请看图 6-17。

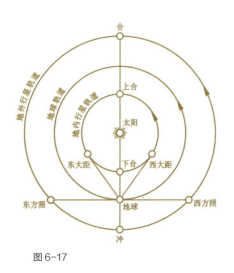

图 6-17

图 6-17 大致是以北极为观察点建立的"仰视图"。图中的行星都按逆时针方向运行。如果地内行星和太阳的经度相等，并且运行到地球与太阳之间，那么，这种情况叫作"下合"。这时行星和太阳一同出没，是地球人看不见的。接下来，由于地内行星的公转比地球快，从地球的角度看，它们逐渐向西偏离太阳，直到西大距，即地内行星与太阳角距离最大的地点。这时行星早于太阳升起，出现在东方天空，表现为晨星。再接下来，地内行星的视运动往东行，逐渐靠近太阳，直到"上合"。这时行星被太阳遮蔽，又不可见了。再往后，地内行星向东偏离太阳，直到东大距。这时的行星，黄昏时分出现于西方天空。因此，在我

第六讲 上古天文学的知识特质 | 181

们看来，地内行星总是在太阳附近往返运动。

> 在地球人看来，金星和水星总是在太阳附近往返运动。

至于地外行星，则有"合""西方照""东方照""冲"四个标志性位置。"合"是什么呢？是行星的经度和太阳的经度相等。在地球人看来，这时行星与太阳同升同落，被太阳遮蔽。由于地外行星的公转速度小于地球的公转速度，所以在地球人看来，地外行星是顺时针运行的，"合"之后出现在太阳西侧，逐渐接近"西方照"。这时，这颗星在子夜升起。"冲"又是什么呢？是行星的经度和太阳的经度相差180°。这时行星在黄昏升起，整夜可见。再往后，行星出现在太阳东侧，与太阳的角距离逐渐减小，经过"东方照"再次相"合"。

以上是商代和商代以前人的中国天文知识的大概。如果加以总结，那么应该强调以下几点：

> 商代人的天文知识。

第一，上古人已经围绕对于日月的观测和祭祀建立起了完整的时空体系。从当时对恒星的命名看，他们已经有了关于天北极、天赤道和二十八宿的认识。

第二，商代甲骨文经常提到日月交食，表明当时人已经掌握了54年的交食周期，并且有意识地对交食进行预报。甲骨文中有关于"五火""五兆""帝五臣"和五方土受年的记录，可以作为"天有五星，地有五行"一说的印证，说明商代人已经了解五个行星和彗星的运动规律。

第三，在历法方面，商代已经明确使用阴阳合历，也就是以干支纪日，以朔望纪月，以四气纪年，用闰月来调整太阴年与回归年的周期差。

第四,商代有一支以"大史"为名的天官队伍,掌管星辰日月的变动。这个传统可以追溯到更早的时候。《史记·天官书》说:"昔之传天数者:高辛之前,重、黎;于唐虞,羲、和;有夏,昆吾;殷商,巫咸;周室,史佚、苌弘;于宋,子韦;郑则裨灶;在齐甘公;楚唐昧;赵尹皋;魏石申。"这句话的意思是:从新石器时代开始,天文学便是专门之学。在帝喾高辛氏时代,就有重、黎这两个天官。在夏代和夏代之前,又有羲、和、昆吾等天官。到商代,人们通过世代积累,建立起了复杂的知识体系,为几千年来的天文历法之学奠定了基础。

因此,即使同近代人相比,上古人的科学思维也是不逊色的。尽管由于观测条件的局限,人们到很晚才建立起完整的天球观念,了解地球绕太阳公转的原理,但他们的天文观测却是持续不断的,有明确的规范。所以清代学者顾炎武说:"三代以上,人人皆知天文。……后世文人学士,有问之而茫然不知者矣。"[1] 他的意思是:上古知识分子的天文学常识,并不亚于后代人的天文学常识。因此,我们决不能轻视上古人的科学成就,更不能轻视他们在科学道路上的努力。

"三代以上,人人皆知天文。"

---

[1] 《日知录》卷三十。

第七讲　上古天文学的文化特质

一、太阳祭祀和十二支的起源

前面说到,在传说时代就有专门"传天数"的人。这些人是什么人呢?一般来说是"巫"。《周礼·春官宗伯》则称之为"神仕",说他们的职责是掌管日、月、星三辰之法,以确定各种鬼神的位置、名称和类别,并且主持冬至、夏至的神鬼祭祀。根据《史记·天官书》的说法,他们是"历日月星辰"的人,是"仰则观象于天,俯则法类于地"的人,是统理"阴阳之精气"的人。显而易见,这些人是具有神秘知识的人,是依天行道的人,是通过国家典礼来施行政治的大巫师。他们既拥有政治的权力,也拥有宗教的、科学的权力。正是通过他们,上古天文学和当时的祭祀仪式建立了密切关联。

武王伐殷这一事件,正是由这些"传天数"的人记录下来的。所以关于武王伐殷一事的记录不仅有精致的天文学细节,而且有和文字记述相配合的图像表现。由此看来,武王伐殷不光是一个历史故事,而且是一个天象事件。人们记录这一事件的方式,不光是历史的方式,而且是宗教的方式。

> 传天数:在巫术的名义下进行天文观测并传授其知识。

宗教特质，正是上古天文学所固有的性质。

这可以用太阳观测来作说明。

> 太阳：生命和知识的本源。

我们都知道，太阳是天底下最重要的东西。它不仅是所有生命的本源，而且是一切知识的本源。不仅各种生物都要靠它生长，而且，关于时间、空间的所有知识都是从太阳引申出来的——比如，如果没有太阳，人类就不会知道东、西、南、北，也不会知道春、夏、秋、冬。关于这一点，上古人比现代人理解得更深刻。所以太阳祭祀是上古时候最重要的仪式。在上古时期的遗留物中，我们可以看到很多太阳崇拜的遗迹，比如以太阳为主题的彩陶图案（图7-01）、表示太阳居处的太阳神树（图7-02）、表示太阳运行的太阳鸟形象（图7-03），和这些图案相关联的神话，此外

图7-01

图7-02

图7-03

还有甲骨文对"宾日""御日""既日"("既"指以生牲为祭)、"又日"("又"即侑)等仪式的记录,等等。不难想象,这些观念和仪式,既然以太阳为对象,那么就是同太阳观测相联系的。

太阳祭祀和太阳观测的合一。

人们对太阳的观测,最早是观察太阳出没的山峰的方位。《山海经·大荒东经》说:"东海之外,大荒之中,有山名曰大言,日月所出。""大荒之中,有山名曰合虚,日月所出。"说的就是这种观测。据统计,《山海经》记录了六座日出之山、六座日入之山的方位和

图7-04

名称。这可以和距今5000多年的大汶口文化相印证——在大汶口文化遗址出土了几个由太阳、云气、山峰组成的符号(图7-04)。有人认为,这些符号代表了一种习俗,也就是通过观测太阳出入的方位来定季节。它们所处的时代,正是古代天文神话所说的太昊、少昊时代。[1]

前文谈到《尚书·尧典》所记载的四方观测:尧帝命令羲仲、羲叔、和仲、和叔四个人,分别在东南西北四方观察星辰的南中天,来确定季节。这段记载也是和太昊、少昊神话相关联的。当然,关于这种关联,需要作一些论证。

首先,这段记载有两个维度:既说到天文观测的方位(东方的旸谷、南方的明都、西方的昧谷、北方的幽都),又说

---

[1] 徐凤先《从大汶口符号文字和陶寺观象台探寻中国天文学起源的传说时代》,《中国科技史杂志》2010年第4期。

到观测的时间点(仲春、仲夏、仲秋、仲冬)。这就说到了一个很重要的事实:古人是通过空间来认知时间的,四方观念是四时观念的基础。这正是太阳观测在知识学上的特性。

> 四方观念是四时观念的基础。

其次,记载中有以下两句相对应的话:

分命羲仲,宅嵎夷,曰旸谷。寅宾出日,平秩东作。日中星鸟,以殷仲春。……

分命和仲,宅西,曰昧谷。寅饯纳日,平秩西成。宵中星虚,以殷仲秋。……

> 上古纪时法:用太阳运行的地理位置来标记时间。

这两句话说明:在《尚书·尧典》的四方理论中,有一个二元对立的底层。从"寅宾出日""寅饯纳日"的话看,这个二元来源于早上迎日出、傍晚送日入这两个祭典。

另外可注意的是:这种祭典是和古代的纪时法相联系的。比如《淮南子·天文》记太阳出没,说它经过了旸谷、扶桑、曲阿、曾泉、桑野、衡阳、昆吾、鸟次、悲谷、女纪、渊虞、连石、悲泉、虞渊、蒙谷等地点。我们于是知道:为了配合早晨在东方举行的"寅宾出日"祭典和黄昏在西方举行的"寅饯纳日"祭典,人们曾经以太阳运行的地理位置为标记,将白天划为十五个时段(图7-05)。

> 十二支的起源:关于太阳视运动的符号。

现在,我打算提出进一步的推断,确定所谓十二支或十二辰,正是同这种纪时之法相联系的一组关于太阳视运动的符号。它同样产生在太昊、少昊时代。我的根据是各种语言学资料。从这些资料中可以看出十二支——子、丑、寅、卯、辰、巳、午、未、申、酉、戌、亥——最初的含义：

图 7-05　圭表和日晷

子：原义为"兹"。"子"字和"兹"字古音古义都相同[1]，代表太阳处于幽冥之极而等待再生的状态。在甲骨文中，"子"字写为胚胎在

图 7-06

子宫的形状（图 7-06），代表生命的起始；"兹"字由双"玄"构成，代表纯黑之色，同样是生命的起始。

丑：原义为"纽"。"丑"字和"纽"字古音古义相同[2]。十二支中的"丑"，代表太阳藏在纽结的天门之内。

寅：原义为"敬"和"引"。"寅"字和"敬""引"二字古音古义都相同[3]，这里表示敬引日出，宾引太阳而至天门。所以《尚书·尧典》"寅宾出日"四字，在《史记·五

---

[1] 《说文解字》："子……阳气动，万物滋。"《史记·三代世表》："子者，兹；兹，益大也。"

[2] 《说文解字》："丑，纽也。"《释名》："丑，纽也，寒气自屈纽也。"

[3] 《尔雅·释诂》："寅……敬也。"《礼记·月令》孔颖达疏："寅，引也。"

帝本纪》中写作"敬导日出"。

卯：原义为"冒"，和"冒"字古音古义相同[1]。古"卯"字写为二"戶"（卯），象开辟的形状（图7-07）。意为打开天门，旭日初出。

图 7-07

辰：原义为"振"[2]，代表太阳振动羽翼而飞升。古人经常用从"辰"之字来表示生命的孕育和发动。比如，妇女怀孕而身动，称为"娠"；阳气破地，称为"震"；《礼记·月令》以蛰虫的春出为"振"（"蛰虫始振"）。"振"也用来表示鸟羽的发动，例如《诗经·豳风·七月》说"六月莎鸡振羽"，《周颂·振鹭》说"振鹭于飞"。古人根据太阳鸟的观念，把"辰"用为太阳初出时分的标志。

巳：原义为"已"，和"已"字古音古义都相同[3]，代表太阳已经升高，寅宾出日的仪式已经结束。过去人讨论过一个学术问题：为什么在甲骨文中，"子""巳"二字字形相近（图7-08）？我认为，现在我们已经有条件来解答这一问题了。这两个字古音相近，只有清浊之别，原因在于，它们实际上是同一个字的分

为什么在甲骨文中，"子""巳"二字字形相近？

图 7-08

---

[1] 《说文解字》："卯，冒也。二月万物冒地而出，象开门之形，故二月为天门。"

[2] 《说文解字》："辰，震也。"《史记·礼书》"举若振槁"索隐："振，动也，击也。"

[3] 《释名·释天》："巳，已也，阳气毕布已也。"

化:"子"代表胞胎(子宫)中的子,"巳"代表脱离胞衣而出生的子。所以"胞"字也从"勹"从"巳"。

午:和"牾"字古音古义相同[1],原义为"牾",代表太阳升到中天,阴阳相交午。

未:和"昧"字古音古义相同[2],原义为"昧",意思是太阳偏西了,太阳光暗下来了。

申:原义是"伸",意为重申、重引[3],也就是重新引导日入,举行寅饯纳日的仪式。《尚书·尧典》所谓"申命和叔""申命羲叔","申命"也就是指"重命"。

酉:原义为"留"[4],表示太阳滞留于西方天门,将要进入柳谷、昧谷或蒙谷。古文"酉"是写作"丣"的,它明显同"卯"字("戼")相对。这说明什么呢?说明这两个字都是关于太阳出没的符号:"卯"(戼)表示开启天门,"酉"(丣)表示关闭天门。所以《说文解字》说:"丣,古文酉。从丣。戼为春门,万物已出;丣为秋门,万物已入。"《论衡·说日篇》则说:"儒者论日,旦出扶桑,暮入细柳。扶桑,东方地;细柳,西方野也。"古代典籍常常用"柳"字代替"酉"字,所以西方柳星指的就是"酉星",

为什么"卯""酉"处在相对冲的位置?

---

[1] 《说文解字》:"午,牾也。"《释名·释天》:"午,仵也。阴气从下上与阳相仵逆也。"

[2] 《释名·释天》:"未,昧也。日中则昃,向幽昧也。"

[3] 《尔雅·释诂》:"申……重也。""申"与"寅"古音相同,故《说文通训定声》说申"与寅同意"。

[4] 《礼记·月令》疏:"酉,留也。"

图 7-09

柳谷指的就是"酉谷"。正因为这样,在图 7-09 中,"卯"和"酉"处在相对冲的位置。

戌:即古字"烕"[1],意为太阳进入昧谷,光芒熄灭了。

亥:也就是"阂"[2],表示天门彻底关闭,太阳阂藏到地底下了。

以上这些讨论,是有系统性的,彼此可以互证。它们说明:

第一,十二支是一组关于太阳视运动的符号。也就是说,十二支起源于对太阳视运动的标记。

第二,太阳祭祀仪式也就是观测太阳视运动的仪式。因此,十二支是在太阳祭祀仪式上产生的,其中"寅"代表"寅宾出日","申"代表"寅饯纳日"。

> 十二支:既是关于太阳祭祀的符号,也是关于太阳观测的符号。

根据以上论证,我们还可以进一步解释太昊(太皞)、少昊(少皞)和商代前八王名号的来历,因为这些名称在记载中有一些意味深长的关联。请看图 7-09。

这幅图由三组符号组成:外圈是商代前八王的名号,中

---

[1] 《淮南子·天文》:"戌者,烕也。"《毛诗传》:"火死于戌,阳气至戌而尽。"《说文解字》:"戌,灭也。九月阳气微,万物毕成,阳下入地也。"

[2] 《淮南子·天文》:"亥者,阂也。"《说文解字》:"阂,外闭也。"《后汉书·郎顗传》"涉历天门,实成戌己"句注:"戌亥之间为天门也。"《释名·释天》:"亥,核也。收藏百物,核取其好恶真伪也。"

圈是十二支，内圈则是对"寅宾出日""寅饯纳日"两种仪式的标记。把这三组符号对应起来，可以知道：商王王名、十二支符号都联系于一天两次的太阳仪式；太昊（太暤）、少昊（少暤）是和太阳祭祀、太阳观测相联系的符号；太昊是寅宾出日仪式的主持人，代表出日的仪式；少昊是寅饯纳日仪式的主持人，代表纳日的仪式。

关于以上判断，我们可以提出一系列理由：

首先看外圈。按照《史记·殷本纪》的记录，第一位商王是帝喾之子契，另外六王是昭明、相土、昌若、曹圉、冥、振。这八个人物（包括帝喾）都是神话人物，他们的名号明显表示了太阳的某种状态。比如："昭明"意为日光明亮[1]，代表已经升空而光明普照的太阳；"相"的意思是省视，因此，相土表示太阳升至中天而临照下土[2]。又如："昌"就是阊阖，"若"就是若木，都指太阳西落之处，所以"昌若"指日暮。[3] 再如：甲骨文"曹"字（图7-10）象征两个太阳藏在木中，"圉"字象征人受到枷禁（图7-11），所以曹圉表示太阳西下而闭锁在草木之中。"冥"的原义是昏暗，在甲骨文中和"娩"字形状相同（图7-12，左为"冥"，右为"娩"），所以其含义是太阳深藏于子宫，也就是子夜。

---

[1] 《说文解字·日部》："昭，日明也。"《诗·周颂·时迈》"昭明有周"句孔颖达疏："昭者大明之状。"

[2] 《诗经·商颂·长发》："相土烈烈，海外有截。"意为太阳烈烈生威，普照四海之外。《尔雅·释诂》释"相"为"视"。《说文解字·目部》也说："相，省视也。从目，从木。《易》曰：地可观者，莫可观于木。"据此，"相土"可释为视土，或观察土中之木，即观察圭表。《左传·襄公九年》说相土曾代阏伯而为火正，相土之所以有这种神性，也因为它是中午的太阳神。

[3] 卜辞有云："昌洒至昏不雨。"意为自暮至昏不雨。《说文解字》："阊，阊阖，天门也。"可见"阊"中之"昌"代表进入天庭的夕阳。《文选·月赋》李善注引《山海经·大荒北经》："若木，日所入之处。"《离骚》"折若木以拂日"王逸注："若木在昆仑西极，其华照下地。"如果把"昌"理解为夕阳或夕阳之光华，那么"昌若"的含义正是"华照下地"。

"振"字从"辰"得声,原义为振动,从前面的论证看,它代表鸟羽的发动和太阳的初升。总之,商代前八王的名号,都是同太阳观测相关联的,因而是同太阳祭祀仪式相关联的。

> 商代前八王的名号是同太阳观测、太阳祭祀的仪式相关联的。

其次看内圈。各种训诂学资料表明,"昊"指的就是太阳。根据甲骨文中"大采""小采"的说法,可以判断,太昊、少昊分别指的是朝阳和夕阳。《淮南子》《山海经》和《楚辞》王逸注也说过:太皞句芒是司掌"东方之极"

图 7-10

图 7-11

图 7-12

的神灵,白帝少昊是在西方"主司反景"的神灵。由此可以推断:"太""少"二者的区别在于:太皞是东方之神,主日出;少皞是西方之神,主日入。两者的区别,既相当于司朝之神与司夕之神的分别,也相当于东皇与西皇的分别。[1] 也

---

[1] 《淮南子·时则篇》说:"东方之极……太皞句芒之所司者万二千里。"可见太皞是东方之神,主日出。《山海经·西次三经》说:"长留之山,其神白帝少昊居之……主司反景。"《楚辞·远游》王逸注说:"西皇即少昊也。"可见少皞是西方之神,主日入。

就是说，太昊、少昊分别是寅宾出日仪式和寅饯纳日仪式的神主。

> 太昊、少昊分别是寅宾出日仪式、寅饯纳日仪式的神主。

再次回头看外圈。外圈中的"喾"，也就是帝喾。这是太昊的别名。在古书上，"太昊"有时写成"太皓"或"太浩"，"喾"字有时写成"俈"。[1] 由此可见，"喾"字是从"告"得声的字，古音读如"皓""浩"和"昊"。这就是说，"喾""昊"二字是同音通假的关系，"帝喾""太皞"是同一的关系。因此可以推断，在商代前八王中，"喾"是东皇的标志，代表寅宾出日仪式的开始。

> 少昊、契、挚源自同一个人名。它们代表寅饯纳日仪式的结束。

最后看"契""亥""挚"三者的对应关系，"契"在外圈，"亥"在中圈，"挚"在内圈。这三者其实都是少昊的别名。《世本》说："少昊，黄帝之子，名契。"宋衷注："少昊名挚。"[2] 可见少昊、契、挚指的是同一个人。王国维对此也作过论证，他在《殷卜辞中所见先公先王考》中说：王亥是殷之先公，与古书所记"胲""核""该""王冰""振""垓"等"实系一人"。[3] 据此又可以推断，在商代前八王中，契是西皇的标志，代表寅饯纳日仪式的结束。

以上四条理由是很有力的。它们说明：十二支、商王名

---

[1]《楚辞·远游》："历太皓以右转兮。"《淮南子·览冥》："得清净之道，太浩之和也。"《管子·侈靡》："俈尧之时。"房玄龄注："俈，帝俈也。言二帝之时。"《史记·三代世表》《史记·封禅书》"帝喾"亦作"帝俈"。

[2] 张澍辑注本《世本·帝系篇》。

[3] 王国维《殷卜辞中所见先公先王考》，《观堂集林》第二册，中华书局，1959年，第409页。

号，都是产生在太阳观测和太阳祭典中的符号。

另外我们知道：（1）帝喾是殷人东夷的古帝，太皞、少皞也是东夷传说中的古神；[1]（2）八王之名不见于殷墟卜辞，八王未曾列入商王的合祭之典，不反映真实谱系。所以，我们又可以判断：以十二支为代表的太阳祭祀，产生在以十干为代表的太阳祭祀之前。也就是说，十二支产生在商代以前，是太皞、少皞时代的符号系统。

不过，以上两个判断还不是最重要的判断。对于我们来说，最重要的事情是要说清楚宗教与科学的关系。现在，通过讨论，我们可以得出这样一个结论：在古代的太阳祭典上，人们曾经通过对日影的持续观察准确地测定四方。"寅宾出日""寅饯纳日"仪式既是古代宗教生活的中心项目，也是古代科学生活的中心项目。正是通过这种仪式，古代政治、宗教、神话、科学彼此渗透，实现了统一。现代人经常误解上古人的知识，认为那些知识都是原始思维的产物，而原始思维的特点就是互渗——现实世界和神秘世界可以相互转化、相互沟通、相互渗透，天地间各种事物可以相互转化、相互沟通、相互渗透。这一看法是错误的，因为它把上古知识所表现的社会功能的互渗，当成了思维方法上的互渗。也就是说，由于上古人用祭祀仪式作为传播知识的平台，所以上古知识总是有宗教色彩或文化色彩，但我们不能因此否定这些知识的

> 古代政治、宗教、神话、科学的彼此渗透。

---

[1] 参见杨宽《中国上古史导论》，《古史辨》第七册，海南出版社，2005年，第139页。

科学品质，不能否定它们的可验证性。

二、从火历看"绝地天通"

为了说明上古科学的文化特质，我们再谈一个事例，就是所谓"绝地天通"。

最近几十年，学术界经常提到"绝地天通"，认为它是中国文化史上的重要里程碑。通常有两种理解：一种理解从所谓"人神不扰，各得其序"的解释出发——这是《尚书·吕刑》孔安国传的解释——认为"绝地天通"是把天地隔开，取消普通人同天地相交通的自由。有人引申说，"绝地天通"是一项阻止宗教在民间自然发展的禁令，禁断地面上的人以宗教方式直通天上的神。[1] 另一种理解则从所谓"天神无有降地，地祇不至于天"的解释出发——这也是孔安国的解释——认为"绝地天通"是把神职和民职分开。有人引申说，这是把原来由巫觋担任的宗教职能分给天官和地官。天官就是祝、宗、卜、史一类职官，管通天降神；地官就是司徒、司马、司工一类职官，管土地民人。[2] 还有人作了进一步演绎，说："'绝地天通'的传说实际上描述了巫职的独立过程"，亦即"巫的职业化过程"，其"结果是使巫觋成为一个脱离百姓的职业人群，从而获得更加稳定的社会地位，在天人秩序下再形成一个严

> 关于"绝地天通"的两种理解。

---

[1] 卢国龙《绝地天通政策的人文解释空间》，《世界宗教研究》2010 年第 6 期。

[2] 李零《绝地天通：研究中国早期宗教的三个视角》，2000 年 3 月 2 日在北京师范大学的演讲，北京大学网站"新青年 / 中国学术城"。

格的人间秩序",于是"导致了史职的产生"。[1] 在这里,话越说越大了。

从"绝地天通"真能推出巫职的独立和史职的产生吗?其实推不出来,因为"绝地天通"的真实含义绝不是人们所想象的那样。研究者之所以会产生这样严重的误解,主要原因是:没有读懂《国语·楚语》关于"绝地天通"的论述——没有读懂以下一段话:

> 及少皞之衰也,九黎乱德,民神杂糅,不可方物。夫人作享,家为巫史,无有要质。民匮于祀,而不知其福。烝享无度,民神同位。民渎齐盟,无有威严。神狎民则,不蠲其为。嘉生不降,无物以享。祸灾荐臻,莫尽其气。颛顼受之,乃命南正重司天以属神,命火正黎司地以属民,使复旧常,无相侵渎,是谓绝地天通。

另一个原因则是:习惯在事实不清楚的情况下进行推理,用文艺学代替考据学。

对《楚语》所说"绝地天通"的新解释。

其实,《国语·楚语》这句话的意思是很明确的。它是说:东夷民族有一个神或族群叫少皞。在少皞统治期的晚期,发生了"九黎乱德"这样一件事情。按照现代学者的理解,这里说的"少皞",是居住在黄河下游地区的族群;"九黎",是居住在黄河中游地区的族群。《国语·楚语》说:九黎原来是服从少皞的,

---

[1] 过常宝《原史文化及文献研究》,北京大学出版社,2008年,第5页。

但他们强大起来以后就反抗了,打乱了原有的社会秩序。其中有一个重要表现,就是破坏少皞氏的祭祀制度,而搞"民神杂糅",也就是搞了自己的一套神,把自己的祖先敬作神。这是少皞氏不能接受的,因为神化一个部落的祖先就是在表彰一个部落的精神,神化一个氏族的祖先就是在表彰一个氏族的精神。自说自话地把自己的祖先当作神,这种做法在少皞氏看来就是"民神杂糅,不可方物",就是消解了神灵的神圣性,抹杀了神灵的等级性。而且,如果每个氏族的人都把自己的祖先敬为神,那么每个氏族的人都会有自己的巫史来掌管祭祀。这样一来,就造成了神灵体系和祭祀礼仪的混乱,进而造成社会体制的混乱。这是历代政府都严重忌讳的事情——在周代以后这叫作"淫祀",也就是不按照国家的规定来进行祭祀;或者叫作"邪教",也就是信仰对社会秩序有危害的神灵。

以上就是"绝地天通"这件事的背景。"民匮于祀,而不知其福",是说人们疏于法定的祭祀,而把祭祀带来的福祉搞忘了。"烝享无度,民神同位",是说把自己的祖先比附于神,由于祭祀位序的混乱而造成民神不分,也就是把氏族之神和宗主之神相混淆。"民渎齐盟,无有威严",意思是亵渎了共同建立起来的盟约,使原有的社会制度失去了威严。"神狎民则,不蠲其为。嘉生不降,无物以享。祸灾荐臻,莫尽其气","蠲"读作"涓",意为清洁,这句话是说人们的日常生活准则也受到新的神灵体系和祭祀礼仪的污染和破坏,造成了各种各样的自然灾害。总之,由于九黎乱德,很多不好的现象出现了;但是到了颛顼这个时候,新的政教领袖对此作了一个很大的改变。

这个新的政教领袖是谁呢?是颛顼。如果说"少昊"(少皞)是太阳神的符号,人们用它来代表一个族群;那么,"颛顼"就是这个族群中的一个部落,或是这个部落的领袖。现在,颛顼继承少昊之位,成了族群联盟的首领。颛顼针对"民神杂糅,不可方物"的情况作了一个改革,"乃命南正重司天以属神,命火正黎司地以属民"。这句话是我们今天这场讨论的关键。它的意思是什么呢?是说原来有个大官叫"重黎"(有人考证,"重黎"也就是"羲和"[1]),他是又管天又管地的,既管天文又管历法。什么叫管天呢?他每天看日月星辰,确认这些天体的运行规律。什么叫管地呢?他根据天体的运行规律来制定历法,根据历法颁布农时,指导人们进行各种农事活动。但是有一个严重的问题在这时凸显出来了:天上的星象发生了明显的改变,每天出现的星星明显和过去定的标准不一样了。由于每72年太阳在星空背景下有一度的偏斜,积累起来,到这时就影响历法的施行了。下面我们要解释这种现象:它叫"岁差",其直接表现是春分点西移——春分那天,太阳在星空背景上的位置每年西移接近0.014°。这样一来,每年同一天的星空看来就是不一样的。比如西周时代有一个天象叫"七月流火",这个现象到今天,经过近三千年,就推迟了四十天左右,变成"八月流火"或"九月流火"。也就是说,随着岁差的积累,历法出现了混乱。现在人采取各种各样的办法来调整历法,比如四年一闰,每一百年减去一闰,到第四百年又补还一闰;古代也有各种各样调整历法的方法,比如十九年七闰。但在这种被称作"阴阳合历"的复杂历法建立之

> "南正重司天以属神""火正黎司地以属民",意为以南正重司掌天文,以火正黎司掌历法。

---

[1] 参见贾雯鹤《重黎神话及其相关问题》,《社会科学研究》1999年第5期。

前，人们是依靠一个单纯的天象标准来定农时的。这种历法会因为岁差的原因导致农时上的错乱。

颛顼的措施就是对管天文的和管历法的作了分工，让南正重管天文、火正黎管历法，把天文和历法分开，使之成为两个不同的独立职能。我们怎么知道南正重是管天文的呢？因为"南正"这个词原来是指一种星官，专门观察半夜升上南部星空的星星——"南中"的星星。"火正"这个词原来是指观察大火星的星官，通过对大火星的观察来制定历法。大火星在星空的位置每年都会改变，每72年西移1°，所以必须有人专门负责观察大火星，适应这种改变。《国语》这段话的意思是说，通过这种分工，颛顼改变了由于天文原因造成的历法混乱的现象，从而取得人民的信任，使九黎失去了乱德的借口。这就像我们现在把有关国计民生的事情处理好，访民就减少了，群体事件也减少了，老百姓不再生气了。这样一来就"始复旧常"，恢复到原来民神不杂的状况。这件事就叫"绝地天通"——地的事物和天的事物不再相混，管天文的职能和管历法的职能不再相混。

关于如何理解"绝地天通"，请大家参看一篇文章，即《中华文史论丛》2016年第3期刊载的《"绝地天通"天学解》。在那篇文章里，我把事情说得更准确、更清楚。不过，在这里，我们可以专门谈一谈火历和岁差。因为要读懂关于"绝地天通"的历史记录，就要懂得这两个事物。

> "绝地天通"：地的事物和天的事物不再相混，管天文的职能和管历法的职能不再相混。

岁差是什么？从现象上看，是恒星年与回归年在时间上

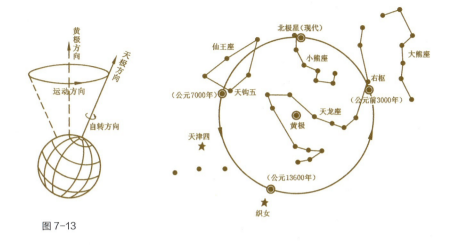

图 7-13

岁差的原理。

的差距；从原因上看，是由于地球绕地轴所作的旋转是摆动旋转，地轴的指向并不固定。请看图 7-13。图左那个向右行的"运动方向"，是说地轴在宇宙空间中的指向是不断改变的，它环绕垂直于地球公转轨道面的中心轴线（图中竖直的虚线）作缓慢的圆周运动。这种运动叫"进动"，而中心轴线所指的那一点叫"黄极"。进动的方向和地球自转的方向相反，即自东向西，周期约为 25800 年。由于地轴指向天极，所以在人们的感觉中，天极是绕黄极旋转的，也就是作直径为 23.5°的圆周运动。图 7-13 右图便显示了这种运动的轨迹。图中黄极的位置是不改变的，总是垂直于地球的公转轨道面，和天球黄道的距离是 90°。但由于北极代表天极，所以它的位置是不断改变的。大约在公元前 3000 年，人们以右枢为北极星或天极星；现在，人们以小熊座 α 星（勾陈一）为北极星；到公元 7000 年前后，人们将以天钩五为北极星；到公元 13600 年前后，人们将以织女星为北极星。我们知道，黄道的位置联系于黄极的位置，天赤道的位置联系于天极（北极）的位置。由于北极的位置不断改变，所以，天赤道与黄道的交点会不断移动。也就是说，春分点、秋分点会沿着黄道不断移动，每年在黄道上向西退行，大约72年退行1°。这样一来，太阳两次通过春分点的时间间隔（回归年），就比太阳两次与同一恒星重合的时间间隔（恒星年）要短一些，大约短20′24″。所以这一现象叫作"岁差"。

至于"火历"，刚才说到，这是通过对大火星的观察来制定的历法。古代典籍对这个历法有很多记录。比如《左传·襄公九年》记录说：

火历：以大火星(心宿二，天蝎宫的α星)的星空位置为授时标准的历法。

> 古之火正，或食于心，或食于咮，以出内火。是故咮为鹑火，心为大火。陶唐氏之火正阏伯居商邱，祀大火，而火纪时焉。相土因之，故商主大火。

这段话就说到了"火纪时"的历法。它的意思是说：古代有一种"火正"之官，要与心宿(大火星)、柳宿(咮)配祭。为什么这样做呢？是因为火正要根据这两个星宿的出没，来管理"出火"和"内火"——"出火"是指在大火星昏见于东方那一天点燃新火，"内火"是指在大火星隐没于东方那一天熄灭旧火。有人推算过，最利于观测大火昏见来决定春分的时代是公元前2400年左右，[1]这也就是传说中的尧舜时

---

[1] 中国天文学史整理研究小组编著《中国天文学史》，科学出版社，1981年，第10页。

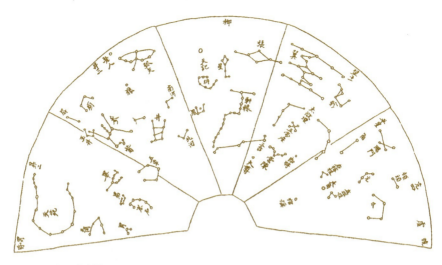

图 7-14 柳星南中图

这是绘于1577年以前的一幅星图,采自《天文节候躔次全图》一书。原图描绘16世纪立春日夜空的景象:柳、星夜半南中之时,昴星团开始西落,而大火星尚未升起。

代。[1] 所谓"陶唐氏之火正阏伯居商邱,祀大火,而火纪时焉",说的就是这个时代;因为"陶唐"是尧的别号,尧又名"唐尧"。但所谓"相土因之,故商主大火",却是说另一个时代的事了。按照夏商周断代工程提供的年表,商前期的年代是公元前1600年到公元前1300年,比公元前2400年至少晚了800年。这时候,大火星东升较晚,晚了十几天;春分之日,出现在南中天的是以柳宿为代表的鹑火三宿(图7-14)。这样一来,"出火"的指示星就变成柳宿(咮)了。这也就是咮被称作"鹑火"、心被称作"大火"的缘由。

> 从陶唐到商代,"出火"的指示星由大火变成了鹑火。

为了说明以上道理,请大家看看以下三段话:

---

[1] 陈梦家认为夏王朝开始于公元前2100年左右,见《西周年代考·六国纪年》,中华书局,2005年,第48页。

《汉书·五行志上》:"古之火正,谓火官也,掌祭火星,行火政。季春昏,心星出东方,而咮、七星、鸟首正在南方,则用火;季秋,星入,则止火,以顺天时,救民疾。帝喾则有祝融,尧时有阏伯,民赖其德,死则以为火祖,配祭火星,故曰'或食于心,或食于咮'也。相土,商祖契之曾孙,代阏伯后主火星。宋,其后也,世司其占,故先知火灾。"

这是第一段话,它说明:火正的职责就是"掌祭火星,行火政"。"出火"又称"用火",用火的时间是"季春昏,心星出东方",也就是在季春黄昏大火星出东方的时候;"内火"又称"止火",止火的时间是"季秋星入",也就是季秋大火星随太阳隐没于西方的时候。上古历代都有火正,帝喾时的火正名叫祝融,唐尧时的火官名叫阏伯,商代的火官名叫相土。而根据以下两段话,这个"祝融"也就是重黎。为什么重黎又叫"祝融"呢?是因为人们认为他有火德。帝喾的时代相当于颛顼晚期,这时的火正正是重黎:

火正:帝喾时为祝融(重黎),唐尧时为阏伯,商代为相土。

《国语·郑语》:"夫黎为高辛氏火正,以淳耀敦大,天明地德,光照四海,故命之曰祝融,其功大矣。"

《史记·楚世家》:"楚之先祖出自帝颛顼高阳。高阳者,黄帝之孙、昌意之子也。高阳生称,称生卷章,卷章生重黎。重黎为帝喾高辛居火正。甚有功,能光融天下,帝喾命曰祝融。"

这是第二段话和第三段话。这两段话都说帝喾高辛氏的火正是重黎，因为有功德，所以又名为祝融。后一段话则具体解释了重黎的谱系。这许多线索交织在一起，正好可以引出这样一个结论：颛顼末年的"绝地天通"，实际上就是把火正职责一分为二。为什么要这样区分呢？是因为天文和历法相冲突，已经造成了困扰，为"九黎乱德"提供了口实。正因为这样，"绝地天通"就成了一个很大的历史事件。历代皇帝登基都要"颁正朔"。这种举动，其意义和"绝地天通"是一致的。

现在，让我把以上这些话重复一下。我认为："绝地天通"是对"家为巫史"这种情况的拨乱反正，是恢复到家为巫史之前的情况，即不再搞家为巫史了。所以，这并非是巫的职业化过程，其实，巫早就有了职业化的过程。"绝地天通"这一举措确实涉及一种分工，但这种分工仅仅是天文官和历法官的分工，不能过度解释。既不能解释为禁断天上神灵同地上俗人的交通，也不能解释为把神职和民职分开，更不能解释为对史官和巫官进行分工。司马迁自溯家族渊源，说"昔在颛顼，命南正重以司天，北正黎以司地"，这实际上是把南正重和北正黎当作自己的理想，而不是要对他们区别看待。我很能理解司马迁的话。我的笔名叫王昆吾，"昆吾"就是夏代的天官。所以我知道，司马迁的话实际上表达了一种文化认同。

那么，联系到本讲的主题，"绝地天通"说明了什么呢？它说明：古代科学之所以有那么浓厚的宗教意味，原因是：上古时候的政治是依靠一系列仪式而施行的。君主需要通过仪式取得两种合法性：一方面是由神赋予的合

> 仪式提供了两种合法性：一是由神赋予的合法性，二是由科学赋予的合法性。

法性，所以各种仪式都要假借神的名义；另一方面是由科学赋予的合法性，科学对于政治的意义，不仅是可以提高生产力，而且是可以捕捉天意，表明天人相通。这样一来，我们便在各种仪式背后，看到了科学的发展和科学对于宗教的支撑。

三、结论：上古科学联系于对彼岸世界的长期观察

1888年，达尔文曾经给科学下过一个定义："科学就是整理事实，从中发现规律，做出结论。"这说明，科学是由两个要素组成的：第一是事实，第二是规律性的和体系性的认识。这些要素联系于对客观世界的长期观察。所以，要了解上古科学，有两条途径：一是了解古人所掌握的事实、规律和体系性的认识，二是了解他们对客观世界进行观察的手段。

科学：事实和观察。

关于上古中国人掌握了哪些事实，认识了哪些事实，考古学提供了大量物质证据，不胜枚举，今天且不谈。不过，如果只看对于规律的认识——从技术上升为科学的那些认识，那么，我们可以考察一下近年来出土的彩陶。彩陶资料表明，新石器时代，居住在中原地区的人类已经习惯运用数学、几何学知识来制作工具。其中最值得注意的是半坡文化、马家窑文化。

半坡文化是以渭河流域为中心的文化，年代在六千多年前。在新石器时代，这支文化很有代表性。而同样具有代表性的彩陶纹饰，也出现在这个文化区。比如在陶盆外壁上绘画的鱼纹（图7-15）。这种纹饰通常用2至4条形状大小

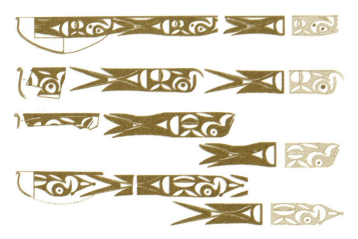

图 7-15

基本相同的鱼纹组合起来,构成一个装饰带。其中有一种人面鱼纹,往往同网状鱼纹相组合;尽管单元纹饰不一样,但四个单元两两相对,在圆形的陶盆内形成均匀分布的四个点,这四个点又恰好和陶盆口沿的四个点相对,显然是以一定的几何分割为布局依据的(7-16)。如果观察得更仔细一点,那么可以发现,人面鱼纹盆的口沿上其实有八个点。它们把陶盆口沿平均分割为八等分,构成了一种"米字分割"。这反映了鱼纹彩陶的制作原理,也就是利用圆的直径来等分圆——通过一条直径把圆等分为两半,通过两条垂直的直径把圆等分为四等分,如此

用圆的直径来等分圆。

图 7-16

第七讲 上古天文学的文化特质 | 207

等等。在距今 5700 年前后的马家窑文化中，这种分割法得到了广泛应用（图 7-17）。

事实上，马家窑文化彩陶有多种类型。第一种是上面说的代表四方或四分的十字分割型，除图 7-17 以外，代表纹饰有出土于甘肃省康乐县张寨的陶盆纹饰（图 7-18）；第二种是十字分割的变化型，例如见于马厂陶器的卍字形纹饰（图 7-19）；第三种则是三等分和以三等分为基础的多等分型，例如见于甘肃省临夏县杨家河陶钵上的纹饰（图 7-20），以及见于临夏县水地陈家陶盆上的纹饰（图 7-21）。后者反映了马家窑人对奇数三的偏爱：他们习惯用三角形作彩陶纹饰的骨架，同时习惯以盆底中心为圆心，来绘制同心圆纹。这种同心圆纹少则三五圈，多则十多圈，有如水面荡开的涟漪。

以上情况说明什么呢？第一，说明在新石器时期，居住在黄河流域的人们已经熟练掌握了制陶技术。陶器经常用圜底，说明当时已

图 7-17

图 7-18

图 7-19

新石器时期的陶器文明：轮制技术、彩绘技术、符号思维。

图 7-20

图 7-21

经采用轮制技术了。陶器往往用多种色彩绘制而成,说明当时人的颜料加工技术已经非常高超了。在陶器上,各种彩色纹饰巧妙结合起来,不同宽度的线条均匀搭配起来,说明当时人已经有精湛的用笔技巧。第二,说明当时人已经擅长复杂的抽象思维。比如鱼纹常常以分解、复合这两种形式出现,鱼头和鱼身有多种组合方式,甚至出现鱼纹和鸟纹、花瓣纹的综合(图7-22)。这些花纹都可以归为符号,是对某些抽象观念的表达。关于这种抽象,前面第一讲已经讲过了。需要强调的

图 7-22

是，正是这些艺术实践，培养了上古人的审美爱好，也培养了他们的同空间方位相关联的数概念。

事实上，在距今五六千年的时候，中国各个考古学文化区，包括仰韶文化区、大汶口文化区、大溪文化区、北阴阳营和马家浜文化区，都已经出现了类似的智慧。

有一种说法：数学是科学的语言。由此看来，彩陶纹中那些具有数学意义的抽象形式，都可以看作当时人关于科学的表述。数学的地位既然如此重要，那么，我们应当如何评价上古天文学呢？我认为，作为考察宇宙空间天体的学科，上古天文学可以说是科学的本源。因为在开始建立各种抽象观念的时候，人类就通过观察太阳这个天体而建立了时间和空间的观念。恩格斯曾经说到天文学在科学史上的优先地位："首先是天文学——游牧民族和农业民族为了定季节，就已经绝对需要它。"[1] 上古中国人的实践则表明了天文学在科学体系中的优先地位：天文学是最古老的科学，因为古人不仅要通过它来回答关于大自然的基本问题，而且要通过它来回答关于人类文化的基本问题——比如"我们从何处来"这样的问题。正因为这样，古代中国人把"天人合一"当作最根本的哲学命题。

> 上古天文学是科学的本源。

因此，我们应当看看新石器时代人在天文学观察方面的表现。

大家都知道红山文化。它是和中原仰韶文化同时期的文化，分布在燕山以北、大凌河与西辽河上游流域。经过碳14

---

[1] 恩格斯《自然辩证法》，人民出版社，1971年，第162页。

测定而得到的数据表明，它的年代约为公元前 3000 年至公元前 4000 年，主体上距今 5500 年前。红山文化的居民主要从事农业生产，兼事渔猎，已经驯化了猪、牛、羊等家畜。他们为此制造了许多工具，包括磨制和打制的双孔石刀、石耜、有肩石锄、石磨盘、石磨棒和石镞。他们用各种各样的玉器来作为人体装饰，其中有猪龙形玦、玉龟、玉鸟、兽形玉、勾云形玉佩、箍形器、棒形玉等等。在他们的居住地，还发现了冶铜业的痕迹。这样一个高水平的文明，自然会重视天文观察。因此，在红山文化陶器中，可以看到用圆圈或半圆形来表示的太阳纹、月亮纹以及表示山、云气、波浪、万字、飞禽等事物的纹饰。比如赤峰市所出土的彩陶，往往包含云气纹（图 7-23），往往表现了对数字 4、9、24 的迷恋（图 7-24）。关于这个图 7-24，我们有另外一个解释，即解释为以撒种为母题的图案。"撒种"是新石器彩陶纹饰的常见母题。它在这幅图上的表现是：图案外圈画的是 24 枚植物种粒，中间一层 9 个圈是编织袋的简化形式，中间的 X 字形是人形的简化，同心圆则是红山文化先民对植物种粒飞撒形态的描绘。也就是说，数字 4、9、24 是和高水平的生产方式相对应的符号。关

图 7-23

撒种母题。

图 7-24

第七讲 上古天文学的文化特质 | 211

图 7-25

于这一点,以后再谈。现在可以肯定的是:当时的天文观测是和丰富的数观念相联系的。

和红山文化天文图像内涵相近的符号还见于以下文化遗址:

(1) 河姆渡文化遗址中的蝶形器(图 7-25)。这种器物用象牙或石、木制成,出土了三十多件。这一件的特点是:中间由五个大小不等的同心圆构成太阳纹,两侧是圆眼、钩喙、昂首的双鸟纹,以阴线形式雕刻,呈现两鸟背负太阳从大地或大海飞向天空的景象。由于器物左右各有三个钻孔,可以判断,它是用于悬挂的祭祀器物。它说明,在距今 7000 年至 5000 年的时候,人们已经建立同太阳观测相联系的仪式。

> 同太阳观测相联系的仪式。

(2) 良渚文化遗址中的太阳鸟纹(图 7-26)。这种纹饰刻在玉璧之上,也已经出土十多件了。其特点是上方刻绘立鸟,下方刻绘盾形图案,鸟的脚下有累卵,盾形图案中则有太阳纹。显而易见,这种花纹表达了鸟为太阳神的观念。值得注意的是其中的盾形图案。它的上部呈阶梯形状,联系

图 7-26

《山海经》关于"太阳所出之山为六"等记载,可以推测这是太阳山的象征。我们知道,玉璧在上古是用于祭祀仪式的。因此,这种纹饰意味着,在距今 4700 年至 5300 年的时候,人们已经把太阳祭祀和太阳观测联系起来了。

(3) 大汶口文化遗址中的刻画符号(图 7-27)。这些符号出土于山东莒县陵阳河和大朱家村,年代在距今 6400 年至 5000 年前。其特点是有太阳符号,有山或火的符号。学者们曾经把它们解释为"旦"字、"炅"(热)字、"春"字、"昊"字或皞族族徽,一般认为符号上部表太阳,中部表火,下部是对当地地理环境的描绘。有研究者说:"陵阳河遗址东面,为一丘陵起伏的山区。正东五华里,有山五峰并联,中间一峰突起,名曰寺堌山。春秋两季,早晨八九点钟,太阳从正东升起,高悬于主峰之上,由'日'、'火'五个山峰组成的陶尊'文字'应是人们对这一景象长期观察

图 7-27

的摹画",也就是说,这是"依山头纪历的图画文字"。[1] 按这一理解:大汶口文化刻画符号反映了某种同太阳观测相联系的历法。

> 大汶口文化刻画符号反映了同太阳观测相联系的历法。

(4)郑州大河村出土的彩陶。这个遗址发掘于 1972 年至 1979 年,其中出土了一批年代相当于仰韶文化和龙山文化的新石器时代彩陶片。陶片中有太阳纹 12 片、星座纹 1 片(图 7-28),另外有很多月亮纹陶片。而太阳纹中又有日晕纹(图 7-29)、日珥纹(图 7-30)等花纹。其中特别值得关注的是日珥纹,因为它意味着古人对日全食的观测——日珥这一天文现象,是只有在日全食时才能看到的。这使我们想到甲骨文对日珥观测的记录:"乙

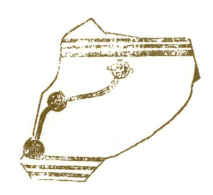

图 7-28

图 7-29

卯明,星,三焰食日,大星。"不过,大河村彩陶却比商代甲骨文早了一两千年。它证实了一个更早的天文学实践:在新石器时代,人们已经注意观察包括日珥在内的种种天文现象并加以记录。

---

[1] 王树明《谈陵阳河与大朱村出土的陶尊"文字"》,《山东史前文化论文集》,齐鲁书社,1986 年,第 249—308 页。

图 7-30

（5）山西襄汾陶寺遗址观象台。陶寺遗址属于龙山文化，由 1300 余座墓葬和大量房屋遗址组成。遗址中出土了大批生产生活器具，以及石磬、鼓等大型祭祀用具。经碳 14 检测，它的年代在距今 3900 年到 2500 年之间，所以很多人认为它就是史籍所记载的"尧都平阳"的遗迹。我们说的"观象台"，指的是其中一座大型的夯土圆台。台上有四道同心圆，呈现出明确的中心点（图 7-31）；台周有夯土圆弧形墙，墙上挖出 12 道狭缝，被认为是古人用来观测日出以确定季节的地点。考古学家用了两年时间来验证这个猜想，首先根据夯土墩和墙的形状找到圆心，确定它可以用于天文观测；

陶寺遗址观象台。

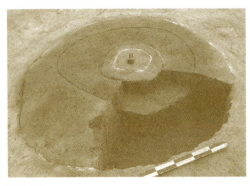

图 7-31

第七讲 上古天文学的文化特质 | 215

然后从这一点展开视线,确定土墙的缝隙位置,并且制作了一个高达4米的铁架,调整它的横截面,使之与夯土墩缝隙完全相符;最后,站在中心观测点上,透过铁架形成的缝隙,模拟古人的观测(图7-32)。通过精确测量和天文学分析,人们发现:在这座建筑的年代,也就是距今4100年前后,夏至那天升起的太阳正好位于E12缝右部,冬至那天升起的太阳正好位于E2缝正中。这就令人信服地证明,夯土圆台是古代观象台的遗址。

2005年10月,考古学界举行论证会,讨论这座建筑的功能及其科学意义。与会者提出三个比较重要的认识:第一,根据夯土圆台上那个标识明确的观测点,可以确认,它是有天文学功能的。第二,根据实际观测,当时人关注的对象,首先是二至二分的太阳,其次还有鸟宿、大火、虚宿、昴宿,以及月亮的最南点、最北点。第三,从这一建筑的设计理念看,当时人已经具备关于季节变化同日出方位之关系的知识。这就意味着,建造它的目的不是寻求某种知识,而是验证或演示这种知识。研究者因此判断,该建筑是一种应用性的

图7-32

陶寺观象台是为举行祭祀活动而建立的。

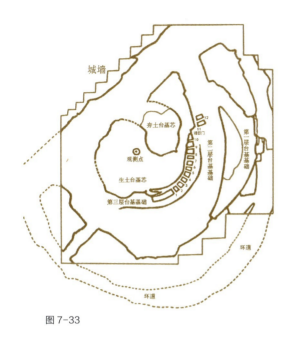

图 7-33

观象台,是为一年之中举行重要的祭祀活动而建立的。总之,这座建筑代表了一种高水平的天文观测。

另外应该注意的是:陶寺观象台有很大的体量,整个遗迹的总面积达到 1740 平方米,包括直径约 60 米的外环道、直径约 40 米的台基。从复原情况看,其中有"迎日门",有测量正午日影的圭尺(漆杆),有观察塔儿山主峰的东 5 号缝隙(图 7-33,请注意中央部位的"5"字)。它证明,为了定季节,当时人已经对日出方位和日入方位作了长期观测;为了定南北,当时人已经对星空——特别是北极星以及赤道附近的星座——作了长期观测。总之,当时人已经建立了一个完备的空间系统。

以上判断是不是有道理呢?看看古代典籍,便可以得出肯定的回答。比如《山海经·大荒东经》记载日月所出之山和日月所入之山,前者有大言、合虚、明星、鞠陵于天、东极、离瞀、孽摇頵羝、猗天苏门、壑明俊疾,后者有方山、丰沮玉门、龙山、日月山、鏖鏊钜、常阳之山、大荒之山。仅这些记录,便

《山海经》:对日出入方位的持续观测。

说明上古中国人对日出入方位进行了持续观测。又如《尚书·尧典》记载，在帝尧时代（大约距今 4000 年），古人已经习惯把空间划分为四方，通过观测四季中星而建立起行之有效的历法。这个历法的特点，一是采用阴阳合历，二是用闰月来调整月份与季节的对应。这就是所谓"期三百有六旬有六日，以闰月定四时，成岁"。值得注意的是，《尚书·尧典》这份记录的年代是和山西襄汾陶寺遗址观象台一致的，因此，两者可以相互证明，进而引出这样一个认识：早在新石器时代后期，古人便通过天文观测而制定了沿用至今的历法体系。

> 《尚书·尧典》：通过观测四季中星而建立的阴阳合历。

下面，我们再以甲骨占卜为例，谈谈古人进行科学实践的原则和方法。

在现在人看来，凡是推断未来吉凶祸福的法术，都属于迷信。这种看法对吗？我看不对。因为人的认识无非有两种：一种是经过验证的认识，一般称作"知识"；另一种是没有得到充分验证的认识，一般称作"信仰"。迷信其实是一种特殊的信仰，即不加思索、无条件地信服。甲骨占卜是否属于这种信服呢？我看不是，因为它是通过反复验证而被采用的。另外，知识和信仰是可以相互转化的。通过验证，信仰可以转变为知识；通过再验证，知识也可以转变为信仰。事实表明，古人在甲骨占卜这件事情上是重视验证的，即使其中有迷信，也可能转化为知识。这两种情况都很容易理解，是认识过程中的常见现象。世界上有很多科学无法解释的东西，需要慢慢地证明；即使被证明了，也需要再求证。事实上，甲

> 知识与信仰的分界线：充分验证。

骨占卜遵循了这样的观念和方法。我们知道，中国医学是从占卜术里发展起来，古代人是把医、卜、星、相并提的。从甲骨卜开始，占卜和科学就有密切的关联。

"甲骨"是对龟甲和牛肩胛骨的统称。甲骨占卜兴盛于商代，但起源于新石器时代。在河南省浙川下王岗遗址出土有仰韶文化三期的羊肩胛卜骨，其年代为公元前4070年前后，距今约6000年。在甘肃省武山傅家门遗址出土有石岭下文化类型的卜骨6件，其年代为公元前3800年前后，距今约5800年。而根据谢端琚《中国原始卜骨》一文的统计，在河南、山西、山东、河北、辽宁、内蒙古、陕西、甘肃等地，有35处新石器时代遗址埋藏了原始卜骨（图7-34），卜骨数目合计187件。这说明骨卜在新石器时代已经很成熟。事实上，从占卜方法的角度看，新石器时代骨卜是商代龟卜的渊源。

新石器时代骨卜是商代龟卜的渊源。

人们为什么要用龟甲来占卜呢？这是因为，在他们看来，龟是长寿的动物，它的甲壳有灵。根据研究者对彝族、

图7-34 甘肃武威出土的新石器时代卜骨

羌族、纳西族等少数民族所作的调查，进行兽骨卜时必须经过祷祝、祭祀、灼骨、释兆、处理等程序，每个程序也都表达了对兽骨之灵的崇拜。比如其中祷祝的主要内容是赞扬兽骨的灵验；祭祀的主要目的是除去兽骨上所附的不祥；释兆（图7-35）完毕之后，还必须把兽骨集中起来埋藏或焚化，以维护卜用兽骨的神圣。[1] 可见兽骨卜仪式的观念基础就是兽骨有灵。而殷墟甲骨的占卜程序正好是和这些民族的占卜仪式相同的。比如甲骨上有命辞，这是和祷祝相对应的；甲骨上有占辞，这是和释兆相对应的；殷人将用毕的甲骨储存起来，同样是出于对甲骨所代表的神灵的钦敬。由此看来，甲骨占卜的确有一些迷信成分。

图 7-35　凉山彝族占卜羊骨

不过，甲骨占卜的神圣化是一个两面的现象。从消极方面看，它联系于某种神秘信仰；而从积极方面看，它又意味着观察和验证的规范，因此具有科学意义。比如《周礼》记载占人的职责，说他要"以八筮占八颂，以八卦占筮之八故"。这说明占卜有一定的技术要求。《周礼》又记载占卜中的分工，

> 甲骨占卜的神圣化：既以甲骨有灵观为基础，又意味着严谨的观察和验证。

---

[1]　林声《记彝、羌、纳西族的羊骨卜》，《考古》1963年第3期；《云南永胜县彝族（他鲁人）羊骨卜的调查和研究》，《考古》1964年第2期。

说："君占体，大夫占色，史占墨，卜人占拆。"这说明，甲骨占卜建立在细致观察的基础之上。《周礼》还说占卜有验证制度："岁终，则计其占之中否。"这说明甲骨占卜讲究验证。既然如此，那么，这一活动也就包含了很多科学内容。例如有一条商王武丁时的卜辞，记录武丁占卜其妻妇好的预产期，有占有验。据验辞所说，占卜时推算的临盆日期很精确，误差不到三天。这条记载就说明，在占卜的名义下，其实进行了一系列科学活动。

研究者对殷墟甲骨作了仔细考察。他们发现，殷商人敬鬼事神，把占卜当成国家大事，有很复杂的操作程序。入龟、取龟、攻龟、祭龟、钻龟、命龟、灼龟、占龟、契刻、管理，这一系列程序都由不同的人来完成。这意味着，甲骨占卜并不是一件随意的事情，而是一门专业。占卜结束以后，殷商人要把卜辞甲骨存放在专门的地点，以便复查。这意味着，有充分的条件来保证对占卜过程进行验证。另外，甲骨占卜中还有以下几种关于观察和试错的制度。这些制度表明，占卜过程其实是一个求知的过程：

> 甲骨占卜中的观察和试错制度。

其一，"对贞制"。也就是在同一版甲骨上以不同的说法来贞问同一件事情，先从正面问，后从反面问，每件事既从肯定的方面验证，又从否定的方面验证，甚至对一件事从不同角度贞问多达七八次。就其目的而言，这一制度是为保证认识的准确性而设立的。

其二，"习卜制"。也就是在不同的时间对一件事进行反复贞问，往往连续几天或者隔几天进行，日期相袭，所以又称"袭卜制"。这一制度表明，为了取得准确认识，古人在试错时采用了连续观测和修正的方式。

其三，"三卜制"。也就是同时利用多块甲骨反复卜问同一件事情，并在甲骨上分别刻写表示占卜顺序的数字，称作"卜数"。这一制度之所以产生，原因是需要在正反两种判断当中进行取舍，以消除疑惑。所以《公羊传·僖公三十一年》有"求吉之道三"的话，东汉经学家何休解释说："三卜凶吉必有相奇者，可以决疑。故求吉必三卜。"

图7-36

联系到《洪范》所说"立时人作卜筮，三人占则从二人之言"，可以判断，"三卜制"是对"三人言则从二人"的议事制度的模仿。这一制度实际上反映了占卜者对于甲骨的超越意识——不迷信个别甲骨，而是把它当作窥测神秘知识的道具。

其四，"选卜制"。在殷墟卜辞中，常常可以看到"兹用""用某卜""兹卜用""其用……吉"等用语。这些用语契刻在卜辞的末尾，意思是这条卜兆可以采用。由此推断，有很多卜兆是不被采用的；也就是说，殷商人对占卜所获得的卜兆是经过选择而采用的。这意味着，殷商人通过占卜而建立的认识，既经过了反复观测和试错，又经过了鉴别和选择。

> 古代中国人一直用反复观测和试错的方法来探求关于未来、关于彼岸世界的知识。

以上这些制度,可以概括为一事多卜。从理论上说,就是对很多个体数据进行筛选,从可能性中找出必然。除对贞制、三卜制、习卜制、选卜制而外,卜筮并用制也是这种制度。它们反映了殷商时代占卜活动中的理性思维和逻辑方法。实际上,古代中国人一直是用这种理性思维和逻辑方法来探求关于未来、关于彼岸世界的知识进而探求科学的。上古时期的中国科学因此表现出两面性:一方面有神秘色彩,另一方面又达到很高的认识水平。

第四单元

理论总结

以上从神话、艺术、科学三个方面，对中国上古时期的知识和智慧作了讨论。我们考察的对象，实际上是一部历时三千多年的思想史。它的上限在新石器时代晚期，也就是距今六千年前；它的下限在六部经书被编定的年代，也就是公元前6世纪中期。在这三千多年时间里，生活在黄河、长江流域的人们，采用和我们今天不完全相同的方式进行了积极的思考。

> 历时三千多年的思想史。

那么，应该怎样来总结这一部历史呢？以下，我们从"上古符号与思维""上古符号与语言""经典世界和前经典世界的隔阂与沟通""关于'天人合一'与'轴心突破'"等四个方面来讨论这一问题。

第八讲　上古符号与思维

一、关于上古智慧的符号特质

上古符号系统的特质及其建立的过程，是我们面对的一个重要问题。因为符号在上古文化当中拥有特别重要的意义；从研究资料角度看，符号代表了这一时期思想和文化的全部。

上古时期，生活在黄河流域、长江流域的人创造了大批符号。它们主要见于以下六种材料：(1) 彩陶，(2) 青铜器，(3) 玉器，(4) 遗址建筑物遗存，(5) 工具遗存，(6) 神话。从这些材料看，当时人为进行思想和情感的表达，采用了丰富的符号方式。进入符号的直观事物很多，几乎覆盖了生活环境的全部。其中主要有以下三类事物：

> 天体：作为时间标志物。

第一类是太阳和作为时间标志物的其他天体。太阳是一切生命的来源，所以被古人看作世界的主宰，看作基本规律的象征。上古人讲得最多的神话故事，就是关于太阳循环运动的故事。这些故事有一个特点：其中每个细节都是和太阳祭祀、太阳观测相关联的。比如第七讲说到，少昊的故事联系于对西方太阳的观测。由于太阳的视运动是在天球背景上展开的，所以其他天体也都出现在太阳祭祀仪式当中，被看作标记太阳的时间属性和它的人文性格的符号。比如二十八宿中的参星，是夏民族的历法标准星；大火星（心宿二），是商民族的历法标准星；房星，是周民族的历法标准星。《公羊传·昭公十七年》说："大火为大辰，伐（参）为大辰，北极为大辰。"这句话的意思是说：不同族群有不同的"大辰"，也就是同祭祀仪式相联系的天体；参星、大火星、房星就是这种"大辰"。曾侯乙墓漆书文字说："民祀唯房，日辰于维，兴岁之驷，所尚若陈，经天常和。"这句话则说到曾国贵族以房星为"大辰"——他们祭祀房星，把房星晨正（黎明时房星位于南中天）当作岁首的标志。这是姬姓民族的习惯。前面说过，所谓历法，从本质上说，就是对于太阳视运动周期的标记。因此可以想象，在当年，有一种夜晚的科学；因为上述标准星都是出现在夜间的祭祀仪式或观测仪式当中的，是太阳祭祀的代用品、太阳祭祀的继续。它们表明，即使对于白昼的事物，上古人类也是面向星空来思考的；所以，上古人很早就发展起了深奥的天文学，或者说建构起了同夜间科学相联系的符号体系。显而易见，这和现代人所想象的符号体系是不一样的。

上古人的夜间科学及其符号体系。

第二类是动物，特别是脊椎动物。在上古之时，这些动物既是人类的生活伙伴，又是和人类进行生存竞争的对手，因而往往承载了或亲近，或畏惧的人类情感，进入具有社会学意义的符号体系。其中最重要的一种符号是图腾符号，也就是代表某种血缘关系，被当成氏族祖先、保护神和氏族标记的符号。尽管植物和非生物也能成为图腾，也能被膜拜，被看作具有超自然力量的物体；但大部分图腾神是由动物充当的。其原因在于，作为人类的生活伙伴，动物在生理上最接近人，在行为上也最接近人，最容易成为人格化的崇拜对象。我们讨论过的鸥、龟、鸩、虎、羊、鹿、牛等等，便都有过作为图腾符号的身份。不过，这些动物在后来又成了某种自然属性或人文属性的标志，加入上古人为建构世界秩序而设计的分类系统，成了某种世界模式——比如东方苍龙、西方白虎、南方朱雀、北方龟蛇（玄武）的模式。这就说明，图腾符号的发展，经历了从具象到抽象、从单一到系统的过程。

> 动物符号的三种身份。

用美国哲学家皮尔斯（Charles Sanders Peirce）的话，它们依次有过以下三种身份：第一种是"像似符号"（icon，又称"类像"），符号与所指对象有相似的性质，有如肖像画；第二种是"指示符号"（index，又称"标志"），符号与所指对象有因果、邻接等关系，有如交通标识；第三种是"规约符号"（symbol，又称"象征""代码"），约定俗成，例如大部分词语。当人工制作的动物形象被用来代表特定人群的崇拜物的时候，这形象是像似符号；当动物形象被用来代表特定人群的时候，这形象是标志符号；当动物形象被用来代表一个空间区域或一种自然属性的时候，这形象是规约符号。中国古代哲学的诸种术语——比如"道""气""阴""阳""乾""坤""震""巽""子""丑""寅""卯"等等——都有过从像似符号、指示符号转变为规约符号的过程。

第三类是山川草木等环境事物。上古人类为了解释周围环境,讲述过很多神话故事。其中有五个重要主题:一是大地万物的起源,二是洪水和人类的再生,三是火的发现和应用,四是谷种和农业技术的产生,五是人死以后的归宿。在这些故事中,各种环境事物都成了表达某种观念的符号。比如,人们的生活区通常以高山为界限,人们的视野也往往被高山截断,所以高山被看作通向天庭的梯子,或日月星辰隐居的地方,因而代表神灵的居所。所有生活区都靠近某个水源,所以水被看作孕育生命的地方,同时被看作毁灭生命的力量,因而代表神秘的生命循环。另外,火被看作太阳和闪电在大地上的分身,可以除腐、焚草、除虫,因而代表光明、洁净和生命力;草木是燃火之物,大树又往往是居住区的标记,因此,不同的树种往往代表了不同的时节和不同的人群;而稻、菽、稷、燕麦、黄豆、绿豆、豌豆、大蒜、青稞、荞子、油菜、香柳、薄荷、荠菜、稗子、甜荞等植物,主要是由妇女发现并驯化的,所以它们的种子常常用来比喻生命和生育。在这些事物当中,禽鸟之蛋比较特殊。古人根据它的孕育能力加以想象,所以把它看成是天地万物的始源,由此建立起"混沌"概念或"宇宙卵"概念。

> 自然神话的五个主题。

以上这些标志习惯,往往为很多民族所共有,而不限于单一民族。比如在汉藏语民族的神话当中,上述事物就是有相近的符号内涵的;不同民族神话之间的区别,主要表现为故事情节的区别,即符号组合方式的区别——也就是说,这些神话符号的语法不同,但它们的语词往往相同或相近。这一点很有意思!它

> 汉藏语共同体有像似符号和指示符号的底层。

意味着：第一，汉藏语共同体有一个像似符号（类像符号）和指示符号（标志符号）的底层；我们可以像研究汉藏语同源词一样，来研究汉藏语的同源符号。第二，如果要对上古人建立符号系统的过程作一个简单概括，那么可以说是逐步规约化的过程。换言之，所有符号都是有某种理据基础的；只是由于在发展过程中不断规约，符号的理据性才变得隐晦起来。胡塞尔《逻辑研究》说，符号在内容上大都与被标识之物无关。从上古中国的情况看，这话是不适用的，至少是表面的和肤浅的。

<small>上古中国符号有理据基础。</small>

以上说的是上古符号在生成方面的特点。从功能角度看，上古符号有另外一个特点，即为实现人与神之间的交流，而采用较为直观的客观形式。正因为这样，上古神话中最多见的符号是指示符号（标志）。第二讲"神话的符号表达方式"一节也说到这一情况。那一节说：按照古人的观念，黑水指的是晚上太阳从西方返回东方的通道，代表生命的流动和永恒；昆仑指的是黑色的墓丘，代表死亡，被设想为太阳和所有生命的归宿，传说是幽都和众帝的居处；蓬莱指的是旭日之山，取象于乌龟顶戴太阳鸟的形象，代表生命的再生。这三者的关系是：蓬莱是同昆仑相对应的一座神山，黑水则是联结这两座神山的纽带。当古人把龟设想为在黑夜中运载太阳的神使，让它承担经黑水将太阳送返东方的使命的时候，在古人观念中的大地两端，也就是黑水的东、西两极，便出现了以乌龟为原型的两座神山——西北方的昆仑秉受黑夜和死亡的性格，成为刑杀之山；东南方的蓬莱秉

受白昼和再生的性格，成为天堂之山。这个例子便说明：上古中国人曾经建立一个以指示符号——或者说"象符号"——为主体的符号体系。他们通过包括祭祀仪式在内的各种社会实践，使这一体系社会化了，为很多族群所共有，所以"黑水""昆仑""蓬莱""龙""凤"等词语大量见于汉文和其他民族文字的古籍。总之可以说，指示符号或"象符号"，是在上古中国人当中通行的语言方式。

> 上古中国人建立了一个以"象符号"为主体的符号体系。

不过从另一方面看，上古符号史也是屡屡出现文化断裂的历史。比如，在商周之间，鸱的地位有剧烈的升降过程；这意味着，商周之间的神灵信仰曾发生断裂。从夏代到周代，饕餮概念也有明显变化；这意味着，在不同民族之间有神灵体系的断裂。现在我们要指出的是：一方面由于这些断裂，另一方面由于使用中的语词磨损，上古时代的符号在很大程度上逐渐丢失了原义，而出现了"理据性滑落"[1]。正因为这样，现代的神话研究者应该致力于恢复上古符号的理据。这项工作是最基础的工作。只有把它做好了，我们才有可能正确理解上古人的智慧。

> 神话研究者应致力于恢复上古符号的理据。

第二讲还说：如果我们进一步考察古代经书、子书中的神话遗迹，那么可以发现，中国智慧的两个发展阶段——经典阶段和经典以前的阶段——是相互连接的。它们构成了一

---

[1] 参见赵毅衡《理据滑动：文学符号学的一个基本问题》，《文学评论》2011年第1期。

个过程。这个过程，可以就其所使用的符号手段描写为以下三种符号的次第发展：

具象物体符号 → 具象事类符号 → 抽象事物符号

前面讲了"龙"的实质和它的起源。如果以"龙"符号为例，那么，我们现在看到的各种龙的造型，其实属于第二种符号，也就是"具象事类符号"。龙的第一种符号是什么呢？经考察，龙的原型是各种脊椎动物的胚胎，也就是说，在"具象物体符号"阶段，龙是以脊椎动物的胚胎为直观之物的。这就是龙的第一种符号。后来，在龙作为"具象事类符号"流行一段时间以后，人们逐渐把"龙"符号抽象化了，于是出现了包含生殖、繁衍、万物始源等含义的"龙""辰"等文字。这种符号属于第三种符号，也就是"抽象事物符号"。

需要指出的是，这里说的"具象物体符号""具象事类符号""抽象事物符号"，是就符号的材料形态而言的。如果从符号与所指对象之关系的角度看，那么不妨换用另一套名称，即符号学研究者通常说的"像似符号"（或"类像"）、"指示符号"（或"标志"）、"规约符号"（或"象征"）。这两组名称有不同的效用。后一组名称所代表的过程（从"像似符号"到"规约符号"的过程），表明上古思想史是创造符号、积累符号的历史；而前一组名称所代表的过程（从"具象物体符号"到"抽象事物符号"的过程），则可以表现经典以前智慧的特质——

两组符号术语的不同效用。

第八讲 上古符号与思维

它们进一步显示了这样一个事实：上古人同样具有高度的抽象能力，只是使用不同于经典时期的符号手段。

二、上古中国人的符号理论

关于上古符号的以上特点，古人已经有明确的认识。在他们看来，上古符号之所以采用比较直观的客观形式，重视"具象事类符号"或指示符号，是出于智慧的自觉选择。关于这种自觉性，以下几个学说作了阐释。

（一）"立象尽意"说

《周易·系辞上》有一段话，核心讲"立象尽意"。它说："子曰：'书不尽言，言不尽意。'然则圣人之意其不可见乎？子曰：'圣人立象以尽意，设卦以尽情伪，系辞焉以尽言，变而通之以尽利，鼓而舞之以尽神。'"它的意思是："立象尽意"是圣人创制符号的主要方式。它通过"卦""象""辞"等三类形象的符号来表达天意。

围绕"立象尽意"这个主题，这段话重点讨论了"辞""象""意"三者的关系。在这里，"辞"指《周易》中的卦爻辞，也就是解释卦画的语言文字，是"言"的代用品；按符号学的说法，"言"和"辞"都是"规约符号"。"象"指《周易》中的卦画，也就是对天地万物的形象概括，符号学的说法是"标志符号"。"意"指种种符号所要表达"圣人之意"，也就是符号学所谓"观念"和"意义"。《周易·系辞》的看法是：符号是无法穷尽观念的；但相比之下，其中的"象"却是有可能详尽表达事物本意的，而"书"与"言""辞"则根本不能尽意。

> 标志符号在表意品质上高于规约符号。

也就是说，尽管从符号生成的角度看，规约符号晚于标志符号，但从表意品质的角度看，标志符号是高于规约符号的。

古人之所以推崇标志符号，部分原因在于：标志符号是人为的，是由"圣人"创制的。《周易·系辞上》说到这个意思，云："圣人有以见天下之赜，而拟诸其形容，象其物宜，是故谓之'象'。"这句话里的"赜"，指宇宙奥秘；"见赜"，指圣人通过智慧而探知宇宙奥秘；"拟诸其形容"，指用形象的方法、比喻的方法加以传达；"象其物宜"，意思是接近这个事物，刻画它的本质，而不是追求简单的形似。这里说到了标志符号的必要性：由于"天下之赜"处于有形、无形之间，是像似符号无法再现的，也是规约符号无法到达的，所以必须用智慧来穿透。这里同时说到标志符号的制作方法："拟诸其形容，象其物宜"——也就是通过某种像似来提示内部意义，通过某种具体来隐喻普遍道理。《管子·七法》也说到标志符号的制作方法，云："义也，名也，时也，似也，比也，状也，谓之'象'。"意思是说：圣人立象，要注意揭露事物的本质，即所谓"义也"；要给予合理的名称，即所谓"名也"；要符合时事，即所谓"时也"；要像其形貌，即所谓"状也"；要以小喻大，即所谓"比也"。韩康伯注《周易》有一个更好的概括，叫作"托象以明义，因小以喻大"。

关于"言""象""意"三者的关系，三国时候有一个年轻人——王弼——从生成角度作了解答。他在《周易略例·明象》中说："夫象者，出意者也；言者，明象者也。尽意莫若象，尽象莫若言。言生于象，故可寻言以观象；象生于意，故可寻象以观意。意以象尽，象以言著。"这话的意思是：有意念然后有图像的表达，有图像然后有言语的解释。表达意念，最好的手段是图像；解释图像，最好的手段是言辞。因此，我们要通过语言文字来找到它所表达的形象，并通过这个形象来找到立象的本意。在这里，王弼并不否认语言的功能，并不否认语言、概念是表达思想的媒介;但他同样认为,图像符号是更接近所指之物因而具有更高品质的媒介。

(二)"天垂象,圣人象之"说

《周易·系辞上》还有一段话,讲天地同圣人的关系。它说:"是故法象莫大乎天地,变通莫大乎四时,悬象著明莫大乎日月……是故天生神物,圣人则之;天地变化,圣人效之;天垂象,见吉凶,圣人象之;河出图,洛出书,圣人则之。"这段话的意思是:符号最重要的功能是表达天地万物的变化,圣人最重要的业绩是以"象"为媒介而同天地相交流。

> 圣人以"象"为媒介而同天地交流。

以上这段话事实上涉及两个传说:一是伏羲氏受《河图》而画八卦的传说;二是禹治洪水,受《洛书》而作《洪范》的传说。这两个传说透露了"圣人"的身份和"天垂象"的含义。"圣人"是怎样的人呢?现在我们知道,是伏羲、黄帝、炎帝、颛顼、帝喾、尧、皋陶、舜、禹等文化创始者。从先秦典籍的解释看,他们代表了最高的智慧和品德,是有限世界中的无限存在。这种人实际上是被神化的人物,原因在于他们本来就是具有神职的人物。"天垂象"是什么意思呢?是指被圣人看到的大自然所显示的法则和预兆。至于如何显示,从现有资料看,其一表现为日月星宿的运行,其二表现为四季中的景物变换,其三表现为蓍草、神龟所提供的占卜兆象,其四表现为神圣数字和各种祥瑞。这也就是所谓"天生神物,圣人则之;天地变化,圣人效之;天垂象,见吉凶,圣人象之;河出图,洛出书,圣人则之"。显而易见,这些法则和预兆是具有神秘意义的,只能诉诸超常的智慧。这就是说,"垂象"和"象之"都是发生在人神交通场合的行为。

如果我们把"符号"定义为"对意义的表象",那么,"天垂象,圣人象之"这句话,就意味着两类具有超越性的符号在相互交流:第一类符号是天地所显示的先验的"象";第二类符号是经圣人摹写而产生的后天的"象"。后者既被看作人类最初的符号创制,也被看作人类符号体系的结构骨干。为什么说是"符号体系的结构骨干"呢?看看河图、洛书(图8-01)就知道了:古人一直在探索关于宇宙原理的数学公式,比如"四方""五行""九宫""十二支"等等。这都可以说是"符号体系的结构骨干"。当然,这些符号的性质有所不同:河图、洛书属于天文历法数图,五行、九宫、十二支属于神圣数字;但它们同样是从上古天文历法之学中产生的。——比

> "象":具有超越性的符号。

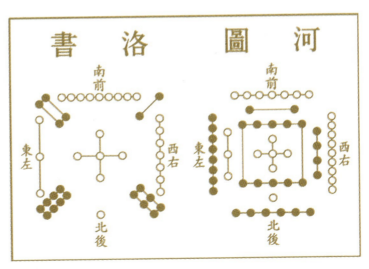

图 8-01

第八讲　上古符号与思维

如"四"联系于二分二至的太阳观测,"五"联系于行星的循环运动,"九"来源于天宫划分,"十二"联系于木星运行和岁星纪年。《管子·五行》篇说:"作立五行,以正天时。"《史记·天官书》说:"天有五星,地有五行。"《五行大义·论九宫数》说:"九宫者上分于天,下别于地,各以九位:天则二十八宿北斗九星,地则四方四维与中央。"这些话说的就是神圣数字的来历——来自天所垂示的"象"。[1]

> 神圣数字的来历。

从"天垂象,圣人象之"的说法,可以了解中国上古符号观的一个重要特点——认为符号来源于两种社会实践:一种是神圣的符号活动,由圣人进行,目的是探知自然之象所隐藏的规律和意义。《史记·天官书》说:"昔之传天数者:高辛之前,重、黎;于唐虞,羲、和;有夏,昆吾;殷商,巫咸;周室,史佚、苌弘;于宋,子韦;郑则裨灶;在齐甘公;楚唐昧;赵尹皋;魏石申。"这里说的"传天数之人",就是从事神圣符号活动的人物。所谓"河图""洛书"其实也是这些人所建立的符号。另一种是日常的符号活动,由普通人进行,接受圣人所发明的规律和意义的指导。这两类符号的基本关系是:人世间的各种符号奠基于圣人的制作,圣人的制作则奠基于自然之象。按照现代符号学的说法,神圣符号活动主要以标志符号为手段,日常符号活动主要以规约符号为手段。正因为这样,

> 神圣符号活动、日常符号活动的不同手段。

---

[1] 参见王小盾《从"五官"看五行的起源》,《中华文史论丛》2008年第1辑;《论〈梅葛〉中的文化数字》,《民族文学研究》2012年第2期。

古代中国人推崇标志符号。河图、洛书就是这样的符号。

（三）"大象无形""大道不称"说

这一学说主要见于《老子》和《庄子》。《老子》第四十一章说："大方无隅，大器晚成，大音希声，大象无形。道隐无名。"意思是说：真正的方正是没有棱角的，最大的器具最后完成，高妙的音乐不需要多少声响，纯粹的"象"没有明确的形状。大道隐匿，没有名称。《老子》第十四章说："绳绳兮不可名，复归于无物。是谓无状之状、无物之象，是谓惚恍。"这段话的意思则是说：绵延不绝不可名状的事物，最后要回归于无。这就是所谓"无状之状""无物之象"，也就是"惚恍"。《庄子·齐物论》说："夫大道不称，大辩不言，大仁不仁，大廉不谦，大勇不忮。"意思是说：真正的大道只能感悟不能言传，真正的辩士不需要多说，真有大爱的人看上去淡泊，真正廉洁的人并不标榜自己的廉洁，真正勇敢的人不轻易冒犯别人。

这三段话，总体意见是：事物的现象和它的本质是不一致的；某种属性发展到极致，反而会磨损掉原来的表象。

那么，"音""象""名""言"等符号的情况如何呢？老子、庄子认为：在这里，现象和本质的隔阂尤其明显。因为符号本来就是不足以表达意识的，概念本来就是不足以表达观念的。既然无法表达，那么，最好的表达方式是不表达；同样，最准确的描写方式是模糊的描写。

关于老子所说的"无状之状、无物之象，是谓惚恍"等话语的含义，下面再作讨论。我有一个看法：老子是用受精卵的发育成长来比喻"道"的成长的。"无状之状、无物之象，是谓惚恍"的状态，也就是受精卵的状态——似有非有的状态。这个状态虽然接近于无，但充满生机和可能性。在人类发明显微镜之前，怎样来描写这个代表生命之源的受精卵呢？按老子的看法，这是不必描写的；如果非要描写，那么就用比喻和暗示来描写。因为在这种情况下，任何语言文字都是无能的。同样，世界上有很多精微的事物，人类感官无法把握，因而不能言说，不能加以符号。

> 对人类感官无法把握的东西，不能加以符号。

关于"大道不称"，老子有另一种表述，即所谓"道可道，非常道"。这里的"道"和"常道"，都可以理解为观念；但在老子看来，"道"是可以用概念来表达的观念，"常道"却是概念所不能表达的。关于"道"的不可言说性，古代的中国哲学家似乎都有所谈论。比如《论语·阳货》记载孔子的话："天何言哉？四时行焉，百物生焉，天何言哉！"《中庸》第二十五章说："诚者自成也，而道自道也。"这两句话的意思都是说："大道"可以自我显示，却不可以由人言说。海德格尔《走向语言之途》一文提出"道说"（Sage）的概念，来指称"语言的本质"，用意和老子、孔子是一样的。

因此，联系前面讨论的"立象尽意"说，可以判断，古人心目中有三种符号：第一种是天地所呈现的自然面貌，也就是"道言"或"道说"；第二种是圣人所呈现的"象"，也就是概括天地之象而创制的标志符号；第三种是常人所呈现的"言"，也就是作为规约符号的语言文字。

> 三种符号：道说，象，言。

对于这种符号三分的道理，《庄子》作过多次论述，比如说：

夫精粗者，期于有形者也。无形者，数之所不能分也；不可围者，数之所不能穷也。可以言论者，物之粗

也;可以致意者,物之精也;言之所不能论,意之所不能察致者,不期精粗焉。(《秋水》)

无听之以耳,而听之以心;无听之以心,而听之以气。耳止于听,心止于符。气也者,虚而待物者也。唯道集虚。虚者,心斋。(《人间世》)

> 庄子的符号三分观念。

这两段话的意思都是说:世上的事物有三种,一是可以用语言来表象的事物,也就是有形事物的表面,即"物之粗"。这是可以量度的,可以用耳朵来听的。二是不能用语言,只能用思想("心")来领悟的事物,也就是有形事物的内部道理,即"物之精"。这是不可量度的,只能用"符"来表象。三是无形的事物——"不期精粗"。它既不能用语言,也不能用思想来表象,只能虚气以待。这种符号三分观念,显然是建立在符号怀疑论的基础之上的,认为不同的符号有不同的局限性。不过它重点指出了不同符号在功能上的相对性,认为能够用语言文字来表达的,只是关于具体事实的知识;不能用语言文字来表达,而只能用比喻和体悟的方式来传达的,是关于事类的认识;不能用人类符号来表达,而只能直观、"目击而道存"的,是天地的精微。

(四)"约定俗成"说

"约定俗成"理论阐述规约符号的生成。它最早见于《荀子·正名》:"名无固宜,约之以命,约定俗成谓之宜,异于约则谓之不宜。名无固实,约之以命实,约定俗成,谓之实名。名有固善,径易而不拂,谓之善名。"这段话包含以下五个意思：

(1) 事物没有本来就合适的名称（"名无固宜"）。也就是说，名称和客观事物之间没有本质的必然的联系，名称是为了表认客观事物而设定的符号。

(2) 事物的名称是由人们共同约定，在使用中形成的（"约之以命"）。也就是说，设定符号不能只出发于个人意志，而要经过社会群体的约定俗成。

(3) 通过"约定俗成"，事物慢慢有了合适的名称；如果不是这样，那么名称就不会合适（"约定俗成谓之宜，异于约则谓之不宜"）。也就是说，名的内容是由社会赋予的，是否合适，要看是否符合社会习惯。

(4) 通过约定俗成，名与实相符合了（"约之以命实"），这种名称叫作"实名"。也就是说，"实名"就是通过约定而获得一定强制性的词语或名称。

(5) 如果一个事物本来就有好的名称（"名有固善"），简单明了又不矛盾（"径易而不拂"），那么这种名称就叫作"善名"。也就是说，制作"善名"有两个基本原则：一是"径易"，即简单明了；二是"不拂"，即符合逻辑，名与实之间在意义表达上明确而无歧义。

以上这段话，被看作先秦名实之辨的关键言论，曾经得到反复讨论。有一种意见认为，所谓"约定俗成谓之宜"，应该理解为"根据事物的特性相互约定来给实体命名，命名后被人们承认并广泛使用了就叫作合适的名称"。这个强调"根据事物特性"的意见是有道理的，因为在《荀子》其他言论中可以看到对命名的理

《荀子》：重视命名的理据性。

据性的重视。比如在荀子看来，人类的感觉器官是相似的，对事物的感觉可以通过各种比喻模仿而互相了解。事物名称和名称所指称的事物之间存在像似性联系。[1] 汉字符号的形成可以证明这个理解。汉字造字所采用的象形（描摹物体的外形特征）、指事（用象征的方式描摹事物）、会意（把单体象形符号、指事符号合起来）、形声（把对事物的形象描摹、声音描摹合起来）等方法，都很注意符号在形象和声音方面的理据。也就是说，尽管语言文字属于规约符号，创制之时有一定的任意性，但在汉语言文字符号同它们所指示的对象之间，毕竟存在理据性。由此看来，规约符号有"约定"的一面，也有"俗成"的一面。《列子·杨朱》《公孙龙子·指物论》曾经注意到约定中的某些任意性，即所谓"名者固非实之所取也……实者固非名之所与也""物莫非指，而指非指"，但"俗成"总是要以某种理据作为基础。我们必须重视这个理据性。下面将要说到，同拼音文字的符号相比，汉字符号是有很强的理据性的。

另外值得注意的是："约定俗成"说不仅是一个语言学的理论，它同时还是政治学的理论。《论语·鲁论》说"为政必先正名"，《荀子·正名》说"故王者之制名，名定而实辨，道行而志通"，都表明立名是一种政治行为。这其实关联于一个年代久远的历史传统：王者或酋长必须在仪式场合为事物立名，并加以传播。《礼记·祭

> 立名是一种政治行为。

---

[1] 汲克龙《"约定俗成"意义确解及荀子的名实象似语言观》，《湘南学院学报》2008 年第 3 期。

法》说:"黄帝正名百物以明民共财,颛顼能修之。"《春秋繁露·深察名号》说:"古之圣人,謞而效天地谓之号,鸣而施命谓之名。"这都指出了政治领袖、宗教领袖在符号创制方面的作用。正因为这样,古人有"圣人立象""圣人立则"的理论。《管子·心术上》也表述了这一理论。它说:"物固有形,形固有名,名当谓之圣人。"这话的意思是:圣人不仅创制了像《易》卦画那样的标志符号,而且创制了作为事物名号的规约符号。

三、从仪式角度看上古符号

以上这些学说,保存在经典和关于《周易》等经典的解释当中,反映了后代人对经典之前智慧的理解。这意味着,在中国古代思想史上,有若干一以贯之的传统。从古人对"圣人"的崇奉态度可以知道,这些传统涉及人与天的交通,是因上古仪式制度而形成的。

上古仪式造成了各种同神圣相关的事物,也造成了上古文化中的圣、俗两分。因为关于上古仪式,最简明的定义就是"一整套与神圣事物有关的活动"。所谓"圣",也就是通过仪式进行的神圣行为。那么,仪式有哪些主要内容呢?按照人类学的理论,仪式的功能是通过象征或神话来构建宇宙秩序,获得具有超越性的经验与人生意义;因此,仪式的中心是联系于信仰和表达信仰的神话。而按照《周礼》关于巫觋、卜师、祝师的记述,它主要有巫术、占卜、祭祀三项内容。

对于理解经典前后两个世界的关系来说,仪式的确是一把钥匙。前面说到"立象尽意"等理论,它们的母体是作为占筮书的《周易》,它们是围绕《周易》建立起来的。这种关系,事实上便阐明了仪式在建立思想传统方面的意义。关于这一点,我们将在下面关于孔子的那一节作专门讨论。现在,为了认识仪式对于中国上古符号的影响,我打算谈谈以下三件事情：

第一件事，谈谈具象事类符号——它代表了上古思维的典型方式。

> 具象事类符号：上古思维的典型方式。

前面说过，按照皮尔斯的符号学理论，人类表达对象的符号有三种，即像似、标志、象征。这也可以说是对对象的三种认知方式：像似符号通过对事物外形的摹写来表达事物，标志符号通过对事物属性的揭示来表达事物，象征符号则通过社会约定来概括事物。主流西方学者看重第三种符号，看重由各种具有规约性的语言文字所组成的象征符号；但古代中国人不是这样看的。他们认为，真正的意义存在于事物内部，需要用智慧来穿透；这些意义，是像似、象征这两种常规符号所不能表达的。

古代中国人为什么要强调像似符号、象征符号的局限性呢？因为他们是以神圣活动中的实践为标准的。在古人看来，像似是最常见的符号方式。它对感知加以直接描写，只能传达简单的事实，也就是传达有形的事实，而无法表达具有神圣性的"圣人之意"。象征的主体内容是语言，主要用于日常的人际交流，因而也无法表达具有神圣性的"圣人之意"。对"圣人之意"的合理表达方式是什么呢？他们认为，是形象与抽象相结合，也就是"托象以明义，因小以喻大"。这意味着，我们在第一单元所介绍的那许多神话，在第二单元所介绍的那许多图案，正是作为上古时代的智慧而流传下来的。也就是说，若要了解上古智慧，我们就必须根据关于古人仪式活动的记录，去推测"象"符号的内部意义，在符号之间建立联系和联想。

正是为了认识上古符号，在第二讲中，我们提出了"具象物体符号""具象事类符号""抽象事物符号"三个概念。这些概念有两个效用：第一，从符号形态的角度解释上古文化遗存的表象方式，也就是显示上古人表达思想的三种方式；第二，说明"具象事类符号"的价值——在三种方式当中，它最常见于仪式，是仪式表达的典型方式，因而是上古思维的典型方式。事实上，上古人留下来的符号，特别是那些保留在玉器、青铜器等仪式器具之上的符号，主体上就是"具象事类符号"。比如"龙"就是这种符号。龙是不见于现实世界的动物，但它被上古人普遍信奉，留下了大量具体形象。为什么会这样？这只能解释为："龙"是在仪式上使用的表达某种神秘观念的符号；它不是某种自然物，而是"具象事类符号"。正因为这样，"龙"有另外的原型。我们已经推定：龙的原型是各种脊椎动物的胚胎；或者反过来说，胚胎是龙的直观，是龙的"具象物体"。但作为"具象事类符号"，龙所代表的事类是生命的起源，是生殖和繁衍的神性；人们是通过作为龙的直观形象的胚胎来思考生命的起源，思考生殖和繁衍的神性的。另外，为了说明"经典之前"与"经典之后"在思维方式上的异同，我们指出三者之间有一个演化递进的过程。正如前面所说的那样，这一过程并不是进化论意义上的过程。因为在古人看来，用语言文字构成的"抽象事物符号"，尽管属于第三种符号，但它的表意功能却是低于圣人所立之"象"的。前面说到的"立象尽意"说、"天垂象，圣人象之"说，其理论核心就是表达对"具象事

> 作为具象事类符号的"龙"。

类符号"的推崇。

> 从上古符号的定名制度看规约符号的建立过程。

第二件事，谈谈上古符号的定名制度——它反映了规约符号的建立过程。

我们知道，符号观念是奠基于社会活动的。古人对"圣人之意"以及圣人立象、圣人立名等事件的强调，说明上古时候存在两个符号系统：一个是以"圣人"为标志的神圣活动的符号系统，另一个是日常活动的符号系统。这两者是有很大区别的。"圣"字（"聖"）是由"耳""口""王"三个符号合成的字。分析这个字的原初意义可以知道，在上古人心目中，"圣人"指的就是那些能够谛听超自然的命令和告谕，同自然万物、天神上帝相交流的人。《郭店楚墓竹简·五行》的说法是："圣人，知天道也。"《荀子·哀公》的说法是："大圣者，知通乎大道，应变而不穷，辨乎万物之性情者也。"也就是说，"圣人"就是通神之人；具体来说，是指神圣活动的主持者——王者、酋长、巫师等等。这种人至少承担了两项职责：第一，采用"托象以明义，因小以喻大"的方式，提出并解释那些用于交通神人的符号；第二，为各种新发现的事物立名。

关于上古时期的"立名"，我们在前面引过《春秋繁露·深察名号》一句话，作了提示。这句话说："古之圣人，謞而效天地谓之号，鸣而施命谓之名。"它的意思是什么呢？在我看来，第一，它说到了"古之圣人"立名的原则——"謞而效天地"，也就是模仿大自然中的各种声音，为不同的事物命名。第二，它说到"古之圣人"立名的方式——"鸣而施命"，也就是在仪式场合，把新事物的名称公布出来，传命大众施行。《春秋繁露·深察名号》进一步解释了这个意思。它说:"名之为言鸣与命也,号之为言謞而效也。謞而效天地者为号,鸣而命者为名。名、号异声而同本,皆鸣号而达天意者也。"意思是说:"鸣""命""謞""效"都是立名的方式。从声训关系看,"名"也就是"鸣"和"命","号"也就是"謞"和"效"。之所以称"效"称"号",是因为要传达"天意",要模仿大自然;之所以称"鸣"称"命",是因为要广告大众,要传命施行。

以上这些话,表明古人有两条重要的立名原则:第一,要在仪式中进行;第二,要尊重"自名"或"自鸣"。关于后一条,研究者作过一些讨论。他们在考察上古名物词之起源的时候涉及这一问题,其基本看法是:上古人对事物的命名是讲理据的,比如对动物的命名,要以动物的形体特征、行为特征、习性为理据。其中最重要的一件事,是要根据事物的鸣声来命名。古代、近代都有人讲到这一点,比如东汉人所著《中论·贵验》引子思的话说:"事自名也,声自呼也。"清代人段玉裁《说文解字注》在"鹓"字下说:"凡鸟名多取其声为之。"后来章太炎《语言缘起说》说:"何以言雀?谓其音自足也。何以言鹊?谓其音错错也。何以言鸦?谓其音亚亚也。何以言雁?谓其音岸岸也。何以言鹅?谓其音加我也。" 下面我们还要说道:老子所说的"名",就是指自名。

关于神圣活动的符号系统,有一部古书提供了丰富而具体的说明。这就是被称作"古之巫书"的《山海经》。这部书事实上对仪式活动中的立名成果作了总结。《山海经》只

> 古人立名原则:在仪式中进行;尊重"自名"。

有三万字，篇幅不大，但据统计，书中却出现了2142个专有名词。其中神人（含氏族）225名、郡国128名、山574名、水319名、鸟117名、兽172名、草86名、木111名、虫（含蛇）24名、鱼77名，另外祭祀37名、疾病50名、乐舞13名、器物（饰品、兵器等）38名。[1]这一点同其他书有明显区别。特别有意思的是，对这些专名的记录明显体现了上面说的立名原则：第一，《山海经》的专名基本上是同仪式相关联的名词；第二，在《山海经》中屡屡出现这样的表述：

鸱……其名自号。
颙……其鸣自号。
凫徯……其鸣自叫。（毕方、𪇱𪇱[兽]、当康[兽]同）
精精（兽）……其名自叫。（鲐鲐之鱼同）
鸩……其鸣自呼。（孟极[兽]同）
䳜……其鸣自詨。（从从[兽]同）
鸳鸰……其鸣自訆。（天马[兽]、𪃑𪃑[兽]、狪狪[兽]、𤝱狳[兽]、朱獳[兽]同）

《山海经》的性质：对作为仪式符号的名物的记录。

这就证明，正是由于仪式立名这种为符号定名的制度，《山海经》才得以产生出来。或者从另一面说，《山海经》的性质，就是对仪式符号的记录。

---

[1] 参见贾雯鹤《山海经专名研究》，四川大学博士学位论文，2004年。关于鸟兽草木之名同仪式的关系，下面还要谈到。

为了确认《山海经》所记两千多个名物的性质，我们应该研究一下这部书的叙述方式，比如以下一段文字：

> 又西二百八十里，曰章莪之山，无草木，多瑶碧。所为甚怪。有兽焉，其状如赤豹，五尾一角，其音如击石，其名曰狰。有鸟焉，其状如鹤，一足，赤文青质而白喙，名曰毕方，其鸣自叫也，见则其邑有讹火。(《西山经》)

这段文字使用了一种常见于《山海经》的格式，也就是典型的《山海经》叙述方式。其行文特点是：（1）首先介绍山川，其次介绍草木，再次介绍鸟兽。这说明《山海经》的定名系统是以地区为单元的，也就是说，《山海经》的编者曾经一个地域一个地域地整理定名活动的资料。（2）它对所提到的每种事物都列出专名，采用"自名"的方式来立名。比如"狰"因"其音如击石"而得名，"毕方"因"其鸣自叫"而得名。这就印证了前面所说的立名原则，说明"自名"是古人定名的第一依据。（3）除强调自名外，这部书注意记录各种事物的神奇，比如记录狰"五尾一角"，毕方鸟"见则其邑有讹火"。这种记录在书中很常见，不免引出这样一个问题：这些奇禽怪兽是不是自然之物呢？看起来不是。那么，它们为什么会被记录下来呢？

为了回答这些问题，我们不妨考察一下毕方。《韩非子·十过》说毕方是被黄帝用来"随车"的神鸟，《淮南子·氾论训》说毕方是"木神"，《法苑珠林·审察篇》引《白泽图》又说毕方是"火之精"。而从"名曰毕方，其鸣自叫"这句话看，毕方其实就是"煏炪"，是竹木燃烧时的声音。把这些资料合在一起看，我们就知道：表面上看，毕方是一种长得像鹤的鸟，"其状如鹤，一足，赤文青质而白喙"，其实却不是这样。毕方其实像龙、凤一样，是具有超自然属性的事物。也就是说，它是一个同火和燃烧相联系的"具象事类符号"。为什么呢？因为关于火的来源，颇有些民族神话是说同鸟相关的。比如白族神话《人类和万物的起源》说：一只从天而降的凤凰为了报答舍忽朵和巨鲁王姐弟俩，把一根羽毛变成一把燃烧着的火炬，让姐弟俩把它作为火种，来烧煮食物和御寒取暖。羌族神话《燃比娃取火》则说：人类是在一只喜鹊的指引下找到火神蒙格西的。[1] 由此看来，上古人应该有这样一种认识：自然火种是被鸟带来的。这样一来，人们在表达火的神圣性（也就是抽象性）的时候，就用鸟的形象作为载体了。这其实是《山海经》所常用的符号方式。在《山海经》中有很多专名，比如我们在第二讲讨论神话是用直观符号对上古知识和思想的表达时说到的黑水、昆仑，就是这种代表事类的具象符号。

《山海经》：关于上古神圣符号的大成之书。

总之，根据《山海经》的以上特点可以判断，它是一部关于上古神圣符号的大成之书。它的记录，正是"古之圣人，謞而效天地谓之号，鸣而施命谓之名"这个说法的写照。而古之圣人所立的名，既有专名，也有从专名发展成的"象符号"。因此可以说，只有联系上古人的神圣活动，我们才能认识上古智慧的符号特质。

---

[1] 参见王小盾、沈德康《论神话对于历史的象征性表达：读羌族神话〈燃比娃取火〉》，《四川大学学报》2015年第1期。

第三件事情，谈谈仪式内、外的两种活动——它们是上古符号的两重来源。

我们说的神圣活动与日常活动之分，其实也就是仪式活动与非仪式活动之分。这两种活动是并存的。也就是说，上古之时，在人们通过仪式所建立的神圣世界之外，还有一个世俗世界。这是大家都知道的事实。不过我想强调：仪式是奠基于人群经过社会实践而获得的经历和经验的，是具有制度性功能的，是联系于社会关系的组合形式。所以，日常社会实践必定会接受仪式的影响；同时，仪式又要向日常社会实践吸取符合客观和客观规律（"天道"）的知识。也就是说，仪式行为本身必定包含两方面内容：一是关于神圣世界的信仰，二是来自社会实践的知识。前面说过，信仰与知识两者是相互包容、相互转化的。

> 仪式代表世俗世界之外的神圣世界。

从以上这个圣俗两分的理论，可以引出两点认识。

首先一点认识是：神圣活动只是人类活动的一部分，仪式讲述只是人类符号的一部分。尽管在上古时期，神圣世界对世俗世界施加了强大的控制力，但世俗活动同样积极影响于神圣活动，其经验和知识也构成神圣活动的基础。当我们讨论上古思维的时候，必须注意这一点："不可将神话思维的一切特征，更不可将种种信仰，归结于人与自然界的'尚未分离'，归结于逻辑思想与情感范畴的浑然不分，归结于不善于从具体者进行抽象。"[1] 举个例子：前

---

[1] 叶·莫·梅列金斯基《神话的诗学》，魏庆征译，商务印书馆，1990年，第182页。

面我们谈到古之名号由"圣人"所建、往往发生在神圣活动场合,但这并不意味着立名只是宗教行为。《周礼·天官》说兽人"掌罟田兽,辨其名物"。可见立名原出发于世俗生活的需要。前面说到上古人对事物的命名讲究理据,讲究"效天地",认为"名当谓之圣人"。这也说明,立名是一种客体化行为,以严格的科学观察为基础。

<small>立名以科学观察为基础。</small>

其次一点认识是:如果我们把"科学"定义为通过严肃而持续的观测去发现事物规律,去积累事物规律,去运用事物规律,那么,"神圣"就不等于"迷信";在上古仪式和神话当中,有很多科学成分。《尚书·尧典》关于羲和等人"历象日月星辰,敬授民时"的记述就是一个典型例证。这段记述说道:除羲和外,尧帝曾经分命羲仲、和仲掌管出日、纳日仪式;又分命羲仲、羲叔、和仲、和叔确定春分、夏至、秋分、冬至。确定这些节令的方法是考察"日中星鸟""日永星火""宵中星虚""日短星昴"等等天象。这一记述便反映了上古仪式活动的复杂性:一方面,这段记录中的人物都是神话人物,这些人物表现了由一(羲和)分为二(羲仲、和仲)再分为四(羲仲、羲叔、和仲、和叔)的神奇变化;因此可以肯定,这段话是对上古天体祭祀仪式的反映,而不是单纯的历史记述。就此而言,我们不妨把羲仲、羲叔、和仲、和叔的故事当作神话来看待。但另一方面,在竺可桢、李约瑟等天文学史家看来,这段话却是科学史上的重要史料,或者说,是对科学活动的记录。

因为它既反映了公元前 2400 年前后的天象[1]，又反映了两种太阳祭典——以昼夜为周期的祭典和以回归年为周期的祭典——的对应。特别是，在它的每个细节中都隐藏了一个天文历法数据。这些数据意味着长年的精密观测，说明上古仪式活动有两重性：既是由某种信仰指导的活动，也是采用一定的科学方法而进行的活动。正因为这样，我们认为，在上古时候，中国的天文学达到了很高水平。关于这一点，我们在第六讲"上古天文学的知识特质"中已经讲过了。

> 上古仪式活动的两重性：既是由信仰指导的活动，也是采用科学方法的活动。

总之，以上三件事情说明：在上古时期，仪式是建立符号、传播符号的重要场所。正因为这样，古有"圣人立象以尽意"之说。所谓"尽意"，也就是探知天意。由于要交通天人，所以在仪式上，具有神秘色彩和抽象意义的"象符号"或"具象事类符号"得到了广泛应用。我们在前面谈到的"饕餮艺术"和《周易》卦画（图 8-02），便是这种神圣符号的图像表现；我们在前面谈到的鸱龟神话，则是对这种神圣符号的形象的解释。交通天人是一种严肃的活动，其严肃性有多方面表现：一方面表现为建立符号的理据性，即在立名的时候讲究"名当"；另一方面表现为大量采用科学观测技术，例如通过精细的天象观测来"敬授民时"。由此看

> 仪式是上古人建立符号、传播符号的重要场所。

---

[1] 李约瑟《中国科学技术史》，科学出版社，1975 年中译本，第四卷第一分册，第 168 页。

图8-02

2003年，在陕西岐山周公庙遗址出土的西周甲骨。其右下角的符号被认为是《易》卦符号。

来，古人在仪式上进行的符号活动，是奠基于他们的日常社会实践的。如果说上古时期的神话可以定义为仪式表述，上古时期的造型艺术大都是仪式符号，那么，从上古神话及其造型艺术当中，我们的确可以看到对智慧的表达。

第九讲 上古符号与语言

一、从语言文字角度看上古思维的特性和价值

前面我们谈的是从仪式角度来观察上古思维的特质。除此以外,是不是还有别的观察角度呢?有,语言。

事实上,语言是我们更应该讨论的事物。之所以这样说,是因为,研究者对上古时代的中国语言,进而对同它相关联的思维,都有一定程度的误解。比如,自从西方传来一些神话理论以后,研究者往往作简单移植,用"野性""原始""不自觉的幻想"等概念来定性上古中国人的思维。关于中国神话的思维特征,也有人概括为"主客观的混融与具体的映像""丰沛的情感与神秘的生命""象征的原则与夸诞的形态"[1]。这些说法有没有合理的地方呢?看起来是有的,比如在中国上古神话中的确存在很多由集体表象和巫术仪式积淀而成的认知符号,上古人的确习惯用具体的事物去表现某种抽象的意义。但这些表现在任何文明中都是

---

[1] 高一农《神话思维的基本特征》,《晋阳学刊》2000 年第 6 期。

> 现存神话是神话整体的若干碎片。中国神话所惯用的标志符号，是具有多种功能的抽象概念。

存在的；而且如第一讲所说的那样，这并不属于"不自觉的幻想"和"无意识的虚构"。因为早在新石器时代末期，中国已经有了严密的社会组织、发达的城邦经济和丰富的符号手段；只要稍作分析便可以知道，在这种文明条件下产生的神话，其实是对人类实践和社会关系的一种特殊表达；尽管受到"具体映像"的掩盖，但有深刻的逻辑。这种逻辑需要通过不同神话母题之间的嬗替关系、不同神话思想因素之间的历史源流关系来窥见，因为现存的神话往往是神话整体的若干碎片。关于这一点，第二讲说到的"鸱龟－黑水－昆仑－蓬莱"这个神话系统便是证明。另外，中国神话并非缺少抽象能力。如果把"抽象"定义为"从众多事物中抽取出共同的、本质性特征"，把"抽象概念"定义为"非感性直观的、反映事物属性或事物与事物之间关系的概念"；那么，中国神话所惯用的标志符号或"具象事类符号"，便是具有多种功能的抽象概念。

我的意思是说，从神话来看上古人的思维，容易产生两种盲目性。其中一种是不了解神话词语的本意，妄下判断，因而出现误解；第二种则是片面，以偏概全。为什么说"以偏概全"呢？因为神话只是上古人进行思想表达的一种方式；而上古思维所使用过的符号手段，不只神话，至少还有彩陶花纹，有青铜器纹饰，有各种雕塑品，有作为规约符号的华夏语言文字。

全世界每一种语言都有悠久的历史，华夏语言文字也是这样。语言年代学的研究表明，大约在距今5000年前后，汉语脱离藏缅语而成为独立的语族。接下来，在各种语言内部，又形成了不同的方言——比如以语言年代学的公式计算，大约在距今3500年前后，藏缅语分化出不同的语支。中国各地陆续出土的契刻符号则表现了上古人在进行文字创造方面的努力。这种符号有：河南贾湖遗址的甲骨契刻，距今约8000年；陕西半坡文化的陶器刻符，距今约5500年；山东大汶口文化的陶文，距今约4500年；山东丁公遗址的陶文，距今约4200年。到公元前14世纪，也就是距今3400年前，商族人开始使用成熟的甲骨文。从现在已经出土的15万片有字甲骨看，这是一套采用指事、象形、会意、形声等方法造成的文字系统，拥有约4500个单字。这件事是了不起的，因为甲骨文所代表的文字系统一直生存到现在。当然，这并不是说甲骨文没有发展变化；相反，甲骨文的断代研究表明，这个文字系统在早期发展中就表现出字形简化、单字形声化的趋势。但是，从整体结构看，这个系统却经历了三千多年而未中断；甲骨文在形、义等方面同中古以来汉语的历史传承关系，使它成为汉语史的重要部分。以今例古，可以说，以这个语言文字系统为符号手段的思维，绝不会是"原始的"或"拙劣的"。

> 华夏文字符号的大致年代。

中外学者对中国上古思维的批评，有两个出发点：一是西方文明优越的意识，二是"历史演进一元论"[1]。这两个出发点都是站不住脚的。美国人类学家和语言学家爱德华·萨丕尔（Edward Sapir）曾经论证：文明发展的水平不

---

[1] "历史演进一元论"的含义是：预设所有的社会或文明都必然经历相同的发展阶段。比如认为西方已经从上古、中古演进到近代以至现代阶段，而中国则仍停留在中古时期。参见余英时《论天人之际》，中华书局，2014年，第4页。

等于语言和思维的发展水平。他说:"有关语言的一般现象中,最引人注目的不过是他的普遍性。某个部落是否有足以称为宗教或艺术的东西,那是可以争论的,但是,就我们所知,没有一个民族没有充分发展的语言。最落后的南非布须曼人(Bushman)用丰富的符号系统的形式来说话,实质上,完全可以和有教养的法国人的言语相比。"[1] 这话至少说到两个道理:第一,凡被文化人类学家和语言学家调查过的民族,不管它的文化多么"原始",它的语言总是相对完善的;这语言在结构、形式上的复杂性和系统性,可以与那些所谓"文明"国家和"先进"民族的语言相媲美。第二,如果把以上情况称作"语言平等",那么,它便联系于不同民族在思维能力上的平等。正如乔姆斯基所说:"人脑的初始状态应该包括人类一切语言共有的特点,可称为普遍语法。""普遍语法是一切人类语言必须具有的原则、条件和规则系统,代表了人类语言最基本的特征。"[2] 总之,既然上古思维使用的是同秦汉唐宋元明清一致的语言系统,既然这个语言系统是已经充分发育的大脑的产物,既然上古中国人已经建立了不亚于西方的文明,那么,现代人根本没有理由以"野性""原始""幼稚"等等来批评上古人的思维和表达。

> 没有理由以"野性""原始""幼稚"等等来批评上古人的思维和表达。

---

[1] 爱德华·萨丕尔《语言论:言语研究导论》,商务印书馆,1985年,第19页。

[2] Chomsky, N. *On Nature and Language*, Cambridge University Press, 2002.

以上主要是把古今语言作比较，指出它们的一贯性；但如果把中西语言作比较，那么我们所看到的，却是华夏语言的特殊性。这种特殊性可能影响到思维，值得探究。语言学家萨丕尔和沃尔夫（Benjamin Lee Whorf）的说法是：人们是按照本族语所规定的方式去解剖自然的，讲不同语言的人具有不同的世界图式。或者说，不同的语言会使人们成为不同的观察者，而不同的观察就会有不同的结果。[1] 按照这一理论，我们应该关注华夏语言所隐含的认知上的预设（presupposition），关注语言结构对人们的感知的过滤；也就是说，应该从语言特性的角度来考察上古思维。

> 华夏语言的特点。

以上古汉语为代表的华夏语言有些什么特点呢？很多人作过研究，得到了一些共识。从言语角度看，汉语言文字的主要特点是用一个音节去关联一个概念，并且通过概念的连接来表达意义；同作为屈折语的印欧语相区别，它缺少形态变化。从文字角度看，汉语言文字的主要特点是用具有临摹性或像似性的符号直接表意；同作为记音符号的拉丁文字相区别，它记录概念更为直接，记录表达概念的语音则比较间接。实际上，以上两方面特点——上古汉语在语音上和在文字上的特点——是彼此关联的。

---

[1] E.Sapir, *Couceptual Categories in Primitive Language*, Science Vol.74, 1931, P. 578；B.L.Whorf, *Language: Thought and Reality*, M. I. T. Press, 1956, pp.207-220。参见《现代语言学名著选读》（上册），北京测绘出版社，1988年；《论语言、思维和现实：沃尔夫文集》，湖南教育出版社，2001年中译本。

我们可以就"一个音节关联一个概念"的特点来讨论这种关联。因为这一特点意味着,上古汉语有发达的元音;也就是说,在上古汉语中,元音是重要的表义元素。如果把元音分为钝音(Grave)和锐音(Acute),那么又可以发现一个特别的现象:在上古汉语中,与"大"相关的词语,其元音往往是钝音;与"小"相关的词语,其元音往往是锐音。我们知道,钝音的声学能量是集中在低频率区的,而锐音的声学能量集中在高频率区。另外,一个比较重或比较大的物体,在运动时频率是比较低的;而一个比较轻或比较小的物体,运动时的频率则相对比较高。因此,上述现象说明:从语音角度看,上古汉语也具有用临摹性或像似性的符号来表达对象、表达意义的特点。可见上古汉语是讲理据的语言,往往通过感官来启发思维、表达思维。它的语音、文字都是这样。

关于以上现象,《尔雅》(图9-01)提供了很多例证。比如《尔雅·释诂》记录了一组表示宏大含义的单音节词,即"廓""宏""溥""介""纯""夏""幠""庞""坟""奕""洪""诞""假""京""硕""宇""甫""景""废""壮""将""业""席"等字。在上古时候,"宏""庞""洪"是以 o 为主元音的,

> 从语音角度看,上古汉语的特点是用临摹性或像似性符号来表达对象、表达意义。

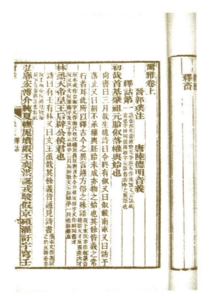

图9-01

"纯""戎""骏"是以 u 为主元音的,而"廓""溥""介""夏""幠""嘏""弈""诞""假""京""硕""宇""路""甫""景""废""壮""将""业""席"等一大批字则以 a 为主元音。这充分说明,上古人习惯用钝音来表示同大相联系的概念。

反观上古汉语表示同小相关联的概念的词语,其主元音则常常是 i 或 e,在上古属脂部、支部、耕部、真部、锡部、质部。[1] 比如"私",《广雅》《方言》都说它的含义是小,"自关而西秦晋之郊、梁益之间,凡物小者谓之私";"私"字上古属脂部。又如从"此"得声之字往往意为小——"佌"代表微小,"柴"代表小木头,"玼"意为"妇人小物","訾"意为小额罚款——这些字在上古都属支部。同样属脂部的词语还有表示斜视(小视)的"睇"、表示小痣的"黳"、表示幼禾的"稺",属支部的词语则有表示微小的"卑"、表示小篓的"箄"、表示小鼠的"鼲"、表示小雨的"洓"、表示小貉的"豯"等等。

> 上古人习惯用钝音来表示同大、长、高、远相联系的概念,用锐音来表示同小、短、低、近相联系的概念。

这样的情况也出现在另外一些同大或小相关联的词语当中。比如,古人习惯用钝音元音来表示长、远、高等概念,用锐音元音来表示近、矮、低等概念。其例证有:表示高明的"阳"、表示远行的"征"、表示久远的"永"和"长"、表

---

[1] 参见李方桂《上古音研究》,商务印书馆,1980 年,第 67—69 页;郑张尚芳《上古音系》,上海教育出版社,2003 年,第 171—187 页。以下关于韵部主元音的构拟,主要采用李方桂《上古音研究》;关于声母以及三等与一二四等的构拟,主要采用郑张尚芳《上古音系》。

示年长的"兄"和"孟",都是使用元音 aŋ 的阳部字;而表示短小腿的"䠊"、表示短上衣的"衹"、表示近指的"摘",都是使用元音 i 的支部字。

值得注意的是,上古人还把空间距离上的远近,引申为情感上的亲疏。比如表示空间距离大的词语,在上古一般是洪音;与此相对应,表示情感疏远,也往往用洪音词。"疏远"的"疏"和"远"就是这样的词——都以 a 为主元音。又如表示空间距离小的词语,在上古一般是细音;与此对应,表示情感亲近,也往往是细音词。"私密"的"私"和"密"也就是这样的词——都以 i 为主元音。除此之外,表示亲近的词语还有"即""亲""昵"等,它们的主元音也是 i。

通过以上现象,我们可以探知一些上古语词的原意。比如"嫡"字,现在人一般理解为"正",认为"嫡子"在古代指的是长子,或正室所生之子;但这一理解其实是有偏差的。《左传·僖公二十四年》说:晋赵衰有两个妻子:姬氏和叔隗。姬氏本来是正室,但她认为叔隗之子赵盾有才,于是请求"以为嫡子",而使自己所生的三个儿子排位在赵盾之下;又请求以叔隗为"内子"(正妻),而把自己排位在叔隗之下。这个故事说明:嫡子不一定是正室所生之子;"嫡子"和"内子"有对应关系。可见"嫡"和"内"一样,意为亲近和亲爱。《集韵》说:"適,亲也。"便保留了这一古义,因为"適"是"嫡"的通假字。

在上古文献中,"庶"字也是同"嫡"相关联的字——它和"嫡"相对,代表家族旁支。这个字的来历如何呢?据考察,"庶"字上古属书母铎部,读音为 *hljags;它其实就是"舍"(上古音为 *hljaaʔ)的通假字。"舍"的意思是废弃。《汉书·匈奴传下》记载匈奴呼韩邪单于选择接班人,"舍贵立贱"。在这里,被"舍"的儿子成了"庶子"。可见"庶子"也就是"舍子",也就是同父亲的关系相对疏远的儿子。在上古时候,"庶""舍"二字的元音都是 a。这和 a 经常表示距离比较远的意思是一致的。比如"遐",也是 a 元音字,表示遥远。"庶"这个字的来历也是如此。

在上古汉语中还可以见到一种引申,也就是从物体的大小引申到人的身份地位上的尊卑大小。所以,表示身份地位高的字往往是钝音,比如,"王""将""相"在上古都是阳部字,元音为 aŋ;"后""侯"在上古是侯部字,元音为长音 o;"伯"在上古是铎部字,元音为长音 a。而表示身份地位低的字往往是锐音,比如"臣"的上古音属真部,"婢"和代表女奴的"嫛"字上古属支部,主元音都是 i。

以上种种说明,在上古的华夏语言中,声音和意义之间是有密切关联的;华夏语言建立概念的过程,也就是把声音和意义的关联加以扩大的过程。从某个角度看,这可以理解为,华夏语言是一种保留了比较多的原始成分的语言。因为人类语言在其初期,总是使用整体不可分的信号;然后才发展出简单的信号组合,也就是表现为本体名词和相应的实义动词的组合。上古汉语既强调音节同概念的关联,又保持了这种关联的单纯性。从这个特点看,它比较接近语言初期的形态。[1] 但从另外一个角度看,这可以理解为,华夏语言有三个特点:第一,它同人类的基本思维形式高度一致;第二,它重视依据感觉来展开思维;第三,它成熟得很早。下面还要谈

> 华夏语言同人类的基本思维形式高度一致,重视依据感觉来展开思维。

---

[1] 参见王士元、柯津云《语言的起源及建模仿真初探》,《中国语文》2001 年第 3 期;姚振武《人类语言的起源与古代汉语的语言学意义》,《语文研究》2010 年第 1 期。

道：汉代人认为华夏语言文字的基本精神是象形达意，南朝人认为华夏语言文字是天人合一的产物，现代人则认为汉语言文字是"表象主义"与"原子主义"的结合。现在可以判断，从语音同思维之关系的角度看，这些说法也是可以成立的。[1]

现在谈谈汉字。我们说汉代人认为华夏语言文字的基本精神是象形达意，是因为，他们把汉字的造字六法表述为"象形""象事""象意""象声"以及"转注""假借"，强调"象"作为汉字基本特征的意义。[2]我们说南朝人认为华夏语言文字是天人合一的产物，是因为，他们提出"实天地之心，心生而言立"的学说，强调汉字重视以观察者（人）为基点的直观。[3]至于现代人对汉字的看法，则有三个要点：第一，认为它总是完整而具体地描绘事物，而且"意象并置"——把若干意象直接联系起来表意；[4]第二，认为汉字是"一种特有的音义一步到位的语素文字"，以"具象""可视"为特点；[5]第三，认为汉字理据性强，表达简洁，固有词素很少变形，便于组成容易理解的合成词，尤其便于组成复合词。[6]把这些看法概括

> 华夏文字富于"意象性"，倾向于"直观代现"。

---

[1] 以上这一大段的论述参考了温州大学青年教师叶晓锋的意见。
[2] 班固《汉书·艺文志》。
[3] 刘勰《文心雕龙·原道》。
[4] 高名凯《汉语语法论》，商务印书馆，1996年，第132页。
[5] 李玲璞《汉字学元点理论及相关问题》，《中国文字研究》2004年第5辑。
[6] 马庆株《理据性：汉语语法的特点》，《吉林大学社会科学学报》2007年第2期。

起来，可以说，同其他文字相比较，华夏人所使用的文字是富于"意象性"的文字，是倾向于"直观代现"的文字。

在这里，我使用了两个西方哲学的术语：其一"意象性"，它是指同"概念性"相区别的认识方式；其二"直观代现"，它是指同"符号代现"相区别的认识方式。意大利哲学家克罗齐说："知识有两种形式：不是直觉的，就是逻辑的；不是从想象得来的，就是从理智得来的；不是关于个体的，就是关于共相的；不是关于诸个别事物的，就是关于它们的中间关系的：总之，知识所产生的不是意象，就是概念。"[1] 这里也讲到"意象"与"概念"的对立。德国哲学家胡塞尔认为：所有认识行为都由直观行为、符号行为两者共同构成。在直观中，意义表现为感知或想象的内容；在符号行为中，意义通过与符号外在偶然的联系而成为观念性的逻辑之物。因此，直观代现具有为各种符号活动奠基的意义。"在质料和被代现者之间的符号代现所建立的是一个偶然的、外部的联系，而直观代现所建立的则是一个本质的、内部的联系。"[2] 这里讲到"意义""直观""符号"三者的关联，而强调直观同意义的直接联系。在这两段话中，出现了"意象"与"概念"的对比，"直观"与"符号"的对比；这正相当于古代中国人所说的"象"与"言"的对比。由此看来，我们可以通过胡塞尔的话来理解古代的中国思维。因为前面讨论的"立象尽意"等理论，正好隐含了一个和胡塞尔相近的认知上的预设：认为"言"的功能是用符号来表达"象"，而"象"的功能则是表达"意"——也就是表达意识界种种经验的"本质"。由于"意"这种本质现象是前逻辑的和前因果性的，是一种"纯粹意识内的存有"，所以必须进行"本

---

[1] 克罗齐《美学原理 美学纲要》，外国文学出版社，1983年，第7页。
[2] 胡塞尔《逻辑研究》第二卷第二部分，上海译文出版社，2006年，第89页。

质直观",也就是通过凝神于具体现象的方式来观察事物的本质。按照这一要求,文字符号应该帮助人从感觉经验返回纯粹现象,还原作为意义之根本的"意"。哪一种思维及其文字符号符合这一要求呢?我们可以毫不迟疑地回答说:是华夏人的思维及其文字。我们都知道,古代中国人是重视进行"本质直观"的,华夏文字正是直接表意的符号。

> "得意忘象"和"本质直观":主张通过凝神于具体现象的方式来观察事物的本质。

从文字体系角度看,以上这种"意象性"与"概念性"的二分,"直观代现"与"符号代现"的二分,也体现为表意文字、表音文字的二分。表意文字就是用图形符号代表语素而不代表音节的文字系统。世界上的文字,比较早出现的那些,都可以说是表意文字,因为它们都是以象形为特点的,比如古埃及的象形文字、巴比伦和苏美尔人的楔形文字。现在,绝大部分民族都在使用表音文字(也称拼音文字),因此产生了文字发展三阶段说——例如英国学者泰勒认为文字的演进是由直接表现进化到表意,再由表意进化到表音。这样也就出现了华夏语言文字不成熟的看法。但如果我们放弃简单的推理,而深入考察历史,那么就发现:这一说法是不成立的。因为世界上并没有哪一种文字完全经历了从象形、表意到表音这样三个阶段。各种古老文字,都是在传播到外民族之后,才演变成表音文字的。或者说,现在各种拼音文字,都是从国外引进古文字作为表音符号而制作出来的,并没有经历表形文字、表意文字的阶段。若要对文字发展轨迹作一个准确概括,那么应当是:从以形表义开始,发展到盛行借音表义，然后在本民族发展为语素文字，在外族发展为表音文字。[1] 比如汉字就是语素文字，日本假名、朝鲜谚文、"契丹小字""女真小字"则是借用汉字而创造的表音文字。由此可见，汉字的表意特点，实质上缘于文化传统的不中断，缘于社会结构的相对稳定，同时也缘于汉语重视意义组合、音节整齐的特点。也就是说，语言和文化支撑了汉字的"意象性"。它们共同构成了一个合理的存在。

> 文字发展的轨迹是：从以形表义发展到盛行借音表义，然后在本民族发展为语素文字，在外族发展为表音文字。

最近二十年，德裔美籍心理学家鲁道夫·阿恩海姆（Rudolf Arnheim）受到中国学术界很大关注。他的一系列著作在中国翻译出版[2]，提醒中国学者重新思考了创造性思维活动和意象的关系问题。因为阿恩海姆根据大量事实，证明了一个同流行理论相反的观点：人的思维活动——特别是创造性的思维活动——是同视觉密切联系的。他的基本看法是，视觉是思维的一种基本工具，具有抽象、分析、综合、补足、纠正、比较、结合、分离、在背景中突出某物等认识功能。思维运行时所依靠的媒介，并不是人们所设想的语言或概念，而是视觉思维活动中的意象。人们以意象为思考的出发点和基础，而这种意象则把知觉、思维两者联系起来，"使人类的认识活动成为一个统一或一致的过程"。同语言

---

[1] 陈蒲清《论世界文字发展轨迹与汉字》，《湖南师范大学社会科学学报》2001年第4期。

[2] 《视觉思维：审美直觉心理学》《艺术与视知觉》，均由滕守尧翻译，四川人民出版社，1998年；《建筑形式的视觉动力》，宁海林译，中国建筑工业出版社，2006年。

相比，视觉思维有三个优点：第一起源于直接感知，第二以视觉意象为运作单元和媒介，第三联系于主体对客体的直接感受和体验。因此，它可以在头脑中自由再生和组合，刺激经验和知识，产生顿悟。相比之下，语言只是作为思维活动主要媒介的意象的辅助者。基于这些看法，阿恩海姆对人的思维提出了一整套新的理解。他不同意把思维分成形象思维和抽象思维，认为既不存在脱离形象的思维，也不存在脱离思维的形象。他的说法是："一切知觉中都包含着思维，一切推理中都包含着直觉，一切观测中都包含着创造。"关于思维的主要媒介，他认为："思维需要形状，而形状又必须从某种媒介中获取。"关于创造性思维的条件，他认为："在任何一个认识领域中，真正的创造性思维活动都是通过意象进行的。""在思维活动中，视觉意象之所以是一种更加高度的媒介，主要是它能为物体、事件、关系的全部特征提供结构等同物。"

> 视觉意象能为物体、事件、关系的全部特征提供结构等同物。

阿恩海姆的理论并不是孤立的、无来由的。古往今来，很多理论家强调过感官——特别是视觉——对于思考的决定性作用。比如古希腊哲学家亚里士多德（Aristotélēs）说："心灵没有意象就永远不能思考。"德谟克里特（Δημόκριτος）说："若不是有影像来接触，就没有人能有感觉和思想。"德国哲学家黑格尔（G. W. F. Hegel）说："唯有通过表象，依靠表象，人的能思的心灵才进而达到对于事物的思维地认识和把握。"康德（Immanuel Kant）说："没有抽象的视觉谓之盲，没有视觉形象的抽象谓之空。"英国哲学家培根 (Francis

Bacon)说:"当视觉停止的时候,思考一般也就停止下来。"这几段话是人所熟知的。它们的含义有些不一样:亚里士多德和培根认为思考是与视觉及其所构造的意象始终相伴的,视觉是思考的必要工具;而德谟克里特、黑格尔、康德则强调视觉作为建立思想之媒介的意义,也就是主张通过感性达到理性。但这些看法有共同点,也就是注意到作为视觉认识的意象在创造性思维活动中的重要意义。正因为这样,它们从不同侧面支持了古代中国人的符号观,因为中国古代符号观正是重视视觉认识的。前面说到,中国古代符号观有两个要点:第一,重视通过意象来进行创造性思维;第二,重视思维对于简单直观的超越。比如《庄子·人间世》所谓"无听之以耳而听之以心,无听之以心而听之以气",便是讲思考("听")、生命印证("气")对于直接感觉("耳")和间接感觉("心")的超越。

> 中国古代符号观的要点:重视通过意象来进行创造性思维,重视思维对于简单直观的超越。

总之,从语言角度看,用"原始思维"来解释中国神话进而解释中国思维是无理的。中国上古思维的各种特点,都应该从智慧形态的角度加以解释。阿恩海姆所说"一切知觉中都包含着思维,一切推理中都包含着直觉,一切观测中都包含着创造"云云,意思就是说智慧有多种表现形态,既有富于逻辑程序和概念推演的形态,也有富于意象和想象的形态。所谓"概念"也是这样,既有以规约符号为主要载体的形态,也有以标志符号为主要载体的形态。过去人在西方中心论的影响下建立的评判思维的单一标准,即使面对我们已经讨论的那些现象——比如用标志符号来表达概念的现象——也显得窒碍难通。而过去人采用这一标准对华夏语言的否定性评价，更表现了对人类语言和思维的复杂性的无知。这种评价有两个代表性观点：其一关于思维，说"东方人的感觉是混沌一片的，他们的概念是含糊不清的"；其二关于语言，说汉语是未开化的语言，是"停留在原始时期化石状态的语言"。[1] 现在，胡塞尔、汤恩比、阿恩海姆等人所提供的资料及相关理论，已经帮助学术界抛弃了狭隘的评价标准；甚至可以说，在汉语或汉文化当中，胡塞尔、汤恩比、阿恩海姆等人看到了人类思维或文化的某种理想状态。在这种情况下，我们的学术任务自然应该有所改变。我们不需要再为中国上古思维的品质和价值加以辩护，而应该深入考察它的特殊性；不仅要把它理解为人类智慧丰富多样性的重要表现，而且要揭示其规律。比如前面谈道：汉语言文字的意象性特点，是和上古中国人采用"托象"的方式来建立认识、表达思想的倾向一致的。那么，这种一致，是否应当理解为华夏语言所隐含的认知上的预设，或者理解为语言与思想的共生？还有一个类似的问题：从彩陶花纹到青铜花纹，从青铜花纹到甲骨文，它们都采用了对于事物作简约化、概括化表达的方式，而这些方式彼此相似。这种相似，如何从历史学角度、符号学角度加以解释？对于我们来说，同评价东方语言和思维的价值相比，这是更为重要的问题。

> 为什么彩陶花纹、青铜花纹、甲骨文都采用了相近的对于事物作简约化、概括化表达的方式？

---

[1] 参见严修《批判高本汉和马伯乐的汉语语法观点》，《学术月刊》1957年第9期。

二、上古图像同语言的关联

当然，解决以上问题，不可能一蹴而就，需要做充分的资料准备。为此，我筹划了三项工作：一是编制关于彩陶器型式和花纹的数据库，二是编制青铜器型式和纹饰的数据库，三是编制原始汉语词汇集。这些工作的目的，是建立一个资料充实的上古符号资料库。假如有了这个基础，相信我们就可以有理有据地去揭示上古图像同华夏语言的关联。不过这是未来很多年以后才能办好的事情，现在还不具备条件。所以，现在我只能就上古图像同语言的关系问题，试着提出一点简单的认识。

在以上论述中，我们多次谈到了皮尔斯的符号理论，也就是把各种符号分为三类：一是像似符号或"类像"，二是指示符号或"标志"，三是规约符号或"象征"。按照这一分类，语言文字大概属于规约符号，甲骨文中的族徽图案大概属于指示符号，彩陶和青铜器上的花纹大概属于像似符号。为什么说"大概"呢？因为有大量跨类的情况存在。

第一种跨类的情况是：像似符号具有指示或标志的功能。或者说，一个符号，既具备和对象相同的性质，表现为"具象物体符号"；又和对象保持一定的距离，表现为"具象事类符号"。相当数量的彩陶花纹、青铜器花纹属于这一情况。商代的饕餮圆雕可以说是这种跨类的典型。比如图3-08中的商代虎食人卣，用接近现实的比例再现了老虎和人的某种关系，在细节上是追求真实的。就它的艺术效果看，可以把它看成是图像，看成是对具象物体的描绘。但正如我们前面论证过的那样，如果把这座雕塑简单地称作"老虎吃人"，那么我们就错了；正确的称呼应当是"饕餮"。"饕餮"这一名称，意味着它已经不是对具体事物的描绘了，而是对某一种观念的表达。这个观念是什么呢？我们在第三讲讨论过这个问题，提出了关于饕餮的三个定义：（1）饕餮是西部民族所崇奉的神灵，以介于人虎之间的动物为标志，以"有首无身，食人未咽""虎齿人爪"为形象特点。(2) 饕餮是具有图腾色彩的神兽，或者说是以虎和鹰鸮等禽兽为神灵的族群。

(3) 饕餮的本质，就是借助兽神而完成的死亡－复活过程，以及关于这一信仰的种种表现。实际上，商代虎食人卣对这三种观念都作了表达，也就是说，再现了"死亡－复活"过程的某个段落。这说明什么呢？说明两点：第一，古人往往通过具体的事物图像呈现叙事过程，也就是呈现某种意义。

> 古人往往通过具体的事物图像呈现叙事过程，呈现意义。

因此，从表象看，商代的饕餮圆雕是"类像符号"或"具象物体符号"，但从功能看，它却是"标志符号"或"具象事类符号"。第二，它是从"具象物体符号"逐渐成长为"具象事类符号"的。以上三个定义，分别代表了这一成长史上的一个阶段——对饕餮神加以表达的属于"具象物体符号"，对饕餮图腾加以表达的属于"具象事类符号"，对饕餮信仰加以表达的则属于"抽象事物符号"。

第二种跨类的情况是：指示符号具有语言功能（视觉语言的功能）。或者说，一个符号，一方面，和对象保持相互依赖、互相提示的关系，表现为"具象事类符号"；另一方面，又脱离具体对象而代表某一概念，表现为"抽象事物符号"。甲骨文中的族徽图案便往往是这样：一方面是指示符号，另一方面又有语词功能。中国神话中的各种专有名词则更进一步，既有具体含义，又有抽象含义。比如我们第二讲提到"黑水"和"昆仑"，便有很多层次的含义。首先，"黑水"的表面含义是指黑色的水或夜晚的河流；和这一含义相对应的"黑水"图,就是像似符号。其次,"黑水"后来指地下的银河,也就是太阳从死亡到重生的通道;如果用立象尽意的方式表达这一含义,那么就会产生一个标志符号。但是最后,在上古神话体系里,"黑水"是代表不死和永生的,成了一个概念词。"昆仑"一词也是这样,有三个层次:首先一个含义是"丘"和"虚",是窟窿。其次一个含义是指坟墓,代表死亡。后来,当自然崇拜转变为祖先崇拜、自然神祭祀转变为祖先祭祀以后,坟墓逐渐升高,成为祭台,昆仑于是被设想为太阳和所有生命的归宿,进而代表幽都和众帝的居处,其含义便相当于"彼岸世界"这一概念。这就是说,"黑水""昆仑"都曾经作为像似符号、指示符号而被使用,后来却成了上古哲学中的概念语词。事实上,中国早期的哲学术语,比如"天""道""气""混沌""阴阳"等等,也都是这样,经历了由指示符号转变为抽象语词的过程——温州大学金理新教授告诉我:"混沌"原来指的是天上的雷。它是一个外来词。

> 中国早期哲学术语都经历了由指示符号转变为抽象语词的过程。

以上情况说明,所谓符号三分说,是一种理论表述,是为满足分析需要而建立的,未必能够概括各种具体事实。在现实的符号现象中,"跨类"或"混合"是很常见的事情。赵毅衡《符号学》曾讨论这一情况,列举了很多指示符号与像似符号相结合的事例,以及像似、指示、规约三种符号成分相混合的事例。[1]这对我们是有启发的。因为这件事说明:从图像到语词,这中间并没有截然的分隔。相反,要理

---

[1] 赵毅衡《符号学》,南京大学出版社,2012年,第87—88页。

解上古符号和上古智慧，就应该去考察上古图像同语言的关联，考察从图像到语词的演化关系。而要进行这种考察，又要注意从图像学角度理解上古语言文字，同时注意从语言学角度理解上古图像。

当我们考察上古图像同语言的关联的时候，我们看到了什么呢？首先看到的，是图像叙事对语言文字的深刻影响。前面谈到汉字富于意象性，便是这一关系的重要表现。同这件事相关联的，还有两个规律性的现象。

> 图像叙事对语言文字有过深刻影响。

一个现象是，世界上各种早期文字都经历了象形文字这一阶段。比如墨西哥的印第安人（即阿兹特克人）使用助记式图形文字，人称"图画文字"（picture-writing）；古埃及人使用象形特征较强的圣书字（图 9-02），人称"图画字符"（pictured character）；而在古埃及语中，"画"和"写"、"绘画"与"文字"、"艺术家"与"书写人"，是分别相同的几组词。

另一个现象是，各民族的早期文字往往同神职人员有关，基本上应用于宗教事务。比如苏美尔人的楔形文字往往出现在神庙里，在每一符号之后，加有发明这个符号的书记员和僧侣的名字。在古印度的印章文字中，所释读出来的印文有"神庙的印章""这里是供奉库耶雅神的祭祀"等等。另外，古埃及的圣书字、美洲的玛雅文字主要记载祭祀日程、祭祀仪式和祷告事项，中国纳西族使用的东巴文则完全是宗教文字。这两个现象说明了什么？英国哲学家斯宾塞（Herbert Spencer）认为：这说明"文字是创于祭司的"。斯宾塞的结论现在受到了一些挑战；关于世界文字的起源，有

图 9-02

人提出了一些不太相同的意见,比如美国学者史蔓特－白斯拉特(Schmandt-Besserat)认为楔形文字起源于三维的陶筹,"起源于粘土标志"[1]。不过,两类意见似乎并无根本的冲突;不可否认,历史上毕竟出现过神职人员与象形文字的交集。这种情况值得深究。我的看法是:这至少说明,神职人员是象形文字的早期承载者,象形文字的早期功能是祭祀与占卜。神职人员与象形文字之间有必然的联系。

> 象形文字的早期功能是祭祀与占卜。

关于以上看法,殷墟甲骨文(图 7-36)可以提供旁证。我们知道,殷墟甲骨文是最早的汉语文字系统,主要由两种符号组成:一是直接模仿事物形状的象形字;二是在结构上模仿事物,与指称对象在结构上相似的会意字。总体看来,

---

[1] 参见卢丁《汉字的起源及早期发展》,《四川大学学报》(哲学社会科学版)1991 年第 3 期;拱玉书《楔形文字起源新论》,《世界历史》1997 年第 4 期。

它有很高的像似性或意象性,所以有人认为它是由图形文字发展而成的"表符文字"[1]。另外,殷墟甲骨文又是用于占卜的文字,把它看成祭司和巫师的文字,是没有问题的。甲骨文对自己的承载者也作了很多记录。据统计,仅仅武丁这一朝,见于甲骨记载的贞卜巫师就有73人,不见于甲骨文记载的贞卜巫师则不计其数。由此可见,殷代有一个庞大的巫师集团。这个集团就是甲骨文字的使用人和承载者。他们把占卜过程和占卜之后的验辞记录下来,刻在龟甲兽骨的卜兆旁边,给殷王和其他神职人员查考。这样一个做法,反映了甲骨文字的主要功能。我们知道,一种文字的性质,是同它的承载者、它的功能相联系的。具体到甲骨文这种意象性文字,其产生和发展自然也是有特殊的社会需要、特殊的社会组织作为条件的。尽管在周代以后,文字拥有更丰富的记录功能,但神职人员和意象性文字的关联仍然斑斑可考。

关于神职人员和意象性文字的关联,《周易》是一个很好的例证。作为"观物取象"的成果,这本书充满了意象性符号。它由两个符号系统组成:一是"象"的系统,主要是由384爻组合起来的64卦卦画,它们构成了对天地万物进行解释的体系;二是"言"的系统,也就是解释卦象的筮辞,它们用相对明确的语言帮助"象"系统完成了符号表意。尽管"象"系统追求像似,注意用隐喻的方法、用唤起体悟的方法同接收者交流;但当两个系统结合为用的时候,属于"象"系统的那些卦象,便分别有了代表不同范畴的意义。如果说殷墟甲骨文是殷商神职人员的杰作,《周易》是周代神职人员的杰作,那么可以说,重视图像表意,进而形成汉字的意象性特点,这件事是同早期书写的宗教功能、同神职人员相关联的。而之所以有此关联,我认为,是因为上古人不仅需要

---

[1] 马显彬《汉字性质新论》,《语言研究》2005年第2期。

表达简单的事实，而且需要了解和表达神秘事物，而只有使用图形符号才能完成这种了解和表达。刘勰《文心雕龙·神思》说："思表纤旨，文外曲致，言所不追，笔固知止。"这段话说的就是日常语言的局限性，于是也提出了如何传达"思表纤旨，文外曲致"的问题。维特根斯坦（Ludwig Josef Johann Wittgenstein）《逻辑哲学论》说："确实有不能讲述的东西。这是自己表明出来的；这就是神秘的东西。"[1]这段话则说到了传达"思表纤旨，文外曲致"的方法，也就是不"讲述"而进行直接展示（"自己表明"）。显而易见，和日常语言相比，图像符号是更接近直接展示的一种表达。

> 神职人员重视图像表意，因为他们不仅要表达简单的事实，而且要了解和表达神秘事物。

根据以上所述，我们不难推测：在历史上，意象性文字是作为图像的代用品出现的。事实上，同神职人员相关联的上古符号，意象性文字属于比重较小的那部分，比重较大的则是各种图像。我们在前面谈到新石器彩陶，列举了其中同天体祭祀相关的图案（图7-27）；谈到"鸥龟曳衔"神话，列举了表达太阳运行主题的图像（图1-13）；谈到饕餮艺术，列举了后母戊鼎等祭祀重器（图3-10）。这些造型物便是上古图像的典型。它们反映了上古图像用于仪式——用于祭祀、祝祷和神话讲述的基本功能。它们证明，图像叙事是上古神职人员的主要叙述方式。正因为这样，才会产生"圣人立象以尽意"等理论。在我看来，"圣人立象以尽意"这句话有一

> "圣人立象以尽意"的含义是：仪式的需要、天人交通的需要，使神职人员建立起了用图像来叙事表意的传统。

---

[1] 维特根斯坦《逻辑哲学论》，郭英译，商务印书馆，1962年，第97页。

个重要意思,是说:作为神职人员的祭司和巫师,确立了用图像来叙事表意的传统,因而也建立了意象性的文字传统。

讨论到这里,前面谈到的那个重要问题——为什么象形文字会同神职人员产生交集?——事实上有了答案。因为"圣人立象以尽意"这句话意味着,仪式的需要、天人交通的需要,使神职人员("圣人")建立起了"立象以尽意"的传统,也就是使用图像符号的传统。把象形文字用于宗教事务,是对这个传统的延续。正因为如此,我们看到这样两个情况:其一,上古图像的数量大于文字记录。比如"鸱龟曳衔"神话,基本上不见于文字记录,却有很多图像遗存。这说明,很多上古神话是以图像和口头讲述为存在方式的。事实上,上古符号遗存的主体就是图像。其二,上古图像的年代早于文字记录。比如彩陶花纹,数以万计,基本上产生在无文字时代。如果说这些图像主体上是仪式叙事的产物,那么可以说,它们正是殷墟甲骨文等神圣文字的母体。也就是说,上古象形文字是从图像符号中脱胎而来的。

三、关于上古图像语言的词汇功能

现在,我们再谈谈上古图像与语言关系的另一方面:图像的语言功能。这一节谈词汇功能,下一节谈语法功能。

通过以上讨论,我们认识到:图像叙事和文字叙事是相互连接的两个阶段。作为符号,图像和文字在形式上有很大不同,但在功能上却具有同一性。这意味着,在上古中国,图像曾经是作为一种语言方式——至少是仪式语言的方式——而被使用

> 图像是一种语言方式,至少是仪式语言的方式。

的。因此，我们应该采用语言学的眼光来认识上古图像，分析图像表达的种种特点。现在，且让我们分析一些例证，来考察上古图像所表现出的词汇功能和语法特点。

（一）"龙"的形象与符号：关于上古图像的词汇功能

现在讲一个大家都熟悉的例子：龙。

在第一讲，我们展示了一些龙的形象，主要是青铜器、玉器中的龙的造型。这些造型的年代都比较早，在新石器时代到商代之间。它们说明：上古"龙"形象联系于不同的动物，比如红山文化有"猪龙"，陶寺夏文化有"蛇龙"，商代玉龙形似老虎等等；但它们却有一个共同特点，即蜷曲、有脊棱。这表明，不同地区的龙可能有不同的像似之物；但到新石器晚期，它却依据一种共同观念，成了超现实的事物，或者说成了抽象事物。在第一讲，我作了一个判断，认为早期龙的原型是各种脊椎动物所共有的胚胎。它所表达的是对生命起源的崇拜。

"龙"对应于不同的像似之物，而代表一种共同观念。这说明，它是超现实的事物，是抽象事物。

关于龙对应于不同的像似之物，有一个例证。1987年，在河南濮阳西水坡发掘出来的蚌壳龙（图9-03）。这是距今

图9-03

六千五百年左右的龙的形象，是现存最早的例证。它果然和后来的龙有所不同：形象是一个四足兽，并不强调蜷曲、有脊棱等形体特征。这个例子可以证明刚才的说法：在不同年代、不同地区，人们对龙的看法，所使用的龙的符号是有差别的。为什么说"龙"是"符号"呢？是因为，濮阳西水坡蚌壳龙毕竟属于龙家族当中的一员；它表明，在新石器时代晚期若干种大同小异的龙形态背后，存在一个共同的概念。

以上这种情况，同样出现在甲骨文当中。甲骨文中的龙符号（图9-04），和早期青铜器、玉器中的龙图像一样，也是形态各异的。这些符号，有的强调巨首蜷身，对应于胚胎形的龙；有的强调大口圆耳，对应于虎形的龙；有的有足，对应于马形的龙；还有一些则加上了代表神性的角，成为抽象的"龙"。关于这种抽象龙的角形符号，下面我们还要讨论。现在可以指出的是：这些角形符号也就是第四讲第三节所说的"辛"符（图9-05），古人又称它为"尺木"。它是兵器符号，象征威权。《山海经》说"凤皇、鸾鸟皆戴蛇"，《河图》说"颛顼首戴干戈"，《潜

图 9-04

夫论·五德志》说"帝喾代颛顼氏，其相戴干，其号高辛"。这说明，上古人曾经把头戴干、戈、戚等兵器——也就是所谓"戴辛"——当作王权的标志。而作为"辛"符号的尺木，则是飞天之龙的象征，也就是作为天神的龙的标志。《论衡·龙虚》引《短书》有一句重要的话，说："龙无尺木，无以升天。"

图 9-05　甲骨文中的"辛"字

如果把以上两批资料进行对比，那么可以发现，在表达"龙"概念的图像和文字符号之间，有多方面的同一性。

"龙"概念的两种表达方式：图像和文字符号。

首先是结构上同一：图像和文字符号都有多种形态，而且，在两者中间可以找到彼此的对应。这说明，图像和文字符号之间有传承关系。其次是符号性质上的同一：图像和文字符号两者都有明显的理据性和规约性——即使是甲骨文，也明显指向了某个像似之物；即使是图像，在符号结构上也同甲骨文相接近。这说明，表达"龙"这一概念的图像和文字符号，都把像似、指示、规约三种成分混合起来了——符号性质彼此相近。再次是抽象方式上的同一：为了表达"神"的观念，图像和文字符号采用了几乎完全相同的装饰方式，比如增加"辛"形符号和尺木。如果说这种装饰方式是当时通用的方式（图 9-06，自左至右，分别是甲骨文"帝""凤""龙"三字），那么可以说，上古时候的龙图像已经具备了语言功能。这意味着什么呢？意味着，龙形象曾经作为词汇来表达特定的概念。

图9-06 甲骨文中的戴"辛"字

事实上,不光"龙"图像,其他题材的图像也有语言功能。这表明,学术界近年来提出的"语图一体"理论是值得注意的。这一理论认为:图像是先民最重要的语言符号,"在文字发明之前的口语时代,原始人主要是以图像符号表达他们对于世界的指认和自己的宗教信仰,描述他们的社会生活和内心世界"[1]。我们在上古文字中看到的来自图像叙事的深刻影响,可以理解为"语图一体"这一古老传统的表现。

(二)"猴"的形象与符号:关于上古图像的方言特性

以上讨论强调了两个认识:第一,上古龙图像具有语言功能;第二,龙图像、龙符号都有形态多样的特点。现在请大家把这两件事放在一起想一想。一旦这样做,我们是不是会产生一个新奇的想象——想象在上古图像中,已经出现了类似于方言的现象?这样想其实是符合逻辑的。因为有两个明确的事实:第一,远古之时中原有许多氏族和部落——据说黄帝之时有万国,夏代有三千国,周初分封诸侯之时有八百国;第二,当时在中原地区产生了以"雅言"(即"夏

---

[1] 赵宪章《文学和图像关系研究中的若干问题》,《江海学刊》2010年第1期。

言")为名的共同语,而"雅言"的对立物便是方言。由此可以断定,夏代前后,中原地区存在很多方言或民族语。现在的问题只是:这种方言和民族语的多样性,是不是在作为词汇的图像上也有表现?

> 方言和民族语的多样性,是否对应于图像词汇的多样性?

为此,我们不妨讨论一下上古时的"猴"名称。

我曾经注意到一个有趣的现象:在上古时候,华夏共同语中没有"猴"这个词。对于灵长类动物,上古中原人或者称"母猴",或者称"猕猴",或者称"狙狙",或者称"夔",或者称"禺",或者称"猱",并没有给它一个固定的名称。这是很有意思的。更有意思的是:在汉藏语系各民族中保留了很多以猴为祖先的神话,也就是说,汉藏语民族普遍认为猴与人有血缘上的关联。在这两个现象之间,是不是存在某种联系呢?

图 9-07　西藏扎囊县桑耶寺壁画中的神猴

为了解决这一问题,我搜罗并分析了汉藏语系18个民族的猴祖神话,总共找到50个神话。我从主题角度、历史形态角度、语言谱系角度——从三个角度对这些神话进行了分类。最后发现,各民族表示"猴"的语音符号,是和不同的猴观念联系在一起的。比如壮语、仫佬语中的"猴"

（mulau），发音接近上古汉语的"猱"（*mlu），既指猴，也指氏族祖神。如果把 mulau 当作一个类型，那么，属于这一类型、发音与此相近的上古汉语词另外有"犹""猷""夒"等，它们也指形象像猴或者人的动物。又比如缅语、彝语、怒语、白语、拉祜语、哈尼语、基诺语、傈僳语、独龙语中的"猴"（myok, mjok），发音接近上古汉语的"沐"（*moog），既指猴，也指猴神。如果把 myok 和 mjok 当作一个类型，那么，属于这一类型、发音与此相近的上古汉语词另外有"禺""为""猕猴"三个名称，它们也指形象像猴或人的动物。另外还有两个类型：一是水语、澄语、毛难语、布依语中的"猴"（mon, mu:n），发音接近上古汉语的"蒙""狱""方良""罔两"，既指猴，也指山怪和木石之怪；二是藏语、羌语、仡佬语中的"猴"（spre, Ruasa），发音接近上古汉语的"猳""玃""狙""猪"，含义是巨猴或小猴。[1]

怎样来理解以上这个情况呢？首先可以推测，古汉语关于灵长类动物的许多词语是来自其他民族语的，它们构成同源词的关系。其次可以推测，这些猴名称包含感情和评价，甚至隐含了具有特定内容的故事，因此，它们有不同的神话作为支持，而这些神话是跨民族传播的。再次可以推测，这些和特定神话相联系的语言符号，应该是不同民族的特定图像的代用品。比如纳西象形文字中有个代表灵长类动物的字，按照纳西巫师的解释，这是"象人"的符号，可以假借为"祖先"，代

> 猴名称：作为和特定神话相联系的语言符号，是不同民族的特定图像的代用品。

---

[1] 王小盾《汉藏语猴祖神话的谱系》，《中国社会科学》1997 年第 6 期。

表人之"生"(图9-08)。[1]这个字便有"形""义"两方面内容:一方面代表"猴"概念在纳西族中的形象,另一方面代表"猴"概念在纳西语言中的基本内涵。

图9-08 纳西文中的"猴"字

窥斑见豹,既然在汉藏语的不同民族中有不同的猴祖神话,而这些神话也通过猴名称得到了表达;既然纳西族的象形文字是用于仪式的,它的造型来源于其他图像;那么可以相信,汉藏语各民族塑造了各不相同的猴祖形象,猴名称是依靠这些形象而成为规约符号的。由此可以引出一个结论:上古时期的图像的确具有类似方言词的功能。

四、关于上古图像语言的语法特点

现在我再举两个例子,从结构角度——也就是从语法角度——对上古图像语言加以讨论。

(一)蹲踞式人形:关于上古图像语言的语法特点

在全世界的早期艺术中,有一种图案很常见。这就是双手半上举、双腿半下蹲的人形图像。它们被称作"蹲踞式人形"(图9-09),出现在很多地区的岩画和早期器物上面。德国学者劳梅尔(A. Lommel)、中国学者汤惠生等把它们解释为地神、生殖神、祖先神的合体,认为它们是伴随萨满教而流传的。[2]这个说法有大量实例支持,可以成立。

---

[1]《纳西象形文字简谱》第407号字,云南人民出版社,1995年,第70页。

[2] 汤惠生、张文华《青海岩画》,科学出版社,2001年,第64—78页。

从形式角度看，这种图像可以分为两类：第一类是连续式，成组出现在大型岩画当中；第二类是独体式，单独出现在岩画和其他器物上面。连续式的岩画多见于广西左江花山地区。这里的岩画中有很多蹲踞人，比如图9-10。这幅画中心部位的蹲踞人是祖先神，他身材高大，正在接受许多小人的欢呼礼拜。在祖先神周围，有些蹲踞人身旁画有圆环形图，或五角星形图。据研究，这些符号代表生殖的神性。至于独体式蹲踞人，则可以用青海卢山岩画和仰韶文化陶器作为例子。前者和牦牛、鹰、北山羊等动物绘在一起（图9-11）；后者则有一条长长的尾巴（图9-12）。正是这条长尾，显示了蹲踞人所葆有的生殖崇拜的含义。

现在要指出的是：在现有的蹲踞人图像中，独体式占有非常大的比重。见于彩陶、青铜器上的蹲踞人图

> 两种蹲踞式人形：独体式的和连续式的。

图9-09　意大利梵尔卡莫诺山谷岩画（年代为公元前6000年）

图9-10　广西左江花山岩画

图 9-11　青海卢山岩画　　　　　图 9-12　仰韶文化陶器

像，都是独体式，比如甘肃东乡祁扬盐场出土的马家窑文化彩陶罐中的蹲踞人图像（图 9-13）、商周青铜器上的蹲踞人图像（图 9-14）。在现代的陕北剪纸中，也可以看到这种蹲踞人图像（图 9-15）。这些图像还有一个特点：其中独体蹲踞人图像表现了很明显的程式化倾向，亦即保持双手半上举、双腿半下蹲的姿态。这种程式，应该就是跨文化符号的特征。也就是说，正因为代表了特定的概念，它们才能够跨越时间、空间而传播，并在传播中保持比较稳定的内涵。这事实上也是早期语言的特点。德国语言学家赫尔德（Johann Gottfried von Herder）在

图 9-13

图 9-14

288 ｜ 经典之前的中国智慧

图9-15

《论语言的起源》中说:"语言越原始,其语法就越少,而最古老的语言仅仅是一部自然的词典。"[1]这句话里有两个语言学术语:一是"语法",指的是词的形态变化与词的组合方式的变化;二是"自然的词",指的是没有形态变化的词。

这句话的意思是说:在语言发展的早期,词汇的形态变化是很少的,词与词的组合方式很简单。这就像早期图像那样:主要是程式化的独体式图像。

> 图像语言越原始,其语法就越少,最古老的图画是由独体式图像构成的。

各位是不是知道:在各地的岩画中,连续式图像所占的比例是随着年代推移而增长的——年代越早,岩画中的独幅图像就越多。这意味着,早期语言和早期图像有相近的发展线索。因此,我们不妨用赫尔德的理论来概括图像的发展规律,也就是把他的话改成这样一句话:图像语言越原始,其语法就越少,最古老的图画是由独体式图像构成的。

---

[1] 赫尔德《论语言的起源》,商务印书馆,1998年,第65页。

以上这种情况，不免让我们想到了仪式。因为早期图像的主要功能是用于仪式叙述，而仪式叙述是综合声音、图像和身体动态语所作的叙述。在这种叙述中，一般用图像来表示专有名词，而用身体动作（包括手指的比画）来表述事物的关联以及事物的动态。正因为这样，在早期语言和早期图像中，都可以看到语法简单的特点，也就是独体式图像所占比例较高的特点。在早期典籍中也可以看到这一特点。比如记录远古仪式事物的《山海经》有两个文体特点：其一是叙述程式化，其二是缺少动态描写。可以想象，和《山海经》相配合的图像，其语法同样是非常简单的。

（二）彩陶中的撒种人形纹和卍纹：关于图像语言的组词方式

刚才说到，为了考察上古中国的符号和思想，我们正在编制中国新石器彩陶花纹的数据库。这项工作，目前主要由伍三土博士承担。我们最近有一个收获，即对甘肃地区马家窑文化陶器上的一批图案——以撒种为主题的图案——作了系统分析。前面在第四讲讨论"饕餮艺术的起源和早期历程"的时候，我已经说到这种图案。我说到，在图案上反复出现了四个元素：一是植物种子，二是人，三是编织袋，四是飞撒。其中编织袋有多种变形方式：既有由网纹组成的葫芦形，也有貌似田地的菱形（图4-09）。在第七讲讨论"上古科学联系于对彼岸世界的长期观察"的时候，我又讲到撒种图案的抽象形式或简化形式，比如图7-24就是用一系列几何图形来代表撒种主题四个要素的——外圈的颗粒串代表植物种子，中间层9个圆圈代

> 彩陶图像的多样性表现为组词方式的多样性。

表编织袋,中央部位的 X 形代表人,同心圆代表种子的飞撒形态。请大家注意观察这两幅图:从形式上看,它们的差别很大,图 4-09 比较具象,人、种子、编织袋的形象都依稀可以辨认;图 7-24 则比较抽象,种子、人、编织袋、飞撒这四个要素都用几何图案来作表达。但它们的文化成分是彼此相近的——同样由四个要素组成,同样讲述了一个关于神人向四方播撒种子、让编织袋中的生命化为无穷生命的故事。这就说明,撒种主题彩陶的图像语言,结构和图案单元都比较固定;如果把图案单元看作词汇,那么可以说,彩陶图像的多样性往往表现为组词方式的多样性。

这里有必要对图 7-24 中间层的圆圈作一补充解释。之所以把这 9 个圆圈看作是对编织袋的表达,理由在于,我们对彩陶中类似的圆圈作过比较研究;经过多方比较,我们判断,编织袋主要表达为网纹和用网纹、菱纹组成的圆圈。比如在图 9-16 当中,人被表达为陶壶口部的竖线,种子被表达为陶壶颈部的颗粒圈和腹下部的垂帘式弧线,抛撒被表达为加粗的同心圆;剩下的便是编织袋,既表达为口部的网纹,又表达为腹部那些用网纹、菱形纹组成的圆圈。也就是说,图 7-24 中间层的圆圈,其实是图 9-16 腹部圆圈的简化形式。关于这一判断,图 9-17、9-18 也可以作为证明:图 7-24 中间层的圆圈,同样是图 9-17、

图 9-16 彩陶壶,出土于甘肃广河

9-18 上腹部圆圈的简化形式。

以上这个例子,反映了我们主要的工作方法:为了辨认种子、人、编织袋、飞撒四个要素的各种变形方式,我们对目前所掌握的 380 多个关于撒种主题的彩陶样本,系统地作了比较。比如,为了理解图 9-19,我们曾经拿它和图 9-17、9-20 相比较。我们对图 9-19 的解释是:它口部的竖线和 X 形线都是人体的简化形式,它腹部的箭镞形花纹代表长着毛发的手臂;它对植物种子、飞撒两个要素作了比较抽象也比较隐蔽的表达:飞撒被表达为颈部复写的粗线,种子被表达为垂帘式的弧线。也就是说,"人"这个要素,在图中既表达为身体、手臂,也表达为身体和手臂的抽象。为了强调某个要素,同一幅彩陶图案往往会容纳几种不同的关于这个要素的变形方式。图 9-17、9-20 可以证实和补充这个判断。因为图 9-17、9-20 同样对植物种子、飞撒这两个要素作了隐蔽的表达,即把种子表达为垂帘式弧线,把飞撒表达为复写的圆圈。它们也同样夸张地表达了撒种之人:图

图 9-17　彩陶壶,出土于甘肃兰州土谷台

图 9-18　彩陶壶,出土于甘肃省

图 9-19　彩陶钵,出土于甘肃永靖扬塔

图 9-20　彩陶壶，出土于甘肃永靖塔坪

9-17 陶器腹部绘的是人身，口部绘的是人手臂的变形，人腿下方有一个小图案强调了人体的长毛；图 9-20 也分三处表达了人这个要素，腹部圆圈内的折线和口部的箭镞形图案都是手臂的变形，圆圈周围的人字粗线是人体的抽象。我们另外还推测：以上几个样本出土地点相近，内涵相近，应该是同一个族群的作品。相比之下，图 9-16 所代表的是另一个崇拜编织袋的族群。

以上情况，不妨比作图像语言中的词汇变化，变化的主要方式是简化和变形。可以说，其中比较具象的图像也比较原始，代表了变化之前的语词；比较抽象的图像则比较后起，代表了变化之后的语词。也就是说，对种子、人、编织袋、飞撒四个要素，古人作了不同的表达；这些表达方式之间的关系是历史形态的关系。比如图 4-10 左使用了两种语言方式来表达飞撒：一是陶器颈部的旋涡纹，二是陶器腹部的同心圆纹。这两种花纹是有共同性的：它们都围绕表种子的圆点而展开；正因为这样，我们判断它们都是对飞撒行为的表达。但它们对"飞撒"这一行为的表现方式是不一样的：旋涡纹比较具体，保留了对抛物这个细节的模拟；同心圆纹比较抽象，把飞撒概括为圆形的发散。因此可以推测，两者反映了飞撒纹的两种历史形态：旋涡纹代表比较原始的形态，同心圆纹代表比

> 图像语言中的词汇变化，主要方式是简化和变形。

较后起的形态。上面说到，飞撒曾经被表达为复写的圆圈，或者进而表达为复写的粗线。这些表达就更为抽象了，可以理解为更晚起的历史形态。如果使用语言学的术语，那么可以说，在表达飞撒植物种子这一行为的时候，上古人采用了隐喻、转喻、进一步转喻的组词方式。

> 为表达飞撒植物种子这一主题，上古人采用了隐喻、转喻、进一步转喻的组词方式。

关于图 4-10 左，我觉得有必要再多说几句话。因为在它的花纹中，不仅有关于飞撒的多种表达方式，而且有关于种子的多种表达方式。陶器口部的细密波浪纹，陶器颈部的瓜子形波浪纹，陶器腹部的垂帘式波浪纹，对种子作了三重表达。除此之外，图中还出现了种子与人首的复合、种子与飞撒纹的复合。这些复合的内在逻辑是容易窥见的：人首和种子有一个共同特质，即它们都被看作灵魂和精神的寄寓之处。由此看来，种子与飞撒纹的复合，其意义是代表生命的出发。各位是不是明白了以上两个意思：第一，请注意，图 4-10 左对于种子进行了三重表达。下面将要谈到，三重变形，这种图像语言的组合方式是很常见的。比如前面谈到的图 9-17、9-20，在表达人这个要素的时候，都采用了三种变形方式——也就是使用了三个内容相同但形式不同的词。第二，请注意，图 4-10 左表明：在撒种主题的图案中，除变形而外，还有一种基本的组词方式——复合的方式。

> 三重变形是图像语言的常见组合方式。

当我们使用"组词方式"这一词语的时候，我们实际上把一幅彩陶图案分成两个层次了：其一是整幅图案，相当于一个文句；其二是它所包含的若干单元，相当于若干词汇。

正是因为有这样的层次之分，我们才把复合和变形都看作"组词方式"。更进一步，可以说，变形造成的是单纯词，复合造成的是合成词。比如在图7-24、9-16那里，我们看到了编织袋形与抛撒形的复合，也就是看到了"抛撒编织袋"这样一个图像合成词；在图4-10左那里，我们看到了种子与人首的复合、种子与飞撒纹的复合，也就是看到了"有灵魂的种子""辐射生命的种子"等图像合成词。

> 通过变形造成单纯词，通过复合造成合成词。

现在，我们再来看看两种复合：一是种子与人体的复合，二是种子与人形及飞撒纹的复合。前一种复合见于图9-21陶器腹部，也就是见于表编织袋的几个网状纹之间。在这里，人这个要素是用带毛边的竖线来表达的，种子则被描写成女性生殖器的形状。可以推测，这里用种子与人体的复合表达了种子孕育生命、产出生命的观念。后一种复合见于图9-22腹部中央部位：用两个半圆代表种子，用种子中的小折线代表人的手臂，用环抱它们的三圈同心圆代表飞撒。把这三个要素结合起来看，可以推测，这个复合图表达的是通过飞撒种子而向四方辐射生命的观念。总之，复合是图像语言自我更新的重要方式。如

图9-21 彩陶壶，出土于甘肃永靖塔坪

图9-22 彩陶壶，出土于甘肃兰州土谷台

果说变形类似于隐喻和转喻，那么，复合就是把单纯词组为合成词以造成新的词义。

不过，作为图像语言，彩陶图案却有一种特殊性：它不是日常语言，而是仪式语言。这有一个重要表现，即习惯采用多种形式来强化某一主题——不仅用许多图案重复表现撒种主题的四个要素，而且在同一幅图案中容纳这些要素的多种变形方式与复合方式。比如在图9-22中，既用两个半圆来表达种子，也用垂帘式弧线来表达种子；既用种子中的折线来表达人，也用同心圆下方的"人"字形线条来表达人。在图9-21中，除掉腹部表人与种子的复合纹外，它用陶器口部的竖线对人这个要素作了再次表达，用颈部的同心圆粗线对飞撒这个要素作了再次表达。这种情况说明什么呢？说明：这些陶器不是日常用品，而是仪式用品；由于这一性质，它们有相对固定的同生命崇拜相关联的主题。换句话说，陶器上的图案其实属于非现实的语言，即面向彼岸世界的语言。正因为这样，无论是变形还是复合，它都表现了抽象化或几何化的趋势，也就是说，古人用抽象图案来表达对现实的超越。为了说明这种抽象化或几何化的趋势，我们再讨论几幅陶器图案。

> 变形类似于隐喻和转喻；复合则是把单纯词组为合成词，以造成新的词义。

> 古人习惯用某种抽象来表达对现实的超越。

图9-23。这是一幅陶器俯视图，完整地包含了种子、人、编织袋、飞撒四个要素。种子表现为三个圆圈，编织袋表现为环抱种子的网状纹，飞撒表现为六组平行的抛物线，人表现为外圈上的连续小折线。这幅图的特点是：把四个要素都抽象为几何花纹，并且把它们均匀地分成三个对称。可以推测，

图9-23 彩陶单耳盆俯视图,原物出土于甘肃兰州花寨子

图9-24 彩陶壶,出土于甘肃广河

图9-25 彩陶壶,出土于甘肃省

"三"是这个陶器所属族群的神圣数字。

图9-24。这幅图也用高度抽象化和几何化的图形表达了对"三"的崇尚。图中有三种主体花纹:一是代表手臂的三组折线纹,一组在颈部,两组在腹部;二是表现种子的三条环线,两条是颗粒组合,一条是垂帘纹;三是颈部表抛撒的三条平行线。它和图9-23不同,它把人的手臂当作构图中心,并且用既平行又加粗的折线表现了手臂、抛撒这两个要素的复合。相比之下,编织袋(表现为器口的网纹)被放在较不重要的位置。可以想象,这一组花纹代表崇尚手臂的人群。

图9-25。这幅图的主题是人和种子。人有三种简化形式:一是口部的竖线,二是腹部的梅花瓣,三是腹部的连续折线。种子也有三种简化形式:一是颈部的连续颗粒纹,二是腹部的梅花瓣,三是腹部的连续小圆圈。为什么说梅花瓣既是人的

简化形式又是种子的简化形式呢？因为它是由人和种子这两个要素复合而成的。由此看来，这幅图隐含了两个神圣数字：其一是"三"，图中人和种子都有三种简化形式；其二是"五"，也就是用梅花纹的五个花瓣代表人首和四肢的组合。

以上，我们一共列举了13幅以撒种人为主题的图像。从中可以得出以下几个认识：

第一，在新石器时代的彩陶中，存在一批由种子、人、编织袋、飞撒四个要素构成的图案。这种图案数量很多，但结构却很稳定，有相对固定的组词方式。这说明，它们有共同的思想和信仰的基础。

第二，彩陶中的撒种人主题是农业文明的产物。它所表达的核心思想，是对生命的神秘信仰。图案对人的毛发的强调，包含图腾意味，意味着对原始力量或神性力量的崇拜。图案中的种子往往与人首同位，代表生命和灵性的源泉。种子往往被描写为女性生殖器形，则表达了通过种子孕育生命、产出生命的观念。撒种母题的四个要素，分别代表了生命（种子）、创生的动力（人和人的手臂）、生命的储存（编织袋）和生命的辐射（飞撒）。尽管这些要素可以通过不同方式进行复合和组合，但其中有一个核心，即表达了通过飞撒种子而向四方辐射生命的观念。

> 撒种母题的符号规则：以种子代表生命，以编织袋代表生命的储存，以飞撒代表生命的辐射和繁衍，以人和手臂代表创生的动力。

第三，撒种主题是中国新石器时代彩陶的重要主题。这一主题之所以重复出现在380多个陶器之中，乃因为它是农业祭祀的产物。也就是说，撒种主题彩陶器其实是仪式用具，是献给神灵的艺术品。正因为这样，它们使用了非现实的语言，也就是属于彼岸世界的语言。这种语言以抽象化和几何化为特征。前面说到，上古中国人认为，"圣人"的语言方式是"立象尽意"的方式，或者说是"托象明义"的方式。撒种主题彩陶图案所展示的，正是这种语言方式。它有两个比较重要的表现：其一，在以"三"为神圣数字的年代，它习惯在同一幅图案中，采用三种变形方式来表达某个要素，以显示图形的神圣性；其二，它采用图像简化、图像复合的方式来实现抽象化。这也就是撒种主题彩陶组词方式的特点。正因为这样，彩陶图像越来越多地使用了包含几何语言在内的数学语言。

彩陶图像语言的数学化，造就了许多几何形符号。

第四，以上所说彩陶图像语言的数学化趋势，有一个重要结果，也就是产生了许多几何形符号。比如撒种人这个要素主要有两种简化形式：一是表人体的 X 形纹，二是表手臂的折线纹——都是几何形符号。这两种符号也多见于后来的玉器纹饰和青铜器纹饰，说明它们在上古仪式中得到了广泛应用。值得注意的是：X 形纹后来还发展为米字纹、十字纹、井字纹和梅花纹——例如图 9-25 中的梅花纹、图 9-18 中的米字纹，都是从 X 形纹演化而来的。折线纹后来也发展为连山纹和卍字纹——例如图 9-24 中的连山纹、图 9-26 中的卍纹，也是从折线纹演化而来的。

另外，只要把图 9-26 和图 9-25、9-27 作一对比，我们就能发现，以上两种表神人的花纹，正是卍字纹的祖型。大家知道，在上古符号研究领域，卍字纹的起源问题是最受关注的问题。有人认为这种花纹已经具备汉字方块的形式结构,是"刻划在六千年前甘肃马家窑彩陶文化陶器上的一个汉字",是从彩陶花纹中的"蛙形变来的"[1];另外有人认为,它"代表一个种族的图腾符号",是"白狄的族徽"[2]。这两种看法不免有猜测成分,相比之下,以下一个看法更有说服力。这就是通过多方考察,判断卍字纹是甲骨金文中的"巫"字的前身,"是原始人类进行宗教活动所表演的各种舞姿集中艺术化的体现"[3]。事实上,最接近历史真实的认识就是这个以巫人为原型的认识。不过,我们还可以把话说得更准确一些,即新石器彩陶中的卍字纹,其原始含义是一个撒种子的神人。图9-28、9-29都把这个神人放在图案中央,而用代表编织袋的圆圈、代表飞撒

图 9-26　彩陶壶,出土于甘肃康乐范家

图 9-27　彩陶壶,出土于甘肃康乐范家

新石器彩陶中的卍字纹,初始含义是一个撒种子的神人。

---

[1]　黄羲平《蛙与回文汉字》,《人民日报》(海外版)1983 年 3 月 18 日第 8 版。

[2]　陈惠《内蒙古石棚山陶文试释——中山国族属探源》,《文物春秋》1992 年增刊。

[3]　王克林《"卍"图象符号源流考》,《文博》1995 年第 3 期。

图 9-28 彩陶盆俯视图,原物出土于甘肃永登蒋家坪

图 9-29 彩陶盆俯视图,原物出土于甘肃乐都柳湾

"卍"在彩陶图案中所表现的各个历史形态,都反映了文字的雏形。

的五角形平行线纹来环绕它,最后在外圈画上代表种子的菱形串和垂帘弧纹。这两幅图画,再明显不过地显示了卍形符号的初始意义。换句话说,卍字纹和图 7-24 中央的"十"字、图 9-20 圆圈中的折线纹、图 9-22 圆圈中的小折线、图 9-25 圆圈中的梅花形一样,是对撒种之神人的表达。由此看来,考察彩陶器中的撒种主题图案,有一个重要意义,即可以揭示卍字纹等图形符号的来源。

不过,从我们现在讨论的问题看,考察彩陶器撒种主题图案有另外一个重要意义,即揭示彩陶图案同语言文字的关联——既然"卍"最后演变成为一个汉字,成为一个规约符号,那么,它以彩陶图案形式所表现的各个历史形态,其实都反映了文字的雏形。

第十讲　经典世界和前经典世界的
　　　　　隔阂与沟通

一、《老子》"始""母""名""道"等概念的原型

关于经典之前的中国智慧，前面谈了几个有普遍意义的问题：符号特质问题、立名方式问题、符号与仪式的关系问题等等，另外也从语言学角度分析了上古图像的功能和发展特点。讨论这些问题，是为了对上古文化的面貌作一个总结，也就是从理论上消化前几讲从神话、艺术、科学三方面对这个面貌的展示。现在，还有一个重要问题需要讨论，这就是在经典形成时期中国思想所面临的转折。这个时期也就是学界所说的"轴心突破"的时期。我打算通过两个具体人物来谈谈这一时期。这两个人物，一个是老子，另一个是孔子。

> 问题：经典形成时期中国思想所面临的转折。

关于老子和《老子》一书，最重要的记录见于《史记》。根据《史记·老子韩非列传》的记载，老子是春秋后期人，当过周王朝的守藏史。他的年岁略长于孔子，所以传说孔子曾经向他问礼。关于孔子和其他人向老子问学的记载，见于

《史记》中的《孔子世家》《仲尼弟子列传》以及《礼记》《庄子》《列子》等书。因此，老子生活的年代是可以大致确定的——这就是公元前571年之后的几十年。当然，《老子》一书的跨度是超过这几十年的。在此之前，存在过管仲、晏婴、郑子产、叔向等思想家，也存在《诗》《书》等历史文献和种种先人之语，这些思想资料在《老子》一书中有所保留；在此之后，又有人对《老子》一书进行加工和补充。因此不妨说，《老子》是经典形成时期的著作。正因为这样，它对于我们的讨论有典型意义——它反映了从经典之前到经典之后思想和文化的过渡。

关于老子的思想，以往学者作了很多讨论。主要有这样几个看法：第一，老子是中国早期哲学家的代表，提供了最早的以探讨宇宙本原本体为主题的哲学体系，开辟了具有超越性的致思方向。第二，老子探讨宇宙本原本体的目的是寻求人类生存的最高原则，比如"法自然"的原则、"无为"的原则和"守中"的原则。所以，他的学说在当时有现实意义，是一种独特的救世学说。第三，老子学说的核心概念是"道"。这个"道"被看作天地万物的本原和最终根据，存在于每个具体事物之中。对"道"的追求，也就是要遵循对立事物相互转化的规律，以自然无为的方式回到事物的根本。第四，老子运用类比的方法阐述了他的生命哲学，比如以母、牝、地、水等来说明"道"对于万物生命的总根源性。正因为这样，德国哲学家黑格尔评论说："老子是东方古代世界的精神代表者。"当然，黑格尔也说过："东方古代世界是精神的儿童时代，是人类从感性的感觉走到普遍的意象阶段，走到概念理解阶段，进而认识事物的心灵，它的真实的本性。"[1]

黑格尔的这些话，可以从两面去看。从消极方面看，他对中国哲学

---

[1] 转引自高定彝《老子道德经研究》，北京广播学院出版社，1999年，第43页。

的表达方式不太了解，因而有一个思维进化史的假设，即假设中国思维、希腊哲学是精神成长史上的两个阶段，中国思维代表精神的儿童时代，希腊哲学则代表精神的成年时代。由此出发，他对上古中国人在概念体系、思维方法上的特点作出了消极的评价。不过从积极方面看，黑格尔却说到了老子哲学的特点：同孔子相比较，老子建立了普遍的意象，能够通过同意象相关联的概念体系来认识事物的本质。

> 老子哲学的特点：建立了普遍的意象，能够通过同意象相关联的概念体系来认识事物的本质。

现在，我们打算进行的，正是对老子哲学这一特点的考察。具体做法是：以"道"的相关概念为例，考察老子通过意象建立概念体系、揭露事物本质的特殊方法。

自然，我们要讨论《老子》首章，也就是以下一段话：

> 道，可道，非常道。名，可名，非常名。
> 无名，天地之始。有名，万物之母。
> 故常无欲，以观其妙；常有欲，以观其徼。
> 此两者同出而异名，同谓之玄。玄之又玄，众妙之门。

这段话大家都很熟悉。经过几千年讨论，有两件事是明白的：第一，它是把"道"当作万物始原来作论述的；第二，它因此展开了几组具有对立关系的概念——"始"和"母"、"无名"和"有名"、"无欲"和"有欲"等等。但是，其中仍然隐藏了一些未明了的问题。比如，"始"和"母"、"无名"和"有名"、"无欲"和"有欲"，这三组概念的分界标准是什么？这三组概念两两对立，对立的本质是什么？另外，老

> 老子建立"始""母""名""道"等概念的经验依据是什么?

子为什么要强调"名"的问题或言说的问题?这和他的"道"概念是什么关系?

他建立这一概念是否有经验依据?如果有,那么是依据哪种经验?这些问题,是包括王弼在内的古今学者都没有弄清楚的。

正因为这样,我们要去讨论它。下面我想提出我的答案。作为现代人,我认为我们有一个有利条件,也就是可以采用人类学的视角,利用关于上古符号的系统认识,把以上问题转换为"始"和"母"等相关概念的原型问题。不过,解答这一问题并不容易,需要三个步骤。

第一个步骤,了解上古中国人的生育观。

从人类学角度看,上古中国人对于"始"和"母"的认识是同对生育的关注联系在一起的。关于这种关注,古文字"子"字是一个重要例证。根据殷周古文的写法和《说文解字》的解释,古文"子"字反映了婴儿脱胎而出时的情形。反映的方式有二:一是描写头发,比如"岀";二是描写两足相并的形象,比如"㝢"。其他早期辞书也说到相近的意思。它们认为:动物出生之时,人类婴儿首先露出来的是头和头发,四脚兽露出来的是鼻孔,所以古人用"首"和"鼻"来代表开始。这说明,古人对生命降临这一刹那的情景特别关注。

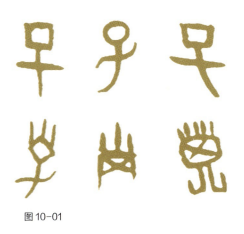

图10-01

第十讲 经典世界和前经典世界的隔阂与沟通

但是，根据我们在第七讲第一节当中的讨论，"子"字的本来含义是"兹生"。在甲骨文中，它写成胚胎在子宫当中的形状，代表生命的起始。这意味着，"子"字不仅代表出生之"始"，而且代表孕育之始。正因为这样，"子"字有几个分化字：一是"了"，《说文解字》说它指的是无臂之"子"；二是"孑"，《说文解字》说它指的是无右臂之"子"；三是"孓"，《说文解字》说它指的是无左臂之"子"。可见这三个字代表"子"在胚胎之中手臂不分明的状态。或者说，"孑""孓""子"本来是一个字，三者的关系属于把古文字所见的异体别写成几个不同的字。为什么会这样呢？我认为，这是因为要反映胎儿发育时期的不同状态。

我们知道，在甲骨学中有一个问题：既然"子"和"巳"字形几乎完全相同，那么，它们是一个字还是两个字呢？我们在第七讲第一节给出了一个答案，认为这两个字是同一个字的分化，"子"代表胞胎（子宫）中的子，"巳"代表脱离胞衣而出生的子。不过，这样说还嫌简单。根据《说文解字·包部》的表述，这里面有一个比较复杂的关系。《说文解字》的说法是：

> 包，妊也。象人怀妊。巳在中，象子未成形也。元气起于子。子，人所生也。……怀妊于巳，巳为子，十月而生。

这话的意思是说："包"这个字代表妊娠，字形模仿妇女怀孕的形象。"包"字中间有一个"巳"的符号，表示没有成形的"子"。"子"既是元气的起始，又是刚出生的小孩，还是这个怀妊时的"巳"。这中间的关系大致可以图解如下（图10-02）：

子	元气 →	巳（子）	胚胎（包） →	子

图10-02

可见在古人看来，巳也就是子（"巳为子"），不过它是处于胞胎之中、"未成形"的子；子也就是巳，不过它是元气方生、未成胚胎之形的巳。子和巳的基本关系是：有"元气起"时候的子，有"未成形"时候的子，也有"十月而生"时候的子；巳代表子在"怀妊"阶段（也就是胚胎初成之阶段）的形态。从元气生长的角度看，巳是子的发展，所以古话说："阳气生于子，终于巳。"[1] 而从胚胎生长的角度看，

> 生命的三次发生：一是作为元气的发生，二是作为胚胎的发生，三是作为婴儿的发生。

巳代表子的一个发展阶段，也就是由未成形而逐渐成形。总之，古人认为生命是通过多次发生而得以完成的：第一次是作为元气的发生，起于子，终于巳；第二次是作为胚胎的发生，起于巳，终于子；第三次则是作为婴儿的发生，以成形之子为起点。

以上是第一步的讨论，结论是：为了了解"始""母"等概念，我们首先要了解古人的生命发生观。现在我们知道，在古人看来，生命有三次开始。

第二个步骤，了解古人关于个体生命之起点的看法。

值得注意的是：在以上三次开始当中，古人比较多地谈到后两次，特别是"怀妊于巳"的那一次。《广雅》说："妊"就是"娠"。《说文解字》说："娠"就是"女妊身动"。可见在古人的心目中，"妊"指的是最早感知胎动时的身体状态。这时，生命的表现形式是"胎"，也就是"㠯"（在古文中，

---

[1] 桂馥《说文解字义证》卷四八引宋代毛晃，中华书局，1987年，第1308页上。

"胎"和"㠯"是同一个字)。《说文解字·巳部》曾经说到古人对这个生命状态的表达,说:"巳,意巳实也。象形。"意思是"意巳实"这个形象是"㠯"的原型。我们知道,"意巳"也就是"薏苡"或"苤苢";由于"苤苢""胚胎"声符相同,所以"意巳"也就是"胚胎"。[1] 由此可知,"㠯"这个符号,既代表植物的种子,又代表人类的种子。这意味着,古代那些讲吞卵而生人的神话,或者讲吞食圆形果实而生人的神话,其实都是讲胚胎孕育生命。这些神话表明,古人对于胚胎具备卵形的那种状态很关心。这种状态也就是"怀妊于巳"的状态,相当于"妇孕三月"。

> 吞卵而生人的神话,吞食圆形果实而生人的神话,实质上是关于胚胎孕育生命的神话。

现在,我想提一个问题,请大家试作回答。我问的是:在古人的观念里,个体生命是什么时候开始的?是出生的那一刻吗?我们已经习惯了这一看法,因为西方人就是这样看的,他们称作"born"和"birth"。是怀孕的那一天吗?也有可能,因为《说文解字·肉部》说过:"腜,妇孕始兆也,从肉,某声。胚,妇孕一月也,从肉,不声。胎,妇孕三月也,从肉,台声。"意思是:新生

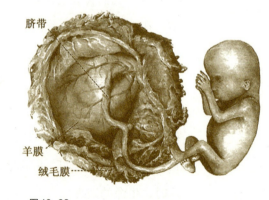

图10-03

---

[1] 参见闻一多《匡斋尺牍》,《闻一多全集》第1册,生活·读书·新知三联书店,1982年。

命的早期生长经过"膜""胚""胎"三个阶段,"膜"是最早的阶段。不过,现在我要给出一个不同的答案:是"妇孕三月"、形成胚胎之时。这样说有证据吗?有!"胎"这个字就是证据。因为在古汉语当中,"胎""始"两个字同声符,说明"胎"就是"始"。《尔雅·释诂》也明确说过:"胎……始也。"这就是说,在古人的心目中,人类生命的确是以妇孕三月所产生的果实——"胚胎"或"芣苢"——为起点的。

以上这个判断,从科学角度看是很有道理的。现代医学的观察表明:人类受精卵发育到第三个月,有两个重要变化,第一是迅速成长为胚胎,外生殖器分化成形,可以辨认性别;第二是早孕反应加剧,出现胎动,有明显的生命体征。正因为这样,古人用"胚"或"胎"对这种状态作了指称和描写,比如老子说:"人受天地变化而生,一月而膏,二月血脉,三月而胚,四月而胎。"[1]《文子》《淮南子》等书也说过类似的话。这进一步证明,古神话中的薏苡、意巳、芣苢、巳,正是"妇孕三月"之胚胎的象征。

> 古神话中的薏苡、意巳、芣苢、巳,是"妇孕三月"之胚胎的象征。

从以上这件事,我们可以了解中国古代生命观的特点:重视观察,重视阴阳属性。具体地说,上古中国人之所以重视妇孕三月的胚胎,一方面因为它生长迅速,造成了"娠",这就是《说文解字·女部》所说的"娠,女妊身动也";另一方面因为它已经有了可辨认的外生殖器,有了阴阳的归

---

[1] 见《文子·九守》的引文,《文子要诠》,复旦大学出版社,1998年,第68页。

属。也就是说，在古人看来，个体生命既是以被人感知为起点的，也是以阴阳始分为起点的——性被看作人的生命的标志。受孕则是另一个起点——无法直观的、生命史前史的起点。

从以上这件事，我会联想到另一件事：古人的生命观，是如何传播开来的呢？前面讲到，是仪式——上古人的知识和观念都是依靠一定的仪式而传播开来的。所以，"三月为始"的生命观必有一定的仪式表现。表现为哪一种仪式呢？高禖。根据《吕氏春秋·仲春纪》《周礼·地官·媒氏》等文献记载，上古时代的高禖仪式有这样几个特点：第一，它是在冬至之后三个月，也就是春分"玄鸟至"之时举行的。《吕氏春秋》说："是月也，玄鸟至。至之日，以太牢祀于高禖。"第二，在仪式上要表演男主角与若干个女子的交合。《吕氏春秋》的说法是："后妃率九嫔御。"第三，仪式上还要把一位"有娠"的妇女陈列在祭坛之下，称她为"所御"，对她行礼。《礼记·月令》郑玄注说："所御，谓今有娠者。"第四"礼所御"的主要程序是：向"所御"敬酒，为她佩带弓和箭套，并且把弓矢插入弓箭之套，以此代表神灵向她注入精气。概括起来说，从参加高禖仪式的女主角中可以分出两种人：一种是将"御"之人，她们是未怀孕的；另一种是"所御"之人，她们是"有娠"的。前一种人将在高禖仪式上真实地受孕，后一种人则需要通过象征性的交合仪式而使新生命再度出发。这两种人的代号分别是"朕"和"胎"。前一种人（"朕"）是仪式上的主体，所以这仪式称作"高禖"；后一种人（"胎"）是"妇孕三月"之人，推算起来，她们是在冬至前后受孕的，所以被称作"有娠"。"有娠"是仪式的中心人物，所以从高禖仪式中结晶出了包括吞食薏苡、苤苡在内的许多感生神话。[1]

---

[1] 参见王小盾《中国早期思想与符号研究》，上海人民出版社，2008年，第726—736页。

> 古代"日始"观，认为寅时是一天的开始。

高禖仪式包含这样一个道理：在古人看来，从冬至开始的阳气生长的过程，是和人类胚胎的成长同步的。古人因此认为，一个在子月受孕的生命，它的人生历史开始于寅月。由此看来，《尚书·尧典》所记载的"寅宾出日"仪式，也是同这个生命观相关联的。各位是不是还记得：我们在前面讲过，这是一种迎日出的仪式，寅时开始，巳时结束，以帝喾为神主。正是这个仪式使人们建立了特殊的"日始"观念，也就是认为寅时是一天的开始。《史记·历书》说："昔自在古，历建正作于孟春。于时冰泮发蛰，百草奋兴，秭鴂先滜。物乃岁具，生于东，次顺四时，卒于冬分。时鸡三号，卒明。抚十二节，卒于丑。"这段话又见于《大戴礼记·诰志》，也说"虞夏之历，建正于孟春"云云。它的意思是：从虞夏以来，历法就是以孟春为一年之始的，因为这时万物蛰出，百草奋兴。一天的始末也是这样：以鸡叫三遍的寅时为开始，以鸡叫第一遍的丑时为结束。这样就形成了从"平旦寅""日出卯"到"鸡鸣丑"的计时制度。在敦煌写本中，我们看到过很多以十二时为格式的曲子辞，说明以"平旦寅"为一日之始的观念源远流长。现在我们知道，这是同古人的生命观相联系的。

以上是第二步的讨论，结论是：在古人看来，生命有三次开始，其中最重要的是"妇孕三月"那一次。有很多迹象表明，古人早就了解生命的产生过程，有受孕的知识。但不知为什么——也许是由于某种传统——在很长一个历史时期，他们忽略了受精这个环节，而强调胎动这个环节。在他们看来，人类生命、宇宙生命都有几度出发；如果不要求直观,那么最早是冬至之时和受孕之初的"始",也就是所谓"阳气始生";如果强调直观,那么最重要的是春分之时和妇孕三月的"胎",也就是所谓"阴日损而随阳"。以上讨论表明,古人重视的是直观的生命之始。

> 古人重视直观的生命之始。

第三个步骤,确认《老子》"始""母""名""道"等概念及其原型。

讨论到现在,我们事实上已经解答了"始"和"母"这两个概念的原型问题。答案是:老子所谓"始",其原型就是胚胎;所谓"母",其原型就是生育。根据这一理解来看老子所说"无名,天地之始;有名,万物之母"这句话,可以看出以下三个意思:

第一,生命是分为"无名""有名"两个阶段的。当生命处在胚胎阶段的时候,它没有名号;而当它脱离母胎,发出第一声啼哭之后,它才有了名号。

第二,"天地之始"也就是"阴阳之始"。一旦生命进入胚胎阶段,它就有了性别之分,也就是有了阴阳之分。它从此进入有生命而无名的阶段,所以说"无名,天地之始"。

第三,古人习惯在仪式上确认新事物,而对事物命名又要尊重自名,所以说"有名,万物之母"。

以上最后一句话,意思是说:老子之所以要用"无名""有名"来划分"始"和"母",是因为两者之间有一个命名仪式作为分界。关于这一制度,我们在前面已经讲过了。现在再补充一个例证:根据《大戴礼记·保傅》记载,上古时候有一种"卜名"的制度。卜名之时要依据新生儿的哭泣声,吹铜管定律,然后命名。这个记载进一步证明,老子之所以把"有名"当作"母"的标志,乃因为立名是一种仪式行为。

不过,老子所建立的"名"概念,是一个哲学概念,而不再是礼仪概念了。所以他说的"无名",其实是指未识别、未主观化的状态。意思是像胚胎那样,保持着未分辨以前的"常",也就是保持着一般性和普遍性。一旦胚胎通过牝门产出,它便被符号化了,获得"名"了。因此,"有名"代表生命的一个新阶段,也就是由一般进入具体的阶段。在这个阶段,生命被识别了,同时也被分裂了——分裂为"名"和"实"两部分。

了解了以上道理,我们也就懂得了"名,可名,非常名"的含义。这句话的意思是:事物的本质是不可以言说的,可以言说的只是它的暂时的表象。譬如在胚胎阶段或共同性阶段,事物没有名号,但因此也就有了永存恒在之名;而事物一旦明确其名分,它便脱离这种一般性和共同性,而成为具体的短暂的生命。

进一步,我们也懂得了"道,可道,非常道"的含义。这句话的意思是:在胚胎阶段或共同性阶段之前,或者说在"无名"阶段之前,有一个"元气"阶段或者说"常无名"的阶段。"道"是这个阶段的开始,也就是"元气起于子"的"子",因而代表了比"无名"更高的普遍性和一般性。显而易见,这个"道"也是不可以言说的。

前面说过,在《老子》中,"道"这个概念是代表万物本原的。很多学者确认了这一点。但为了了解"道"的原型,我们应该进一步研究《老子》对它的阐释和描绘。比如第一章说"玄之又玄,众妙之门",第六章说"玄牝之门,是谓天地根",这说明"道"是"众妙"和"天地"的根源,可以比喻为"玄牝之门"。第六十二章说"道者万物之奥",第四章说它"渊兮,似万物之宗……解其纷,和其光,同其尘,湛兮似或存……象帝之先",这说明"道"不仅是万物奥藏之处,而且是"纷""光""尘"等精微元素的始原。

讨论到这里,"道"的原型是什么?这个问题的答案可以说是呼之欲出了。首先可以确定,这个"道"是有原型的。其次可以确定,这个比"纷""光""尘"还要玄妙的"道",形象接近"玄牝之门"的"道",它的原型就是胚胎之前的那个生命起点,也就是受精卵。这一点是不难理解的。因为在《老子》中,"始"的原型是胚胎,"母"的原型是生育,所以,"道"的原型一定是胚胎之前的那个生命起点。事实上,《老子》对"道"的形象的描写,也正是以受精卵为模本的。比如第十四章说"道"是"视之不见""听之不闻""抟之不得"的事物,是"无状之状,无物之象";第二十一章说"道之为物,惟恍惟惚。惚兮恍兮,其中有象。恍兮惚兮,其中有物。窈兮冥兮,其中有精。其精甚真,其中有信"。这些话强调了"道"的两个特点:一方面,它是无形状、无声响、无边界的存在;另一方面,它不是绝对的"无",因为它恍恍惚惚地表达了某种"象""物""精""信"。请问各位:在人们的经验中有这种东西吗?我知道,很多人是认为没有的;但我认为这种东西确实存在。因为,既然"道"不脱离现象界,是恍惚中的"象"和"物",并且联系于"玄牝"这一概念,那么,"道"的形象只能理解为受精卵的最初形象,或者理解为生命"元气"将发而未发的形象。

以上是第三步的讨论,结论是:老子哲学是以上古时代的生命发生观为思想素材的。按照这种观念,人类的个体

> "始"的原型是胚胎,"母"的原型是生育,"道"的原型是受精卵——代表生命"元气"将发而未发的状态。

生命开始于妊娠之时，也就是怀孕三个月胚胎初分阴阳的时候。在这以前，受精卵是作为元气存在的；到婴儿降生，生命则离开本来形态，而取得了现实的形态。老子依照这一观念，以最初的受精卵为原型，创造了"道"的概念。

按照这个结论，《老子》首章所说的"故常无欲，以观其妙；常有欲，以观其徼"这句话，便可以看作对事物运动的概述。现在我们知道，这句话的意思是：道的运动是从"妙"（精微）到"徼"（归终）的运动。在"无欲"而合于道的阶段，天性和"常"是保全的，因此，在"常无欲"的状态中可以看到天地万物的起始和精微。接下来是"有欲"而反常移性的阶段。在这个阶段，名利声色都泛滥起来，人们从"常有欲"的状态中，所观察到的是事物的衰亡和终结。

二、从老子哲学体系看"近取诸身"的思维方法

讨论到这里，老子所建构的哲学体系便清楚地呈现在我们眼前了。比如他提出了一个"道生一，一生二，二生三，三生万物"的宇宙演化图式。现在我们知道，在这个图式中，"一"代表玄牝所生一元之气，"二"代表由元气凝结而分为两仪的胚胎，"三"代表经母腹降生而形成的万物。也就是说，在老子心目中，有这样一个宇宙生成的结构（图10-04）：

> 在老子哲学中，"一"代表玄牝所生一元之气，"二"代表由元气凝结而分为两仪的胚胎，"三"代表经母腹降生而形成的万物。

	元气阶段		胚胎阶段		万物阶段	
道	常无名	始	无名（常名）	母	有名	
	一		二		三	
玄之又玄，众妙之门		妙	无欲		有欲	徼

图 10-04

我们在这一讲开头提出了一些问题。现在这些问题都可以回答了：

第一，"始"和"母"，"无名"和"有名"，"无欲"和"有欲"，这三组概念的分界标准是什么？答案是：这三组概念有一个形象的分界标准，也就是脱离胚胎状态，在世上降生。

第二，这三组概念两两对立，对立的本质是什么？答案是：对立的本质是"人的一般"成为"人的具体"，是"自然人"成为"社会人"。

第三，老子为什么要提出"道"概念？答案是：是为了摆脱社会伦理、宗教意识对思想的束缚；为了建立纯粹思想的意识，促进思辨地思考；为了发展辩证思维，向思想赋予更深刻的逻辑。

第四，老子建立"道"的概念依据哪种经验？答案是：老子是以人类生育为经验依据来建立"道"的概念的。

还有一个问题：老子为什么要强调"名"或言说？这和他的"道"概念是什么关系？关于这个问题，我也打算提出一个答案，只是需要多说几句话。

"道"和"有名"的关系是老子哲学中最重要的关系。人们通常认为《老子》首章的重点是对"道"的言说，以及言说的局限性。这多少有些误解，因为"道，可道，非常道；名，可名，非常名"云云，乃指向"道"和"有名"的对立，而不是"道"和"可道"的对立。通看《老子》全书，可以说，它的中心线索就是论证"有名"对"道"的遮蔽，以及由"有名"向"道"回归的必要性。这有很多例证。比如《老子》第二章所谓"天下皆知美之为美,斯恶已;皆知善之为善,斯不善已";第十二章所谓"五色令人目盲,五音令人耳聋,五味令人口爽";第十八章所谓"大道废,有仁义,慧智出,有大伪,六亲不和,有孝慈,国家昏乱,有忠臣";第八十一章所谓"信言不美,美言不信,善者不辩,辩者不善,知者不博,博者不知"。这些篇章中的"美""善""色""音""味""辩""知"和"美言""仁义""慧智""孝慈""忠臣"等等,正是"名"的典型表现,代表了对于"道"的某种遮蔽。

实际上,老子心目中的"有名",主要不是说对事物的言说和体认,而是说自名。比如"美""善""五色""五音""五味",既然天下皆知,那么主体上可以归为体认;而"辩""知""美言""仁义""慧智""孝慈""忠臣"这些"大伪",则在主体上属于自名。面对这两者,老子的态度是有区别的:他明确表示自名比体认更为丑恶,认为在有名世界所有混浊邪恶之中,最坏的是对名位的争夺。这种批评态度,说明他之所以要提出"名"的问题,主要目的并不是讨论言说的有限性,而是讨论言说的非道德性。另外,由于"道"和"有名"处在本和末这两个极端,也处在虚静和混乱这两个极端,所以《老子》对"道"的表述和对"有名"的批评是一体两面的事情。从"有名"一面看"道",可以知道"道"是无色、无音、无味、无所谓是非善恶的事物,甚至如第十三章所说是"无身"的事物。而从"道"的一面看"有名",则可以知道它是反常移性的事物,令人"恶""不善""目盲""耳聋",

> 老子的"有名",主要不是说对事物的言说和体认,而是说自名。

是导致"六亲不和""国家昏乱"的"大伪"。前文所示明确表现了这种对立关系。

以上情况表明,老子事实上是经典形成时期中国哲学的代表,标志着中国智慧进入了一个高潮。从内容看,他提出了一整套哲学概念,他的表述已经大不同于以前的表述——比如我们在神话和图像中看到的表述。通观《老子》全书,在那个时代尚占主流地位的思想意识——尊崇礼制、祖先神和上帝的宗教意识——已经不见踪迹;相反,一系列新的概念,比如"道""玄德""自然""无为""无欲""无名""柔弱""素朴""损""益""大象无形""绝圣弃智""小国寡民"等等,源源不断地产生出来。上古思维向经典时代过渡的特点,或者说向高度的抽象思维挺进的特点,在《老子》中有充分的表现。

不过从形式上看,老子思想却是和传统表述密切相关的。《老子》像前面说到的神话表述那样,往往把形象的语汇用为概念术语,它的概念往往联系于某种仪式;它也像其他上古符号那样,重视直观的思维方式,特别是"取诸身"的方式。《易·系辞》对这一方式作过陈述,说:"古者包羲氏之王天下也,仰则观象于天,俯则观法于地,观鸟兽之文与地之宜,近取诸身,远取诸物,于是始作八卦,以通神明之德,以类万物之情。"在这段话里,最核心的词语就是"观"和"近取诸身"。我们在前面说过:《老子》首章所表现的思维方式的特点,也正是"观"和"近取诸身"。"观"的表现是通过直观而选

> 老子哲学重视"观"("玄览"),亦即采用形象和观念相结合、具体和概括相结合的词语,采用类比的方法,来阐述抽象的道理。

择胎动之时为生命起始,"近取诸身"的表现是以人类生育的过程来类比宇宙的发生。关于这个"观",老子又曾表述为"玄览"。他主张在"涤除""专气""致柔""虚静"等修养活动的基础之上,通过"玄览"而达到对"道"的体认。这个"玄览"学说,同样反映了老子哲学和中国传统思维的又一个共同点,即采用形象和观念相结合、具体和概括相结合的词语,采用类比的方法,来阐述抽象的道理。

可以补充的是,所谓"近取诸身,远取诸物",这种观察方法是通过代复一代的仪式行为而固定来的。举个例子:老子哲学中的无名之"始"和有名之"母",便是在高禖仪式和诞生礼仪的影响下形成的两个概念。我们知道,在后稷神话中有"践大人迹身动如孕者"的说法。有人认为,这表明上古仪式中有表演受神人感应而怀孕的节目。显而易见,这个节目所表现的正是古人对妊娠之始的观察和关注。而前面说到的高禖仪式,则也对上古人的"始胎"观作了反复强化。唐孙思邈《备急千金要方》卷二说:"妊娠三月名始

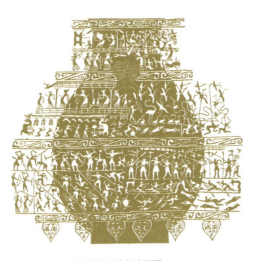

图10-05 河南辉县铜器上的高禖图

　　这件战国铜壶今藏北京故宫博物院。它的花纹反映了高禖仪式的场景:有枝叶繁茂的桑树,有采桑的人,有歌舞的人,有接运桑叶的人。桑树左侧和下方则是持弓矢做射击状的男子,他们用射击来象征交媾。参见郑志《战国铜器上的"高禖"图考》,《中原文物》1994年第3期。

追寻古代思想及其思维方法的仪式基础。

第十讲　经典世界和前经典世界的隔阂与沟通　｜　319

胎。当此之时，未有定仪，见物而化。欲生男者操弓矢，欲生女者弄珠玑。"这种胎教礼俗，可以相信同样是来自古远的。

另外，在诞生礼仪中，除"卜名"外，有"洗三"等项目。"洗三"又称"三朝"，也就是在婴儿出生第三天举行洗浴礼仪。这是流传很广的风俗活动。比如台湾少数民族的洗儿方式是母亲带着刚出生的小孩在"三朝"之时同浴于溪水，云南摩梭人在小孩出生的第三天举行拜太阳仪式，西藏藏族人则把出生第三天的小孩涂满黄油放在太阳底下晒。这反映了以"三"为人之始的观念遗存，同时也意味着对"母"的意识的强化。由此观察老子哲学，可以判断，在老子之前，"元气之始""胚胎之始""母子之始"这三种生命起始理论已经流行了；其中对老子影响最大的是"胚胎之始"的观念，所以他有"无名万物之始"一说。不过，他重点对"元气之始"的观念进行了加工，由此建立了一个作为生命本原的"道"的概念。他依靠对人类生育过程的细致观察来建立自己的哲学体系，这是对于"近取诸身"的思维方法的继承和创造。

> 老子创造性地继承了"近取诸身"的思维方法，依靠对人类生育过程的细致观察，建立起一个周密的哲学体系。

总之，所谓"原型"，其实就是哲学观念、哲学范畴所依据的社会生活。从原型角度来看老子哲学，我们便知道，它并不是一个偶然的现象，更不是难以理解的现象。一方面，它对上古文化中的智慧因素作了充分吸取；另一方面，它顺应时代要求使中国思维的超越性和创造性出现了质的飞跃。它在思维内容、思维方式两方面所表现的特点，都可以说是经典形成时期中国智慧的结晶。

三、从上古图文献看孔子诗学

关于孔子,大家已经了解了很多。在我看来,他有三个特别重要的功绩:第一,他是中国第一位教育家,开创了私家教育;第二,他的思想形成体系,在以后两千多年里,成为东亚思想的主流;第三,他整理了六部经典著作,用于教学,从而开辟了中国思想和文化的经典时代。由于这三点,他成了一位划时代的人物。也许各位都会同意我的看法。

> "划时代"意味着,孔子是一位两截人:一截在头一个时代,一截在后一个时代。

不过,各位可能没有思考"划时代"这件事——它有什么意义?显而易见,"划时代"意味着,在孔子之前和之后,中国社会和文化发生了很大的变化。也意味着孔子是一位两截人:一截在头一个时代,一截在后一个时代。这样就有一件事情值得深究:身处变化当中的孔子,这个当事人,这个造成了时代变化的人,自己是怎样反映这种变化的呢?

为此,我们要稍稍了解孔子之成为伟大人物的条件和过程。

孔子出生在公元前 551 年。这正是"周室式微,王官失守,学术下移"的时代,社会处在剧烈的制度转型时期。这时,迫切需要有人提出新的思想和新的传承知识的方式。孔子出生在鲁国,也就是周公的封地。这里比较完整地保存了周朝的礼乐文化,有天子赏赐的"祝、宗、卜、史、备物、典册、官司、彝器",人称"周礼尽在鲁矣"。孔子出身于一个没落的宋国贵族家庭,虽然幼年生活比较贫困,他因此做了很多下等人的事,但他刻苦好学,有传承文化的强烈责任心。比如他从小好礼,经常模仿礼仪主持者,"陈俎豆,设礼容",也就是把演习礼仪当作游戏。他追随师襄学琴,既能演奏《文王操》,也把效仿文王之道当成自己的理想。从十五岁起,他立志求学,初步掌握了《诗》《书》、礼、乐。据史籍记载,他学礼的方式是勤问。古书说"子入太庙,每事问",也就是说在周公庙中,孔子揣摩祭礼的每个细节。古书说"仲尼闻之,见于郯子而学之",也就是说在二十七岁那年,孔子向来访的郯子国国君学习少昊氏以来的职官制度。古书说"师冕见,及阶",则是说孔子敬事乐官师冕,往返问乐。所以在三十岁那年,孔子有能力创办平民教育,收徒讲学,设立"德行""言语""政事""文学"四科,用"雅言"教授《诗》《书》《礼》《乐》。到三十四岁,他又得到鲁昭公支持,前往都城洛阳观看王朝的文物制度,这就是古书所说"孔子观书于周室,得虞、夏、商、周四代之典"。这以后,他多次拜见老子和苌弘,向他们学习礼乐。从三十五岁起,孔子带领弟子避乱,周游列国,曾经在齐国和齐太师谈乐,"三月不知肉味";也曾经在赶往宋国的道路上,在大树下与弟子们演习礼仪。中年时候,孔子一度在鲁国担任中都宰、小司空或大司寇,再次见到有关礼乐制度的文献,也进行了一些礼乐的实践。到了晚年,六十八岁以后,孔子一面聚徒授业,一面专心从事文献整理,删《诗》《书》,定《礼》《乐》,修《春秋》,奠定了经典时代的文献基础。从文化的角度看,他的一生既是努力搜集六经文献、学习这些文献的一生,也是整理这些文献,用它们来施教的一生。

显而易见,孔子是缔造经典时代的人物,或者说是率先走进经典时代的人物。我们不免会提出这样一个问题:孔子是怎样实现从前经典世界向经典世界的过渡的呢?我们可以分两步来讨论这一问题。[1]

---

[1] 以下参看王小盾、陈绪平《从上古图文献看孔子诗学》,《中华文史论丛》2014年第2期。

> 前经典式的教育：在仪式上进行，以图文献为主体。

首先要肯定的是：孔子早年接受的教育是前经典式的教育，也就是在仪式上进行的教育、以图文献为主体的教育。我打算用《论语·阳货》所载的一段话来说明这一点。这段话说："小子何莫学夫《诗》？《诗》可以兴，可以观，可以群，可以怨；迩之事父，远之事君；多识于鸟兽草木之名。"这段话通常被看作是孔子诗学的代表。

关于这段话，人们的一般看法是：它是讲文学的功能，讲通过对《诗》的研读来抒发个人情感，了解民风民俗，团结不同意见的人，也抒发内心怨怒；讲运用《诗》中道理来侍奉父母、君上，多多认识鸟兽草木的名称。这种看法对吗？如果不仔细推敲，便以为它是对的；但如果仔细推敲呢？

我推敲过这段话，结果发现很多问题。比如"兴"，能够简单地理解为情感抒发吗？不能。因为联系春秋时代的赋诗言志活动，联系孔子与弟子的说诗实践，我们就知道，"兴"指的是采用"引譬连类"的方法，通过学诗来阐明政教礼义。这个"兴"也就是"兴于诗，立于礼"的"兴"，是作为"博学于文，约之以礼"之中介的"兴"，和日常的抒情不是一回事。

又比如"观"，能够简单地解释为了解民风民俗吗？不能。因为联系周代"陈诗以观民风"的记录，以及"称诗以谕其志，盖以别贤不肖而观盛衰焉"的记录，可以判断，"观"是用"相感"的方式来观风、观志、观盛衰，是一种仪式行为。《穀梁传》鲁隐公五年说："常事曰视，非常曰观。"这说明"观"有"非常"的特性。吴公子季札在鲁国观周乐，得出一系列充满政治附会、道德评价和神秘联想的评论。这说明"观乐"是一种礼仪政教活动，和日常的观看不是一回事。

至于"诗可以群""诗可以怨"，这两句话同礼仪的关联就更明显了。"群"的实质就是政治沟通，以歌诗为手段达到诸侯卿大夫的"类"；"怨"则是讽谏，也就是所谓"下以风刺上"。这两者分别联系于赋诗的仪式和献诗的仪式。正因为这样，《孔子家语·辨政》说：怨刺之法有很复杂的技术，包括谲谏、戆谏、降谏、直谏、风谏。要掌握怨刺之法，至少要懂得"主文而谲谏"。

总之，孔子所主张的"兴""观""群""怨"，是来自古代仪式的概念，是说通过学诗来培养礼仪政教的修养和技能；它们并不是关于审美活动的概念。

> "兴""观""群""怨"是说通过学诗来培养礼仪政教的修养和技能。它是来自古代仪式的概念，而不是关于审美活动的概念。

那么，"多识于鸟兽草木之名"的意思是什么呢？在我看来，它同样讲学诗要为仪式和政教服务。关于这一点，有很多证据。

第一个证据是：从现存资料看，记录鸟兽草木的上古图文献——比如彩陶和青铜器的花纹——都有宗教上的象征意义。这种文献的数量很多，是上古人传达信息的主要方式。我们在前面已经说过这一点了，现在可以补充一个新的例证：《左传·宣公三年》记楚子问鼎之大小轻重，周臣王孙满回答了一段话，也说到这种宗教上的象征意义。王孙满说：上古图文献有三个功能。夏代的"远方图物"，用处在

图 10-06　商周铜器上的纹饰
自左上至右下，分别为夔龙纹、窃曲纹、凤纹、鸟纹、云雷纹、蟠虺纹。

于"百物而为之备，使民知神奸"。也就是说，夏代人用图像方式记录鬼神，帮助人驱邪避祸。商代人用鼎，目的是"协于上下、以承天休"。也就是说，商代人重视用鼎和纹饰在仪式上沟通神灵。到了"鼎迁于周"之后，鼎和纹饰的功能是象征"天祚明德"，所以楚子要问鼎之大小轻重。综合这三点可以得出结论：上古时候留下来的各种图画，是有仪式效用的——用作沟通天人的道具。而我们知道，上古图文献中最常见的题材，就是"鸟兽草木"。比如新石器时代的彩陶图案主要有鱼、鸟、蛙、植物等系列，商周青铜器上的常见纹饰是饕餮纹、夔龙纹、凤鸟纹、蟠虺纹、窃曲纹、蛇纹、蝉纹、蚕纹、象纹、鱼纹、云雷纹、圆涡纹，和各种树纹、花纹——它们主要是鸟兽草木之纹。

很多记录表明，上古图文献是用来辅助进行祭祀仪式的。比如汉代王延寿《鲁灵光殿赋》描写灵光殿的壁画，说它"图画天地，品类群生，杂物奇怪，山神海灵"。王逸《楚辞章句》记录屈

> 上古图文献是用来辅助进行祭祀仪式的。

第十讲　经典世界和前经典世界的隔阂与沟通　｜　325

原放逐后的见闻,说"楚有先王之庙及公卿祠堂,图画天地山川神灵"。《史记·封禅书》记汉武帝时期方士李少翁所作的图画,说"作画云气车,及各以胜日驾车辟恶鬼;又作甘泉宫,中为台室,画天、地、太一诸鬼神,而置祭具以致天神"。这几段话其实记录了上古风俗的遗留,说明上古图文献的内容主要是"天地山川神灵"和"古贤圣怪物行事",图文献的陈列场所主要是"先王之庙及公卿祠堂",制作图文献的目的是"与神通""致天神"。总之,上古图文献是服务于祭祀、通神这种宏大的目标的。

另外有些记录表明,在建设孔子的知识结构方面,图文献有过特别重要的意义。比如前面提到《论语·八佾》的一句话:"子入太庙,每事问。"这句话说出了孔子经常采用的学习方式,也就是向礼仪场所的实物、实事学习。《孔子家语·观周》记载:孔子曾"观乎明堂,睹四门墉,有尧舜之容,桀纣之象,而各有善恶之状,兴废之诫焉,又有周公相成王,抱之负斧扆,南面以朝诸侯之图焉"。这段话说明:孔子学习的对象正是包括明堂壁画在内的各种图文献。《国语·鲁语》还说:季桓子家挖井,从瓦罐中发现一只外形似羊的动物,假称是狗,然后询问孔子。孔子敏锐地指出此物是一种羊,并且说山中的怪物是夔和蝄蜽、水中的怪物是龙和罔象、土中的怪物是羵羊。这一记载又说明:在孔子的知识结构中,关于神怪形象的知识是非常重要的部分。综合这些事实,不难判断,孔子正是从图文献中"识于鸟兽草木之名"的,而这种文献的功能就是服务于仪式和政教。

> 孔子曾经以包括明堂壁画在内的各种图文献为学习的对象。

第二个证据是：上古文字文献记录鸟兽草木，也往往出于仪式目的。《山海经》就是这样。从这部书的内容看，它是巫师所用书。如果分析书中的记录通例，又可以认为，它具有指导祭祀的功能。这种通例是：每记录一个地方，都有某地有神怪，凶吉如何，有某草、某木、某鸟、某兽，其名曰某，有某种奇异等内容。比如《南山经》开头说了这样一段话：

> 招摇之山临于西海之上，多桂，多金玉。有草焉，其状如韭而青华，其名曰祝余，食之不饥。有木焉，其状如榖而黑理，其华四照，其名曰迷榖，佩之不迷。有兽焉，其状如禺而白耳，伏行人走，其名曰狌狌，食之善走。丽之水出焉，而西流注于海，其中多育沛，佩之无瘕疾。

这里对方位的介绍有很强的画面感，其中的鸟兽草木往往伴随神奇的细节描写，这说明，《山海经》有"知神奸"的功能。

关于《山海经》的性质，许多学者作过研究。首先可以肯定，它是配图之书。这说明，它是用于仪式的（我们在第一讲说过：仪式讲述往往是配图讲述）。其次可以肯定，它描写了许多超自然的事物，比如《海外南经》说："比翼鸟在其东，其为鸟青、赤，两鸟比翼。羽民国在其东南，其为人长头，身生羽。毕方鸟在其东，青水西，其为鸟人面一脚。长臂国在其东，捕鱼水中，两手各操一鱼。"这些人、鸟是在大自然中看不到的，是神化之物。前面我们已经谈到《山海经》的这些特点。综合起来，可以提出三个认识：第一，《山海经》中的草木鸟兽是具有文化意义的神秘符号；第二，《山海经》是经由"看图说话"而形成的文本;第三,这个看图说话的场合,是富于巫术气氛的仪式场合。

> 《山海经》的特质:采用"看图说话"的方式,记录山川草木鸟兽等具有文化意义的符号,用于巫术和仪式。

最近,在湖南、湖北出土了一些布帛图文献,包括长沙楚墓帛画《十二月神图》《男子御龙图》,以及各种战国时期的楚漆画和青铜器纹饰;而在山东、河南、江苏、四川、安徽、浙江等地,则出土了很多砖石图文献。在这些图文献上面,绘有各种人形神和巫师,同时绘有一批鸟兽草木神异,包括夔龙、凤鸟、句芒、驺吾、肥遗、蓐收、禺强、五采鸟、鸣蛇、鱼、并封、窫窳、马身人面神、九尾狐、鸟氏等(图10-07)。研究者认为,它们和已经失落的《山海经》古图具有同样的性质。[1] 也就是说,我们可以拿《山海经》和上古图文献作相互证明。

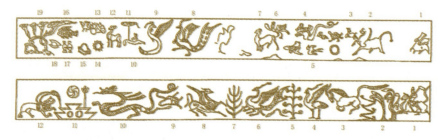

图 10-07 浙江海宁汉画像石墓祥瑞图

这两幅图均见于墓前室,分别是西壁画像最高层、北壁画像最高层。据周保平《浙江海宁汉画像石墓两幅祥瑞图考辨》(《东南文化》2008年第5期)。上图自右至左为:1. 比肩兽,2.玉马,3. 九尾狐,4. 玄武,5.飞燕,6.不死鸟,7. 麒麟,8. 凤鸟,9.朱雀,10.兔,11. 平露,12.鹿,13.不明祥瑞,14. 明珠,15.玉函,16.比目鱼,17.金胜(双瓶),18.大贝,19. 灵芝草。下图自右至左为:1.执幢武士,2.嘉禾,3.龙驹,4.朱雀,5. 蓂荚,6. 凤鸟,7. 嘉禾,8. 瑞兽符拔,9. 熊,10.青龙,11.不明祥瑞,12.白虎。作为古俗的遗存,它们反映了上古人把鸟兽草木祥瑞图画于墓室的习惯。

---

[1] 马昌仪《从战国图画中寻找失落了的山海经古图》,《民族艺术》2003年第4期。

第三个证据是：经研究，上古时候有一种制度，也就是把各种鸟兽草木用于祭祀仪式，一方面敬神，另一方面为未知的、新发现的物品立名。《礼记·祭统》曾经说到这种制度，云：

> 水草之菹，陆产之醢，小物备矣。三牲之俎，八簋之实，美物备矣。昆虫之异，草木之实，阴阳之物备矣。凡天之所生，地之所长，苟可荐者，莫不咸在，示尽物也。

> 上古制度：在祭祀仪式上陈列鸟兽草木新物种，一方面敬神，另一方面为未知的、新发现的物种立名。

这段话所谓"小物备""美物备""阴阳之物备"，说的就是仪式对博物的要求。意思是：包括鸟兽草木在内的所有物产，都是要荐用于祭享仪式的。每次祭祀，尽管可以选择具有代表性的物品来荐用，但一定要有"尽物"的表示。

以上制度，在作为仪式乐歌的《诗经》中也有表现——《诗经》中的鸟兽草木往往富含仪式意义。比如《周南·关雎》中的"荇菜"，被记录为"事宗庙"的祭品；《召南·采蘋》和《小雅·鹿鸣》中的"蘋"，作用是"礼之于宗室"；《大雅·既醉》中的"笾豆"，据说其功能是"交于神明"；《周颂·閟宫》中的"徂徕之松，新甫之柏"，被认为是造新庙的佳材。[1] 这些例子进一步证实了鸟兽草木同仪式的联系，说明上古中国人的博物知

---

[1] 毛传说："共荇菜，备庶物，以事宗庙也。""古之将嫁女者，必先礼之于宗室，牲用鱼，芼之以蘋藻。""笾豆之荐，水土之品也……所以交于神明者，言道之遍至也。""徂徕之松，新甫之柏……僖公上为神之所福，内为国人之所安，外为邻国之所怀，于是修旧起废，治起宫室。"《毛诗正义》，《十三经注疏》，第273页下左、286页下左、536页中至下、618页上。

识是在仪式活动中为解决仪式需要而建立起来的。

在前面第八讲,我们曾经讨论仪式立名问题,指出立名是一种政治行为;按照古代传统,王者或酋长必须在仪式场合为事物立名,并加以传播。我们也在那一讲指出,正是由于这种制度,《山海经》才得以产生出来;因此说,《山海经》的性质就是对仪式符号的记录。现在,对于这一论断,我们可以再补充一条证据。

前面说到,《山海经》在描写鸟兽草木之神异的时候,常常采用"其状如韭而青华""其状如穀而黑理""其状如禺而白耳"一类说法,"如"的意思是用旧物来说明新物。也就是说,这里说的"韭""穀""禺",是当时人已经认识的事物;在这里,它们被用为标准器,以说明灵异之物。我们统计过,在《山海经》中,这种标准器以四足兽最多,有豚、禺、马、牛、狸、羊、狐、虎、狗、猿、犬、鼠、豹、兔、麋、菟、狼、彘、梨牛、白鹿、貉、獌犬、蝯等二十多种。另外,昆虫有蜂、螽、蛾三种,爬行动物有龟、蛇、黄蛇三种,水生动物有鱼、鳖、鲤、鲤鱼、鳝、鮒鱼六种,飞禽有鸡、鸠、鸥、雕、鹞、鹗、鹊、凫、翟、鹤、乌、雉、鸩、山鸡、句瞿、鸳鸯等十多种,植物则有葵、楎、棠、楮、杨、茜、苏、榆、蓍、荆、稿茇、木肃等十多种。如何来理解这一现象呢?我的理解是:古人是在某种仪式上记录这些动植物的,是通过某种仪式来认识自然物并为其定名的。列举作为标准器的旧名,是为了认识事物;列举新名,是了正式标记此事物。总之,如前面所说,

《山海经》对鸟兽草木的记录和描绘表明:古人进行仪式定名的基本方式是把旧名作为标准器,来标记新名。

《山海经》对鸟兽草木的记录和描绘，其实是对仪式事项的记录和描绘。

综上所述，上古图文献中的鸟兽草木，并不是纯自然的事物，而是蕴含象征意义的巫术神物或仪式神物。所以在记载中，这种鸟兽草木总是联系于某种神怪，总是表现出某种特异，总是用为仪式讲述的素材，总是图画于先王之庙、公卿祠堂和各种图室，并且一一荐用于宗庙祭祀。孔子所谓"多识于鸟兽草木之名"，便是同这种情况相联系的。它针对侍奉神灵之物而生发，不是简单地讲博物，而是讲一种"事鬼神"的仪式才能。所谓"迩之事父，远之事君"，可以理解为对这一才能之效用的阐述。

> 所谓"多识于鸟兽草木之名"，是讲一种"事鬼神"的仪式才能。

不过，我们不妨追问一下：假如以上论证可以成立，也就是可以确认孔子诗学的礼仪内涵；那么，为什么在几千年时间里，人们都不能认识这一内涵呢？一旦这样追问，就意味着，我们必须从另外一个角度来看待孔子了。我们应该想到，孔子和孔学的继承者，其实已经相隔了一个时代。后者的思想和知识都属于经典时代，而孔子本人则来自前一个时代，即经典逐渐形成的时代。我们对孔子的误解，往往源于对这个时代的误解。

四、从孔子看前经典世界向经典世界的过渡

以上谈的是第一步。谈了这样一个问题：关于孔子诗学，为什么有两种截然不同的解释？这两种解释是：其一，把它解释为关于文学的认识作用和审美作用的理论；其二，

把它解释为关于礼仪政教之修养和技能的理论。各位可能仍然赞成前一种解释,但我却赞成后一种解释。我认为,孔子早年接受的教育是前经典式的教育,也就是在仪式上进行的教育、以图文献为主体的教育。前一种解释忽视了孔子的这个教育背景,才造成了同后一种解释的冲突。为了进一步说明我的看法,我打算进行第二步讨论,即讨论孔子是如何实现从前经典世界向经典世界过渡的。

我们注意到,对孔子诗学的二元理解,并不是孤立的现象。人们对上古之时的事物,往往持有很不相同的解释。比如第三讲讨论的饕餮,从现存的大量器物和纹饰看,它是一些民族所崇奉的神灵,以"有首无身,食人未咽""虎齿人爪"为形象特点。这一形象的本质,是通过人兽合一而完成由死亡到复活的过程。所以它代表了一种分布很广的信仰,同浑敦、穷奇、梼杌、鹰鸷、儋耳、豕等民族都有关联。但古代典籍却不是这样解释它的。古代典籍总是把饕餮描写为贪兽,说古人用它来表示惩戒。比如郭璞说:"为物贪惏,食人未尽,还害其身,像在夏鼎,《左传》所谓饕餮是也。"这个"贪婪害身"的说法流传很广,但明显是不准确的;请看图 0-04 中的饕餮神面——不仅没有"贪婪害身"的贬斥义,反而用种种神灵符号来强调饕餮的奇伟和威严——就是一个有力的反证。这意味着,饕餮是一个在历史上发生了身份变化的事物。

比较早地把饕餮记为贪兽的书是《吕氏春秋》。它说的是"周鼎著饕餮",意思是这是周代人的解释。在《吕氏春秋》中还有五条类似的解释,解释象、倕、窃曲、鼠等古老的神物。它们同样引用"周鼎",同样从道德角度进行评价,把那些神物的神秘性都消解了。可见周代人对古代神话事物作重新解释,是一种并不稀见的情况。前面说过,根据《左传》的记录,"铸鼎象物"的传统可以追溯到夏代。对于夏王朝的人来说,所铸之像是"远方图物",具有"百物而为之备,使民知神奸"

的知识功能。象、倕、窃曲、鼠的原始身份其实是这种神物。而周代人却用一些表惩戒的说法来评论它们,加上那么强烈的比德观念和伦理标准,这显然不符合古人立象的本意。这种情况既然是批量出现的,那么可以说,在周代有过一场针对仪式事物、神话事物的道德伦理化运动。这一运动的主要特色是:改变夏商图文献的本义,把联系于仪式和神话的事物改变成联系于道德和伦理的事物。

> 在周代有过一场针对仪式事物、神话事物的道德伦理化运动。

值得注意的是,孔子本人也参与了上述运动。其中有两个明显的表现:一是对黄帝神话的解释,二是对夔神话的解释。关于黄帝,上古神话曾经说他"三百年寿",又说他有"四面"。这些传说其实很容易理解,因为黄帝并不是一个人,而是代表一个部族或一个政权。它完全可以有三百年的寿命,也有"四面"的仪式形象(参见图10-08)。山东临沂银雀山汉墓竹简《黄帝伐赤帝》引孙子,就说到黄帝南伐赤帝、东伐青帝、北伐黑帝、西伐白帝的事迹,说"天下四面归之"。这里说的四面征伐、四面归化,应该就是四面形象的内涵。而孔子却把"黄帝三百年"解释为"生而民得其

图10-08 四面方鼎

这是商代的"大禾鼎"。鼎高38.5厘米,1959年出土于湖南省宁乡县黄村寨子山,今藏湖南省博物馆。

第十讲 经典世界和前经典世界的隔阂与沟通 | 333

利百年，死而民畏其神百年，亡而民用其教百年，故曰三百年"[1]，又把"四面"解释为"黄帝取合己者四人，使治四方，不计而耦，不约而成，此之谓四面"[2]。这种解释明显是曲解，也就是按政治伦理的要求来作解释。同样，根据《山海经》和《说文解字》的记录，神话中的夔是"苍身而无角、一足"的神物；但孔子却分辩说：夔是人，不可能一足。"夔一足"的意思是"夔一而足"。[3] 按照孔子的解释，"夔一足"的神话故事也通过去灵异化而改变了原义。

> 孔子思想体现了上古思想从仪式中心向伦理中心的转化。

应该怎样来理解以上事例呢？我认为：这表现了上古思想从仪式中心向伦理中心的转变。它们代表了中国思想史上的一个重要段落，而孔子就是处在这个段落中的关键人物。因此，孔子的思想具有转折期所特有的复杂性：一方面，他以仪式中心时代的观念为思想资料的来源；另一方面，他又表现出向伦理中心时代的转化。

关于从仪式中心向伦理中心的转化，有一个很好的例子，这就是孔子的"仁"的观念。按一般理解，"仁"是孔子所倡导的一种理想人格，其核心精神是"爱人"，也就是所谓"己欲立而立人，己欲达而达人"，实现人的全面发展。按照这一理解，作为道德修养，"仁"的表现是"克己复礼"；作为行政风格，"仁"的内涵是"恭、宽、信、敏、惠"——

---

[1] 《大戴礼记汇校集注》，三秦出版社，2005年，第736页。
[2] 《太平御览》卷七九引《尸子》，中华书局，1959年，第369页下。
[3] 《韩非子集解》，中华书局，1998年，第297页。

总之,"仁"是调节现实社会中的人之间关系的准则。不过以下资料却表明,"仁"有另外一些含义,和通常的理解并不相同:

《礼记·乐记》:"春作夏长,仁也。"

《礼记·经解》:"上下相亲谓之仁。"

《礼记·礼运》:"(先王)祭帝于郊,所以定天位也;祀社于国,所以列地利也;祖庙,所以本仁也。"

《礼记·礼器》:"宗庙之祭,仁之至也。"

《礼记·祭统》:"夫祭者,非物自外至者也,自中出,生于心也。"

《荀子·礼论》:"祭者,志意思慕之情也,忠信爱敬之至矣,礼节文貌之盛矣,苟非圣人,莫之能知也。"

这些话说明:"仁"的概念本属于彼岸世界。它是天的品德或神的品德,反映人神之间的关系,所以被定义为"春作夏长""上下相亲"。它虽然也转移为人的情感,但这种情感却是发生在仪式之上的,用于通达神灵,所以特别表现为对宗庙祖先的"忠信爱敬"。归根到底,它是对于"祭者"的品德要求。孔子就人伦关系提出的"仁"的要求,应该来源于这种仪式要求。

> 作为伦理学观念的"仁",来源于作为仪式观念和宗教观念的"仁"。

以上这些话,意思是:作为伦理学观念的"仁",来源于作为仪式观念和宗教观念的"仁"。这个判断是不是可以成立呢?我们还可以举出四个旁证:

第一，在孔子看来，人伦的法则来源于大自然的法则。这就是《孔子家语·哀公问政》所说："诚者，天之至道也；诚之者，人之道也。"意思是说：人之道是对天之道的仿效。不难想象，在上古，这种仿效是要通过仪式来实现的。所以孔子认为"仁"有五种，分别见于郊社（天地大祭）、禘尝（岁时祭祖）、馈奠（丧祭之礼）、射乡（乡饮酒礼）、食飨（宗庙祫祭）。《孔子家语·论礼》的说法是："郊社之礼，所以仁鬼神也。禘尝之礼，所以仁昭穆也。馈奠之礼，所以仁死丧也。射飨之礼，所以仁乡党也。食飨之礼，所以仁宾客也。"这段话不仅把"仁"归为礼仪的结晶，而且把"仁鬼神""仁昭穆""仁死丧"等面向神灵的情感，放在"仁乡党""仁宾客"等人伦情感的前面。通过这段话可以知道：当时人是先关注作为仪式情感的"仁"，后关注作为人伦情感的"仁"的。

> "仁"本是面向神灵的仪式情感。

第二，孔子曾经通过"比德"来建立"仁"的观念，说："君子比德于玉焉，温润而泽，仁也；缜密以栗，知也；廉而不刿，义也；垂之如坠，礼也……"[1] 在这段话里，孔子赋予玉以仁、智（知）、义、礼、乐、忠、信、天、地、德、道等十一种品德。以玉为比德对象，实际上就是根据仪式品德来建立人伦社会的修养规范；因为在上古之时，玉是仪式秩序的象征。关于这一点，古代典籍和古代文物提供了很多旁证，比如《周礼·春官·大宗伯》记载：玉有六种，分别用于礼拜天地四方，苍璧礼天，黄琮礼地；《荀子·天论》

---

[1] 见《礼记·聘义》和《孔子家语·问玉》。

则说:"在物者莫明于珠玉,在人者莫明于礼义。"[1] 这说明,孔子"比德"理论的含义是:作为人伦品德的"仁",乃是从玉所代表的仪式品德中引申出来的。

第三,孔子有一系列论述,说到仪式礼乐的创制和执行。在他看来,创制仪式礼乐叫作"作",执行仪式礼乐则叫作"述"。由于尧、舜、禹、汤、周公等仪式礼乐的创制者已成过去,不可复现,所以他主张"述而不作,信而好古"[2]。《礼记·乐记》对此作了很好的解释,说:"故知礼乐之情者能作,识礼乐之文者能述。作者谓之圣,述者谓之明。明圣者,述作之谓也。"[3] 意思是:礼乐仪式有两个层次,其本质是人和神的"合敬同爱",其表面则是参加者的屈伸俯仰、升降上下。圣人通达物理,懂得礼乐的内情,所以他们能够"作"——创制仪式;普通人仅仅知道礼乐仪式的形式和表文,所以只能"述"——执行圣人的创制。不过,懂得这一点,能够理解圣人之心意,也可以称作"述作",或者说是"君子儒"。"君子儒"也就是懂得圣人礼制之精神,并且把它应用到社会政治中去的人;与之相反,那些只知司仪、小相等琐屑之事的人,则是"小人儒"。在《论语·雍也》篇中,孔子劝告子夏"女为君子儒,无为小人儒";在《子路》篇中,孔子惋叹公西华"愿为小相"

> "君子儒"和"小人儒"的区别:"君子儒"懂得圣人礼制之精神,并且把它应用到社会政治中去。

---

[1] 《周礼注疏》,第 762 页;《荀子集解》,第 316 页。
[2] 《论语·述而》,《论语注疏》,第 2481 页。
[3] 《礼记正义》,第 1530 页。

的志向，说"赤也为之小，孰能为之大"。[1] 这些话便说到"君子""小人"的区别。《礼记·哀公问》记哀公问孔子"大礼何如"，孔子答"丘也小人，不足以知礼"，又答"非礼无以节事天地之神也，非礼无以辨君臣、上下、长幼之位也"；《礼记·经解》记孔子论六经，说"广博易良而不奢，则深于乐者也""恭俭庄敬而不烦，则深于礼者也"[2]。这些话又表明了孔子强调仪式礼乐之精神，而反对繁文缛节（"奢""烦"）的态度。孔子所谓"仁"，正是从仪式礼乐中抽象出来的一个代表其精神的概念。

第四，最直接的证据是：孔子认为"礼"和"仁"是相表里的，"仁"是"礼"和各种仪式行为的精神实质，所以两者构成相互支持的关系。比如《论语·八佾》说："人而不仁，如礼何？人而不仁，如乐何？"这是说礼乐是外在的人文，"仁"是内在的人文，礼乐以"仁"为其本质。又如《论语·颜渊》记颜渊问"仁"，孔子回答说："出门如见大宾，使民如承大祭。"这是说要把"礼"作为行"仁"的实践，通过仪式行为来实现"仁"。下面我们还要说道：孔子之所以能够建立"仁"的观念，是因为到他这个时代，以"祀神致福"为宗旨的礼，转变成了以建立和谐的人伦关系为宗旨的礼。

> 孔子建立"仁"观念的背景：礼从以"祀神致福"为宗旨，转变成以建立和谐的人伦关系为宗旨。

最近我看了到一本关于孔子的书——美国哲学家赫伯特·芬格莱特（Herbert Fingarette）所著的《孔子：即凡而

---

[1] 《论语注疏》，第 2500 页。
[2] 《礼记·经解》，《礼记正义》，第 1609 页。

圣》）。这本书也谈到孔子的"仁"的观念，说："仁也就是在'礼'中塑造自我"，"'仁'其实就是一个人决定遵从'礼'"，"仁者能通过'礼'使其力量辐射到天下的每个角落"。[1] 这些话同样注意到了"仁"和"礼"的关系，说明"仁"原是一种崇尚仪式礼仪的精神。

总之，孔子的理论建树是依靠上古仪式所提供的思想素材完成的。这一过程的核心是：发扬尧、舜、禹、汤、周公创制仪式礼乐的精神，完成从仪式中心到伦理中心的转化。其中有三条主要线索：一是根据对仪式的内部情实的理解，建立"仁"的观念；二是根据对仪式的外部规范的理解，建立"礼"的观念；三是根据古代仪式所表现的人神关系，建立"天命"理论。这三条，也可以说是对上述转化过程的理论总结。孔子以"天生德于予"自居，把"凤鸟不至、河不出图""不复梦见周公"作为"吾已矣夫"的神启征兆，写作《春秋》而止笔于"获麟"[2]：这些事实，反映了隐藏在他思想深处的仪式宗教和神灵信仰的底层。

> 孔子理论建树的三个要点。

因此可以说，对于了解经典前后两个时代的异同，孔子是一个很好的标本。在少年孔子身上，可以看到经典形成

---

[1] 《孔子：即凡而圣》，江苏人民出版社，2010年，第48、51、54页。
[2] 《论语·述而》："子曰：'天生德于予，桓魋其如予何？'""子曰：'甚矣，吾衰也久矣，吾不复梦见周公也。'"《论语·子罕》："子曰：'凤鸟不至，河不出图，吾已矣夫！'"《春秋·哀公十四年》"西狩获麟"杜预注："麟者，仁兽，圣王之嘉瑞也。时无明王出而遇获。仲尼伤周道之不兴，感嘉瑞之无应，故因鲁《春秋》而修中兴之教，绝笔于'获麟'之一句，所感而作，固所以为终也。"

第十讲 经典世界和前经典世界的隔阂与沟通 | 339

之前那个时代的许多烙印。这是以周公这种大祭师为人格理想的时代。祭祀仪式是这个时代社会活动的中心项目，反映民族关系和神灵观念的宗教符号是这个时代之文献的主要内容。在晚年孔子身上，我们又可以看到经典创制之时代的留影。这是通过"典""则"来确立社会规范的时代。一方面，宗教符号逐渐演变为阐发社会伦理的政教符号，神话人物转型为伦理英雄，"怪力乱神"逐渐被消解；另一方面，"礼"从代表祭祀制度和行为仪式发展为代表人格修养和道德规范，《诗》从主要用于乐教和乐语之教发展为主要用于德教和辞令之教，影响后世几千年的话语体系也开始形成。

> 两个时代的主要区别。

关于孔子性格的这种复杂性，我们还可以看看美国学者芬格莱特的论述。芬格莱特认为，孔子的人格有两个重要特点：其一是对神秘主义抱有双重态度，从一方面看，孔子的言论"富有神奇魅力和宗教性的维度"；从另一方面看，孔子"恰恰在本质上是反对神秘的"。其二是对神圣礼仪给予了特别关注，即在一方面，孔子重视"神圣性的礼仪""神圣化的仪式"，"对孔子来说，正是神圣礼仪的意象统一了或融合了人的存在的所有这些维度"；另一方面，孔子所谓"礼"又是富于人文性的，"他只是在适宜的礼仪环境中，通过恰当的仪态和言词来希冀他的目标"。从这个角度看，孔子一生"做了两件事情：一是他唤起我们关注传统和习俗的整体，二是他又提醒我们，要通过一种比喻并透过神圣礼仪的意象来看清所有这一切"。但是，正是通这两件事，孔子成为"一个伟大的文化革新者"，"他转换了'礼'的概念……

也转换了人类社会的整个概念",他的"目的是要生成一种崭新而普遍的秩序"。[1] 现在我们看到,孔子的目标事实上得到了实现。在他之后,中国文化就进入了一个新时代。

---

[1] 《孔子:即凡而圣》,江苏人民出版社,2010年,第2、3、8、16、4、7、60页。

第十一讲　关于"天人合一"与"轴心突破"

一、问题的提出

现在，我们要对"经典之前的中国智慧"这个话题作最后的总结。我们需要回答两个问题：第一，如何认识"经典之前"？在孔子之前的时代，人们的思维有什么特点？这是我们一直在谈论的问题。第二，如何认识从"经典之前"到"经典之后"的转折？经由怎样的过程，才有了两个世界的分野？这是最近一讲着重谈论的问题。事实上，这也是理论家们所关注的问题。比如一部分理论家关心"人类最初碰到的困难问题"，因而提出了"天人合一"理论。他们认为，"天人合一"是"整个中国传统文化思想之归宿处"。中国文化之所以屡仆屡起，绵延数千年不断，是因为中国人自古以来即"抱有一种天即是人，人即是天，一切人生尽是天命的天人合一观"。钱穆在他生前最后一篇文章《天人合一论：中国文化对人类未来可有的贡献》[1]

> "天人合一"论的意味：从"经典之前"到"经典之后"，人们曾经面对相近的问题，有一以贯之的思想。

---

[1]　《中国文化》1991 年第 4 期。

中,特别提到了这个问题。这意味着,从"经典之前"到"经典之后",人们曾经面对相近的问题,有一以贯之的思想;只有理解了"经典之前",才能理解经典的出现。又比如一部分理论家关心由德国哲学家雅斯贝尔斯(Karl Theodor Jaspers)提出的"轴心突破"理论。这个理论认为,从世界范围看,经典在中国的出现是并不偶然的。几乎与此同时,也就是在公元前800年以来,东西方都出现了思想和精神上的突破,在印度、希腊和中东地区,各自独立地产生了一系列关于人类精神的重大事件,产生了哲学家和具有划时代意义的哲学思考。余英时先生《论天人之际:中国古代思想起源试探》[1]一书,便是关于这个问题的专门著作。这意味着,从"经典之前"到"经典之后"的转折问题,是一个具有世界史意义的大问题。

当然,以上学者也尝试对这两个问题作了解答。比如余英时的主要看法是:在孔子时代,中国文化觉醒了,形成了清楚的轮廓。这也就是所谓"轴心突破"。这种觉醒,导致现实世界与超现实世界产生了区隔;有思想的个人,从此能够检视并质疑现实世界,创造出"道""仁"等等概念,以超越的原创性对中国文化产生持久影响。所谓"道术将为天下裂",便是对这种状况的反映。中国的轴心突破贯穿在夏商周三代,以不断损益的礼乐传统为具体的历史场所,因而表现为

> "轴心突破"论的意味:天人合一思想有过分裂。

---

[1] 《论天人之际:中国古代思想起源试探》,中华书局,2014年。以下引用此书时括注页码。

同礼乐背后的整个巫文化的争衡。但"轴心突破"的真正起点,却是孔子开创的内向超越,亦即通过以"仁"说"礼",改变了周公以"德行"说"礼"的旧传统。这一做法是内向于人心的,而不是外向于天地的。它引出了"道""气"不相离的新宇宙论,也就是新的"天人合一"。

在当前的华人学术界,余英时是享誉最高的学者。《论天人之际》一书写得很好,对先秦史料作了精彩的陈述和讨论。它提出了一系列富有意义的问题,比如中国早期思想发展的条件和动力的问题,中国思想对文明的引导作用问题,轴心突破前后中国精神的特色与具体形态的差别问题。它对上古文化的重要表现方式——祭祀和礼——作了正确的论述,指出其目的在于祈福于天,其影响则在于成为判断"德"的标准。它提出了"超越"这一概念,认为"超越"是指轴心突破以后所出现的一个与现实世界相对照的超越世界,并认为这种"超越"是精神价值的终极源头。它对孔子作出了新的评价,认为孔子以"仁"说"礼",开创了内向超越,才导致"轴心突破"在中国的发生。它追溯了中国早期思想的阶段性发展,认为第一次变动起于殷周之际,至周公制周礼而告一段落;第二次变动起于春秋晚期,完成于孔子。它还得出许多富于新意的结论,比如说"突破前的'天'是鬼神世界,突破后的'天'则是道－气世界";"在轴心突破以前,'天人合一'完全仰赖巫作中介,以建立'人''神'之间的交通管道;但在轴心突破以后,哲学家(或思想家)则必须依靠自己的能力与'道'合一";等等。正因为这样,这部著作在学术界产生了很大影响。不过,这本书未得到广泛发行。这种局面是所有学者都不想看到的。我觉得,若要做积极的改善,那么最好的办法是进行正常的学术争鸣。为此,今就此书提出以下问题:

（1）余先生是依据雅斯贝尔斯的"轴心突破"理论来讨论中国古代思想的起源的，那么，如何理解中国思想史运动进程和条件的独特性？如果说突破之后才有"系统性的哲学史或思想史的正式发端"（9页），那么，在孔子之前，是不是就没有系统的中国思想史的运动？另外，如何理解孔子同传统的关系？我们知道，孔子是以"克己复礼"为政治主张的，既然如此，他同传统的关系是否可以归结为"突破"？

（2）余先生认为："轴心突破以后出现了一个与现实世界相对照的超越世界。"（196页）这是不是说，轴心突破以前就不存在这样的超越世界？如果说超越世界是指精神的世界，那么怎样去理解孔子之前那段精神世界的黑夜？

（3）余先生说："每一文明在轴心突破以后，它的超越世界便成为精神价值的终极源头"，例如中国所谓"道"（197页）。那么，老子所谓"道"，孔子所谓"仁"，是否具有作为中国人精神价值终极源头的意义？我们在前面讨论过老子之"道"的原型，也讨论过孔子之"仁"的初始含义，那么，应该怎样理解这些概念的孕育过程？

（4）余先生说，"轴心突破表面上虽从礼乐的领域展开，但它真正争衡的对象却是礼乐背后的整个巫文化"（26页）；比如孔子的做法是"尽最大努力与巫传统划清界线"（135页）。我们知道，"巫文化"是巫的各种实践活动的综合。既然巫是"祭祀之礼的设计者和执行者"（26页），包括卜、祝、史、神仕（29页），连"孔子所崇敬的周公也同样担任过'群巫之长'的角色"（147页）；那么，孔子与巫文化的关系，是否可以简单地理解为对立和"争衡"？

（5）余先生此书虽然以"天人之际"为书名，但它的主题却是讲轴心突破之后"现实世界和超越世界判然二分"（78页）。按中国哲学史家的理解，这种二分比较接近西方哲学思想和文化传统中的主客二分原则,而未必符合作为中国哲学思想和文化传统主导原则的"天人合一"。[1] 如果同意这一理解,那么,按照轴心突破理论来解释"中国古代思想的起源",是否有效?

(6) 余先生此书有一个章节讨论"'绝地天通'下的巫与礼"(153—158页),他认为:《国语·楚语下》记载的这个故事,指的是"颛顼借着剥夺普通巫师和上帝、其他神祇交通的传统机能,重组了原始的巫教"(68—69页);"从表面上看似乎意味着在极早时期,曾出现过一个和'天人合一'概念截然相反的观点"(67页)。这一理解,是否符合故事的原义?换句话说,"绝地天通"故事难道真是对"天人合一"概念的反证?

(7) 余先生认为,轴心突破造成了思想的急剧变化,比如"天"和"天命"的观念。"轴心突破以前的'天'通指神鬼世界",即"指天上的'帝廷'",轴心突破以后则指作为"超越的精神领域"的"道"(32页);轴心突破之前,"天命"代表"王朝统治的合法性",轴心突破以后"从集体本位扩展到个人本位",成为"个人的'心中之物'"(37—39页)。这一理解,是否符合历史?

> 关于余英时先生《论天人之际》一书的七个疑问。

以上七个问题,代表了我对"轴心突破"理论的疑虑。事实上,在前面几讲中,我们已经讨论了这些疑虑。比如我

---

[1] 张世英《"天人合一"与"主客二分"》,《哲学研究》1991年第1期;《略论中西哲学思想的区别与结合》,《学术月刊》1992年第2期;刘恒健《中国哲学的天人合一与西方哲学的主客二分》,《陕西师大学报(哲学社会科学版)》1993年第3期。

们说过,"经典之前"和"经典之后",其间并没有截然划断的鸿沟。这就意味着,"轴心突破"这一概念是不利于解释中国思想史的——它会让人忽略孔子之前的思想史,也就是忽略孔子之前、孔子之后这两段思想史的关联。又比如我们说到,早在新石器时代,古人对日月星辰的运动便作过持续不断的精密观察。这些实践表明了一种理解:"天"是可以测度的事物,而不只是祭拜的对象。因此,我们不宜把"天"和神鬼世界简单等同。相反,我们看到,在良渚文化人那里,玉璧和玉琮是配合起来用于礼天礼地的。这便意味着,"天"和地是相对的,既有神秘性,也有物质属性。我们又看到,在甲骨文中,"天"的含义是人的头顶。《说文解字》说:"天,颠也。"《史记·屈原贾生列传》说:"夫天者,人之始也。"这也说明,古人早就注意到了人和"天"的沟通。还比如,我们讨论了老子的"道",认为它是依据古人的生命观而建立起来的概念,原型是受精卵;我们也讨论了孔子的"仁",认为它是产自祭祀仪式的一个概念,本来指天的品德或神的品德,后来指对宗庙祖先的"忠信爱敬"。作为抽象名词,这两个术语都有周代渊源。例如《诗经》有所谓"顾瞻周道""周道如砥"的话,以"道"指称周代的治国之道。这说明,春秋战国时期的"道""仁"等术语,都是以古人的精神创造为渊源的;很难说到这时就突然产生了一个"与现实世界相对照的超越世界"。因此,我们与其把"道""仁"等概念看作民族精神价值的终极源头,不如像钱穆所说的那样,把更早出现的"天人合

> 与其把"道""仁"等概念看作民族精神价值的终极源头,不如把更早出现的"天人合一"观念当作这种精神价值的源头。

第十一讲 关于"天人合一"与"轴心突破" | 347

一"观念当作这种精神价值的源头。至于《国语·楚语下》所记载的"绝地天通"故事,我们也作过讨论,说这个故事反映了颛顼末年的天文历法改革。其实质是把火正的职责一分为二,通过天文官(南正重)和历法官(火正黎)的分工,既消解了天文和历法的冲突,也消解了"九黎乱德"的口实。由此可见,我们既不能把这个故事解释为禁断天上神灵同地上俗人的交通,也不能把它解释为对"天人合一"观的反动。

当然,我对《论天人之际:中国古代思想起源试探》一书的理解未必准确;在以上七个问题上,我的意见也很可能有错误。不过我觉得,我们不妨借这些问题,反省一下中国思想史研究的方法。比如说,中国思想史研究的出发点,应该是西方理论,还是中国的历史资料和历史事实?又比如说,中国思想史研究,除掉考察思想和概念的前后次序以外,是否还要考察它们同背景事物的关系,也就是探讨思想和概念的隐性存在,进而探讨它们得以形成的原因?另外,既然我们的研究对象是"中国古代思想的起源",而非仅儒家思想的起源,那么,我们是否应该关注各家思想的来源?显而易见,我们应该对这些问题作出明确的回答。

为此,在即将结束本书的时候,我打算按前面几讲的思路,扼要谈谈"天人合一""轴心突破"等问题,作为对余先生论述的补充。

二、关于"思想"和"天人合一"

思想是什么,有许多定义。有人说人是能思想的动物,所以思想是人的思维特性;又有人说思想是对形而上的追求,所以思想也就是人的理性认识;还有人说思想本质上是运用符号,因此,思想就是用语言、文字、图形、行为来传达信息。说法很多,各不相同,但有一点可以肯

> 中国思想的起源应该追溯到石器时代。

定：无论使用哪个定义，中国思想的起源都应该追溯到石器时代。因为，当人类能够制造石器的时候，他们就有了思想。

所以，我们在前面讲的那一切，都关乎早期的中国思想。我们的讨论表明，鸥龟曳衔神话、饕餮艺术、对天体的种种认识，都是思想的产物。如果要说这些事物有什么共同特点，那么可以概括为"天人合一"，其中一个表现是主客混融。人类思想在其早期，的确有主客混融的倾向。比如在鸥龟曳衔神话中有两个世界：白天的世界和晚上的世界。前者是现实的世界，后者是虚构的世界。这两个世界就是相混的。

不过，我们却不能低估主客混融在思想史上的意义，因为它是"超越"的早期表现。其缘故在于，人们是在面向神灵的仪式上，建立起主客混融的思维习惯的。神话就是这种仪式行为的特色产物。现在我们知道，古人讲述神话的目的并不在于解释现实，而是解释现实生活的彼岸镜像——神的世界；所以它必须使用超现实的语言，也就是所谓"立象尽意"。我们并且知道，神话解释的重点并不是现实世界，而是超经验的事物，比如夜晚的太阳；这样一来，神话讲述便必然是"超越"的。我们在第一单元讨论过鸥龟曳衔神话，这个神话便显示了许多认识论上的"超越"意义。首先，它通过表述关于太阳再生、生命循环等事物的想象，表达了对超越世界的思考。其次，它的故事元素是一系列具有象征意义的动植物，它是用"超越世界"的语言来作叙述的。而且，它并不是孤立的故事。它的细节同许多其他神话——例如太阳神话、龟神话、鲧禹神话、黑水神话、昆仑神话——相交织。还有，它的每个细节都可以在上古人所制造的陶器、青铜器图像上找到印证。这就意味着，鸱龟曳衔神话代表了一个系统的"超越世界"，代表了一个拥有广阔空间和漫长时间的思想体系。早期"天人合一"观的主要内容是什么？我看就是这个"超越"的思想体系。

> 神话讲述必然是"超越"的，因为其目的是解释现实生活的彼岸镜像——神的世界；它使用的是超现实的语言，也就是"立象尽意"。

当然，关于"天人合一"的具体含义，或者说，关于"天"的含义，学者们仍然在讨论，有许多不同的解释。其中一个解释比较简明，被较多的人所接受，这也就是汤一介的解释。汤先生认为："天"有三种含义，一是大自然之天，二是作为社会主宰的天，三是代表规律和义理的天。[1] 从思想史的角度看，这三种含义似乎是顺序产生的。比如钱穆说过："天之所生谓之物。人生亦为万物之一。人生之所以异于万物者，即在其能独近于天命，能与天命最相合一，所以说'天人合一'。"这段话便暗含了一个顺序，意思是说：人先是把自己当作大自然的一部分来看待的。这是"天人合一"观的基础。当人有了自觉的时候，它也通过对"天"的膜拜而建立了"天命"观念。这是"天人合一"观的核心。人们追求与"天命"合一，于是建立了关于"天人合一"的种种理论。这是"天人合一"观的极致。钱先生这段话有一处很精彩，即认为在一般情况下，"天人合一"指的就是"人文与天命相合"。在这里，他强调了作为社会主宰的"天"。这

---

[1]　汤一介《论天人合一》，《中国哲学史》2005 年第 2 期。

种强调是有道理的，因为"天人合一"观是通过长期的天人交通的实践——主要是祭祀——而得以形成的。这些祭祀仪式，既以"天命"观念为其思想基础，也以"合天命"为其最终目的。可以肯定，正是通过持续数千年的祭祀仪式，"天人合一"才成了有影响的思想。

> "天人合一"观是通过长期的天人交通的实践——主要是祭祀——而得以形成的。

按照以上理解，我们不妨说，历史上出现过三种"天人合一"观，其中最重要的是以"天"为主宰的"天人合一"观。这种观念重视人与天的神秘沟通，即重视神人合一。另外有两种"天人合一"观：一种比较单纯，即认为天人之间的关系是相混融的关系。这种观念重视人与自然的和谐相处，强调天人感应。另一种是哲学意义上的"天人合一"观，即把"天"看作最高理性。这种观念重视人与天理的一致，主张"天人合德""天人合道"。这三种"天人合一"观是不是也有先后之分呢？逻辑上说是有的。但由于"天命"观念的影响，在实践中，它们往往是混合存在的。比如钱穆说：中国古人"能得宇宙人生会通合一之真相"，"认为一切人文演进都顺从天道来。违背了天命，即无人文可言"。这句话中出现的"宇宙""天命""天道"三个词语，便大致对应于上述三种"天人合一"观。类似的情况还见于孔子谈"天"。比如孔子说"获罪于天，无所祷也"——这是把"天"看作高于客观世界的一种精神；孔子说"五十而知天命"——这是把"天"看作世人命运的主宰；孔子说"天生德于予"——这是说天人之间有德行相授受的关系；而孔子说"天何言哉？四时行焉"——则是把天视为自然，认为天地事物有其自然规律。孔子所主张的"天人合一"属于哪种"天人合一"？很难说。但可以肯定，孔子重视"知天命"，也就是追求在知识上同"天命"相合相通。这和钱穆关于"天命""人文"相会通的理解是一致的。

从以上这个简单的讨论中，我认为，可以引出以下三个认识：

第一，人类成长的过程就是逐步认识自己和周围事物之关系的过程。在这一过程中，人们不可避免会把对象人格化，进而把对象神化。这样就产生了万物有灵的思想，也产生了各种祭拜自然神灵的仪式。这些仪式不断强化了人与对象相同一的观念，使上古人的神话、艺术和科学活动表现出主客混融的思维特点。但正如我们在前面谈过的那样，正是在这些活动中，上古人的智慧也成长起来。"天人合一"理论就是对这些智慧的理论概括。"天人合一"意味着，上古中国思维的主要问题是人与自然（"天"）的关系问题；当上古中国人把自己对象化，或者说把自然物神化的时候，他们实际上是在尝试实现天、人之间的沟通；这种沟通有助于达到对自然规律的认识，也有助于对思想作艺术化的表达；上古中国人的神话和艺术，就是对"天命""人文"相会通问题的回答。

> 上古中国人的神话和艺术是对"天命""人文"相会通问题的回答。

第二，"天人合一"观的表现形式主要有三种：一是把人看作大自然的一部分，把"天"看作和人密切关联的自然物；二是把"天"神化，看作生命和命运的主宰；三是把"天"看作最高理性，主张通过天来发掘人自身的天赋道德和智慧。这三种观念的界线并不明显，它们往往混合存在于同一个人或同一个人群的思想当中。"天人合一"观的发展过程，因此不妨理解为以上几种思想因素的比重孰增孰减的过程；这是一个渐变的过程，不是通过"突破"完成的。

第三，由于早期人类是面对"天"、以"天"为凭借而进行超越性思考的，因此，"天人合一"观在中国思想史上具有渊薮意义。这种"天人合一"观不仅有很丰富的成果（我们这本书所讨论的那一切，其实都是其成果）；而且，它所代表的上古人的思考方式，也通过祭祀传统、礼仪传统保持了下来。正因为这样，包括上古神话在内的"天人合一"文化一直拥有强大的生命力，进而造成经典之前、经典之后这两个时代的沟通。比如屈原《天问》说过："天户怎样关闭而造就了黑夜？又怎样打开而造就了白昼？角宿未启天关之前，太阳藏在什么地方？鲧不能胜任治洪之事，为什么他又深孚众望？大家都说不必为鲧担心，那么为什么不让他试试看呢？鸱龟曳衔，鲧何听焉？……"如果我们根据《史记·楚世家》和《屈原贾生列传》，判断《天问》创作在楚怀王二十年（前310）前后[1]，那么可以说，在孔子死后170年，仍然有思想家把古老的鸱龟曳衔神话当成自己进行超越性思考的思想材料。

> 孔子之后的思想家仍然把古神话当作进行超越性思考的思想材料。

---

[1] 参见高华平《〈天问〉写作年代和地点推测》，《复旦学报（社会科学版）》2007年第6期。

三、关于"巫"和"史"

同"天人合一"一样,"巫"也是包含复杂因素的事物。有人认为它是和文明相对立的。这种看法并不正确。一般来说,"巫"代表在天人相合关系当中作为中介的人。尽管其主要职责是交通神灵、禳解祸祟、卜问吉凶、主持祭祀,但民族学、考古学资料却表明:巫在比较原始的社会里是氏族的精神支柱,是灵魂世界和现实世界各种疑难的解答者,其身份往往和氏族贵族相重合——也就是说,他们不仅是神职人员,而且是早期文明的代表。已故考古学家童恩正就表达过这一看法。童先生并且认为:从包括甲骨文在内的汉以前文献看,巫师其实是中国历史上第一个知识分子集团。由于他们的最高领袖是世俗国王,所以他们既是政治上的统治者,又是精神财富的保存者。在黄河流域国家起源的过程中,许多文明因素,比如法律、文字、天文历算、医学等等,都是由于巫师的活动而积累下来的。《广雅》有"医,巫也"之说,意思是早期医学是巫师的创造。现存最早的一批文字资料是商代巫师所掌管的卜辞,这也说明巫师是知识和文化的承载者。到历史时期,巫师集团还进一步促进了祖先崇拜的制度化和宗庙系统的出现。[1] 因此,我们在前面讨论的那些早期智慧的成果,都可以说是巫师的贡献。比如神话,是巫师在仪式上的讲述;早期天文学,是巫师所主持的交通神灵等活动的结晶;采用各种花纹装饰起来的彩陶器和青铜器,是巫师和祭司在仪式上的道

> 巫是早期文明的代表。

---

[1] 参见童恩正《中国古代的巫》,《中国社会科学》1995 年第 5 期。

具——道具上面的种种符号也是巫师们创造出来的。

关于上古巫师的种类和职能问题,很多研究者作了讨论,其中有一个焦点,即"巫"和"史"的关系。有人认为"巫"和"史"的关系是对立的关系,但这个看法有明显的片面性。比如《周礼》记载了周代从事巫术和仪式活动的官员,包括以下五类人员:一是主舞之官,有舞师、旄人、龠师、龠章、鞮鞻氏等等;二是占卜之官,有大卜、龟人、占人、筮人、占梦等等;三是祝官,有大祝、丧祝、甸祝、诅祝等等;四是巫官,有司巫、男巫、女巫等等;五是史官,有大史、小史等等。这些人的职责其实都是巫职的一部分。[1] 因此说,"史"只是"巫"的一种。不过从职能分化的角度看,其中有巫、卜、舞、祝、史的区别。《周礼》说,巫住在神社附近,其职责是负责礼法、祭典,包括用祭拜的方式求取社稷山川的护佑,用舞雩的方式求雨,大灾的时候"歌哭"请神,丧葬的时候"掌巫降之礼";史掌管建邦的法典以及天下文书,负责处理争讼、颁布历法,也和掌管卜事的官员一起占卜祭日,祭祀之日则负责安排助祭、朗读礼法,大丧之时则负责执掌丧葬之法,宣读诔词。这就是说,"巫"有广狭之分。这里讲的是狭义的巫。广义的巫还包括卜、舞、祝、史。为什么说卜、舞、祝、史都属于"广义的巫"呢?因为他们都要加入巫祝活动。也就是说,巫、卜、祝、史、舞,是巫官的不同职司。

> 巫、卜、祝、史、舞,是巫的不同职司。

---

[1] 参见陈梦家《商代的神话与巫术》,《燕京学报》第20期,1936年,第534页。

从下面三个例子看，这个"巫史广狭"之说是有充分根据的，远胜于"巫史二分"之说。

第一个例子是春秋时期的史官。从《左传》的记载看，春秋时期的史官有五个特点：一是对远古时代的神话传说和历史故事有很好的把握；二是参与占卜活动，能够熟练地解释卦象和天象；三是承担解释自然和社会异常现象的职责，依此来预测政治兴衰、人事休咎；四是在各种仪式活动中司掌宣读册命、录写文书等事务；五是既重视"德"和"礼"，也秉持阴阳五行学说。因此，无论是从知识系统看，还是从职业功能看，春秋时期的史官和巫师，并没有明显分别。[1]

第二个例子是司马迁的例子。根据《史记·太史公自序》，司马迁出身于一个巫师家族，祖先在虞夏之时"典天官事"，到"周宣王时失其守而为司马氏"，成为"周室之太史"。这就是说，早在虞夏之时，就有专掌天文的巫官了；到周宣王时，一部分天官降职为史官，改称"司马"，即司马迁的祖先。这样一来，司马家族便见证了"巫"的演变——由上古巫官演变为虞夏天官，由虞夏天官演变为西周史官——也就是见证了"巫"系统内部的变化。司马迁的家世是富于启发意义的，它让我们认识到：第一，为什么作为史官，司马迁有很鲜明的"天人合一"的思想？这种思想很明显，比如在《史记》中，不仅有《礼书》《乐书》《律书》《历书》《天官书》《封禅书》《日者列传》《龟策列传》等关于天道、祭祀和占卜的章节，而且有"究天人之际，通古今之变，成一家之言"的著述宗旨。现在我们知道，之所以如此，是因为他有"巫"的职业精神。第二，直到汉代，人们仍然以"天人之际""古今之变"为精神价值的终极源头，而不是以"道"和"仁"为源头。第三，在司马迁的思

---

[1] 参见刘涛《〈左传〉所见史官资料分析研究》，烟台大学硕士学位论文，2009年。

> 司马迁秉承"巫"的职业精神，以"天人之际""古今之变"为精神价值的源头，而不是以"道"和"仁"为源头。

想中，不存在"史"和"巫"的对立。因此，中国思想史上"怪力乱神"观念的消长，未必来源于这种对立。第四，史官家族和巫官家族并没有明显的界线。正因为这样，司马迁才会以天官的后裔自任。司马迁《报任安书》中有一句话："文史星历，近乎卜祝之间。固主上所戏弄，倡优畜之，流俗之所轻也。"这句话当然有两层意思：一方面，司马迁不甘于"倡优畜之""流俗所轻"的地位，而追求有思想上的超越；但另一方面，"文史"之人，在当时的确是被看作与"星历""卜祝"同伍的。

第三个事例发生在汉成帝河平三年（前26）秋八月。这时，鉴于秘府之书颇有散亡，成帝诏命谒者陈农求遗书于天下，同时发动了大规模的书籍校勘和整理。于是中国历史上出现了一个著名的文献学事件——"命光禄大夫刘向校经传诸子诗赋，步兵校尉任宏校兵书，太史令尹咸校数术，侍医李柱国校方技。每一书已，向辄条其篇目，撮其指意，录而奏之。"这是中国历史上第一次大规模的文献整理，目标是皇家所藏图书以及分见于兵部、史部、医部的三批图书，而分工原则则是整理与官守、典藏相统一。因此，根据作为整理成果的《汉书·艺文志》，我们可以全面观察汉代的书籍体系；从其中的数术略，又可以细致得知汉代最高史官所掌管的全部知识。细分起来，太史令尹咸所掌握的文化资源包括以下六方面：

（1）"天文"，有《泰壹杂子星》《黄帝杂子气》等21家书。《汉书》说，其宗旨是"序二十八宿，步五星日月，以纪吉凶之象，圣王所以参政也"。

（2）"历谱"，有《黄帝五家历》《颛顼历》等18家书。《汉书》说，其实质是"圣人知命之术"。

（3）"五行"，有《泰一阴阳》《钟律灾异》等31家书，主要内容是依据五行干支、律历等数理关系来推定得失宜忌。

（4）"蓍龟"，有《龟书》《易卦》等15家书，即古代的卜筮之书。

（5）"杂占"，有《黄帝长柳占梦》《祯祥变怪》等18家书，内容是"纪百事之象，候善恶之征"。

古来史官、祭官、天官、卜官同职，出自一源。

（6）"形法"，有《山海经》《相六畜》等6家书，也就是根据山川形势、城郭房舍、人畜器物之形来"求其声气贵贱吉凶"。

这份书单说明，汉代太史令所掌管的知识，其实就是古代巫师的知识。《汉书·艺文志》说："数术者，皆明堂羲和史卜之职也。史官之废久矣，其书既不能具，虽有其书而无其人。《易》曰：'苟非其人，道不虚行。'春秋时鲁有梓慎，郑有裨灶，晋有卜偃，宋有子韦。六国时楚有甘公，魏有石申夫。汉有唐都，庶得粗觕。"这话的意思是：古代"史官"是和祭官（"明堂"）、天官（"羲和"）、卜官同职的，出自一源。这一职业富于技术性，往往因人亡、书亡而中断，以致在商周两代有长时期的衰落。但是从鲁梓慎、郑裨灶、晋卜偃、宋子韦开始，这个系统重新建立起来了。汉太史的知识，便来自春秋以来形成的这个系统。

以上这些例子说明，关于"巫"和"史"的争衡和对立，这一说法是不合适的。

至于史官的起源，研究者也作过很多讨论。现在可以肯定的是："史"是"从又持中"之字，得名于手持的某种工具——有可能是笔、册，也有可能是斗柄、旌旄，还有可能是算筹、网罟。很可能，在不同年代手持不同的东西，因为下面我们要谈到，最初的"史"是口传遗命的人，到文明产生之后才是执掌文字、书契的人。许慎《说文解字叙》所说"黄帝之史仓颉"，卫恒《四体书势科斗古文势序》所说"沮诵、仓颉者，始作书契，以代结绳"，便说到"史"在书契产生过程中的作用。从甲骨卜辞的记载看，至晚在殷商后期，史官便有了专职，因为制历、礼神、占卜、作册、收纳四方文书等等职责，这时都有专人掌管。到西周时期，史官的职事随政治的发展而扩大，参与到王室文字制作的各个方面，比如保管书籍文献、守护图法、起草王命和外令、记录主上言论行事、掌奏律历谥法等。所以《仪礼·聘礼》有一个说法叫"史执书"，《礼记·曲礼上》有一个说法叫"史载笔，士载言"，龚自珍《古史钩沉论》有一个说法为："周之世官，大者史。史之外无有语言焉，史之外无有文字焉。"不过，正如前面讨论过的那样，这时并没有出现"史"和"巫"的明确分工。余英时说："我认为周初著名的史佚也有巫的嫌疑……史佚之所谓'史'必属巫之一类，也就是'事鬼神'的一种分工。"（40 页）这话是符合历史事实的。它说到两个道理：其一说明，直到周初，"巫"和"史"没有明确分

> 最初的"史"是口传遗命的人，到文明产生之后才是执掌文字、书契的人。

第十一讲　关于"天人合一"与"轴心突破"

判；其二说明，"巫"和"史"的区别并不在于是否参与"事鬼神"，而在于采用哪种方式从事"鬼神"等巫事。关于第二个道理，《尚书·金縢》有一句话说"史乃册祝曰"云云。这话的意思是说，在周代的巫祝活动中，册祝之事是由"史"来承担的。

以上是把"史"作为一个整体来看巫、史关系的。要是建立"史官职责有分野"这样一个认识，我们所面对的事情就可能会更加清楚一些。一般来说，参与文化创造和传承的史官有三种：一是掌管星历、天时、瑞应、灾异的史官，亦即太史令。《吕氏春秋·孟春纪》曾说到这种史官，云："乃命太史守典奉法，司天日月星辰之行。"二是负责记录的史官，也就是所谓"左史记言，右史记事"。这种史官又称"御史"，例如《史记·廉颇蔺相如列传》说道："秦御史前书曰：'某年月日，秦王与赵王会饮，令赵王鼓瑟。'"三是负责典藏的史官，比如"掌王之八枋之法，以诏王治"的内史，"掌三皇五帝之书"和"四方之志"的外史。这几种史官，地位较高者要负责制作诰命或内令、外令，地位较低者则只做档案管理。不过，有一种分工却是很肯定的：只有地位最高的史官，才能像古代巫师那样，主持祭典，掌管星历、天时、瑞应和灾异。因此说，"巫"和"史"有两种关系：一是同一的关系，这主要发生在巫和高级史官当中；二是分立的关系，这主要发生在巫和低级史官当中。尽管我们不能把巫和史混为一谈，但是我们也不能笼统地说：推动文明进程的是巫和史的分立。

由于以上缘故，我认为，我们与其从巫史关系的角度，不如从巫职功能的角度，来看早期中国的思想史。从这个角度，可以把早期中国思想史理解为天人关系的几个阶段。

我们知道，《周礼》讲到过三种古巫：一是神巫，二是卜巫，三是祝巫。由此看来，早期中国思想史或可以分为神巫阶段、卜巫阶段、祝

> 从天人关系的角度，早期中国思想史可以理解为神巫阶段、卜巫阶段、祝巫阶段的递进。

巫阶段。神巫的特点是施行法术，也就是采用神秘手段影响环境；它代表了人可以"胜天"的思想。卜巫的特点是预测，也就是采用观测和卜筮等方法来求取天和神的旨意；它代表了人可以"知天"的思想。祝巫的特点是祈祷，也就是采用祈求性的言辞来沟通天与人；它代表了人可以"通天"的思想。这种区分相当于现代科学中工科、理科、文科之分。工科像神巫一样，追求"胜天"，也就是追求对大自然的控制和改造；理科像卜巫一样，追求"知天"，也就是追求对大自然的理解，追求对大自然的未来趋向加以推测；文科则像祝巫一样，追求"通天"，也就是追求同大自然的沟通，同时追求沟通大自然的语言方式。从逻辑上看，这三种巫是先后产生的，因此不妨说是"几个阶段"。进行阶段划分的道理是："巫"是人的自觉意识的产物，既意味着天、人相沟通，也意味着人在心理上和"天"分立。因此，"巫"首先代表了人对于"天"的畏惧心理，以及因畏惧而加以控制的愿望。这样就有了法术。接下来，当人们发现天无法控制，因而致力于理解和推测的时候，人们也就创造了观测和占卜。再接下来，在观测过程中，人对天的敬畏不断加深，所以选择对天进行沟通与和解，这样就有了祝祷。由此看来，原始的工学、理学、文学也可以说是顺序产生的。或者说，在"巫"的成长的每一步，都有科学和思想相伴随。

以上所说并不是无稽之谈，事实上，可以找到许多资料来做印证。比如就古代中国北方地区的情况看，最早的工艺品是具有法术意味的装饰品。北京山顶洞人的项圈（图11-01）就是这种装饰品。它们用穿孔兽牙制成，意思是要借助兽牙的力量来增强人的力量。它们产生在三万年以前。其次是法术道具和占卜道具。河南舞阳贾湖裴李岗文化遗址的刻符龟甲、山东邹县野店大汶口文化遗址的刻符龟甲（图11-02）和骨笛，也就是这种道具。它们意味着巫师拥有歌舞降神、占卜、书写等多种职责。它们产生在八千多年

> 最早的工艺品是具有法术意味的装饰品，其次是法术道具和占卜道具，再次是关于天文观测和天体祭祀的装置。

图11-01

 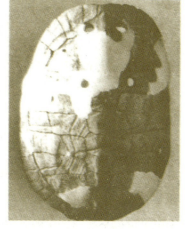

图11-02 新石器时代的刻符龟甲

　　左图是一组龟甲中的一个腹甲，上面刻一个"⊙"形符号。它出土于河南舞阳贾湖新石器时代遗址，属于裴李岗文化类型，距今约8000年。右图是一副龟甲中的背甲，出土时和腹甲合在一起，置于女性死者腰部，其上有四个两两相对的小孔。它出土于山东邹县野店新石器时代遗址第五期，属于大汶口文化类型，距今约5000年。

天体观测在巫术体系中占有中心位置。

前。再次是关于天文观测和天体祭祀的装置，比如河南濮阳西水坡仰韶文化遗址的龙、虎、北斗蚌塑[1]。它们反映了通过观测而了解天、和天相交通的愿望，产生在六千多年前。在大致相同的文化阶段，稍后又出现了辽宁省牛河梁红山文化遗址，其中有祭坛、玉鸮、玉龟和陶鼓；出现了甘肃省永靖大何庄齐家文化遗址，其中有"石圆圈"和卜骨。这也有相同的意义，是当时人通过观测而了解天、同天相交通的实践的产物。

当然，从现存的实物资料看，同卜巫、祝巫相联系的文化遗存占有较大比重：比如用于占卜的龟甲和兽骨，它们出现在从龙山文化时代到西周的许多遗址当中，距今四千多年至两千多年（图 11-03）[2]；又比如下面要讲到的上古时期的文学作

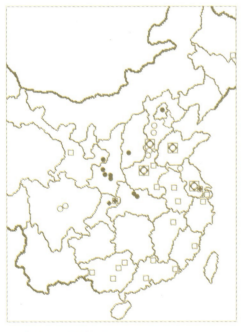

图 11-03　商周龟甲的分布

"□"表示食用龟甲分布区域，"◆"表示随葬龟甲分布区域，"○"表示商代卜用龟甲分布区域，"●"表示西周卜用龟甲分布区域。其中有些区域既出现了食用龟甲、随葬龟甲，又出现了卜用龟甲，因而用重叠符号表示。

---

[1] 孙德萱、李忠义《濮阳西水坡蚌壳龙虎图案研究述评》，《河南文物考古论集》，河南人民出版社，1996 年，第 18 页。

[2] 参见王小盾《中国早期思想与符号研究》第三章第三节，上海人民出版社，2008 年。

第十一讲　关于"天人合一"与"轴心突破"

品和哲学作品，它们其实是祝巫文化的产物。另外需要指出的是：刚才说的汉代大史令所掌管的数术资料，它们和考古学的发现也是一致的。这些数术资料以"天文""历谱"为中心，反映了天体观测在巫术体系当中的位置。数术资料记其最早的年代是黄帝、颛顼之时。这也正是仰韶文化、红山文化的年代。

以上对天人关系的观察，是以工具为线索来进行的。事实上，这是符合认识规律的线索。我们知道，"巫"是"从工"之字。也就是说，"巫"之被人们认识，是因为它掌握了特殊的工具。如上所说，巫的第一种工具是法术道具。在以神巫为主流的时期，巫就是用法术道具来和天交通的。这在《山海经》当中看得很明显：巫师往往手操青蛇、赤蛇，用法术来禁御神怪、利用神奸。出于同样的目的，他们采用了三种巫术方法：一是图画法，也就是通过图画畏兽来祓除邪魅；二是呼名法，也就是通过呼名来克制鬼物；三是歌舞法，也就是通过歌舞来通神。[1] 这样我们就看到了三种巫文化遗存：一是新石器彩陶和原始的岩画，上面有大批表祈禳、厌胜的神秘符号（图11-04）；二是记录各种神怪形象和名称的图书，比如《山海经》和所谓《夏鼎图》；三是关于歌舞的神秘记录，比如画在岩画和彩陶盆上的歌舞图（图11-05）。也就是说，

> 法术阶段有图画法、呼名法、歌舞法等三种巫术方法，因而有三种造型艺术遗存。

---

[1] 参见李道和《〈山海经〉文献性质综论》，《中国俗文化研究》第5辑，2008年5月。

图 11-04　西藏阿里日土县古岩画

图 11-05　马家窑文化彩陶盆，出土于青海大通上孙家寨村

占卜阶段的巫术遗存：殷墟甲骨文。

在这一时期，作为通天的技术，有了绘画、书写和契刻。巫的第二种工具是占卜道具。在以卜巫为主流的时期，这是天人交通的主要工具。这时，巫师们不仅造就了八卦、六爻等符号，而且进一步创造了文字。殷墟甲骨文就是这种巫术的结晶。它表明，殷商王朝统治者面临各种大事，都会用甲骨占卜法来推测天意。从择日、命龟、问占、取兆到检验，占卜过程有复杂的技术和制度。这些技术和制度是占卜工具神圣性的保证。巫的第三种工具是语言文字。每种巫都要用语言来同神灵交流，但到

第十一讲　关于"天人合一"与"轴心突破"

以祝巫为主流的时期，语言的作用就更其重要了——祝巫的基本技能就是在不同的祭祀场合运用不同的文体、言辞与诵读技巧。这时，语言和文字是主要的通天工具。对语言工具的精密性的追求，促进了祝祷的艺术化，同时产生了用于祝祷的文学。这种文学隐藏在《周易》《诗经》当中，被称作"颂"和"繇"。大家都知道，"颂"和"繇"是最早的汉语诗体，至晚产生于西周时期。这是由祝巫和一部分卜巫所创造的用于祭天仪式的韵文文体，它们标志着中国文学进入了历史时代。[1]

总而言之，我们可以从巫术工具的角度，来认识文明的起源和发展，进而认识中国思想史的起源和发展。我们知道，工具的特点是具有主客二重性——既是自然之物，又是人的某种器官的延长。因此可以说，工具是天和人的中介，工具文明是思想的体现，在上古工具史和文明史中隐藏了一部生动的思想史。

> 祝祷阶段的巫术遗存："繇""颂"和其他文学作品。

以上关于神巫、卜巫、祝巫三分的看法，有一个意义，就是让我们从中国思想史的角度重新审视祝巫。我们已经知道，祝巫是用语言来交通天人的巫师。而语言是什么呢？是有意义的声音，是表达内心情感和思想的符号。因此，天人之间的语言沟通，也就是心灵和思想的沟通。古人重视这种沟通，曾经选择最具声音感知能力的人来承担与天相交通的

---

[1] 王小盾《中国韵文的传播方式及其体制变迁》，《中国社会科学》1996年第1期。

任务。这种人就是所谓"圣"。"圣"(聖)字与"声"、"听"(聽)二字同源,本义就是耳聪、善听。所以《国语·楚语下》把"圣"和"聪"当作古巫觋的品德,说:"其智能上下比义,其圣能光远宣朗,其明能光照之,其聪能听彻之。如是则明神降之。"意思是说,巫觋是通神的人,因而要善听、善思,既能听彻神的旨意,又能"上下比义""光远宣朗"——也就是要借声音来通天道,要在天和人之间进行思考,同时要能表达和传达("光远宣朗"的意思就是要把神明之玄妙传达出来)。到西周,这种被称作"圣"的巫师职责专门化了,祝巫于是登上历史舞台。我们于是在周代《禽鼎》上看到"大祝"一名,又在《周礼》中看到关于"小祝""丧祝""甸祝""诅祝"的记录。《周礼》说,祝巫要掌管"顺祝""年祝""吉祝""化祝""瑞祝""策祝"等六种祝告辞,用来祭祀鬼神,祈求福祥;又要掌握"类""造""策""攻""说""禬"(guì,为消灾除病而举行的祭祀)等六种祈祷法,以便使人鬼、天神、地神协和一致。除此之外,祝巫还要撰作"祠""命""诰""会""祷""诔"等六类文辞,以沟通上下、亲疏、远近的人。

> 祝巫创造了"祠""命""诰""会""祷""诔"等六种文体。

这六类文辞后来发展成为六种文体:"祠"用于神人交接,"命"用于册封赏赐,"祷"用于庆贺祝福,"诔"用于表彰生平德行,"诰"是君告于臣的文辞,"会"是会同盟誓之辞。徐复观在《中国人性论史·先秦篇》中说:周初人文精神的跃动,表现为"敬""德""天命""礼"等观念的出现,表现为天人之间出现了道德交流,表现为天命权威让位于圣人权威。他列举的书证,主要是周初的文诰,大都出自周公之手。[1] 如果说周公是当时的巫祝，和伊尹、伊陟、臣扈、巫咸、巫贤、甘般等人是同类人物[2]，那么可以想象，周初以来富于人文精神的那些思想，其实是和巫祝的活动分不开的。也就是说，中国早期思想中最重要的那部分，是通过天人之间的语言交流而形成并表达出来的。

> 中国早期思想中最重要的那部分，是通过天人之间的语言交流而形成并表达出来的。

总之，我认为，中国早期思想是在巫文化当中发展起来的。巫师功能的调整，对于推动思想变化有至关重要的作用。当然，根据《尚书·金縢》所说的"史乃册祝"云云，巫祝的职责往往是由"史"来承担的；但在我看来，这里的"史"其实还是"巫"的一种，因为它仍然在巫文化的系统中发挥作用。

四、关于经典的形成

最后，我们谈谈经典的形成。

"经"是从"糸"之字，意思是把竹简编连起来。在春秋战国时代，"经"代表用于诵习的课本。同它相关联的词是"传"，是从"人"之字，意思是通过人对"经"加以传授和解说。我们要谈"经典"，就不能不谈"传"。因为"经学"产生出来的标志就是"传"。"传"意味着"经"有了固定的形式，成了教育之本；意味着"经学"产生了，世上有了一

---

[1] 徐复观《中国人性论史·先秦篇》，九州出版社，2014年，第15—30页。
[2] 参见郝铁川《周公本为巫祝考》，《人文杂志》1987年第5期；付林鹏《由清华简〈（耆）夜·乐诗〉看周公的巫祝身份》，《中国文物报》2010年8月20日第6版。

> 作为对教本的解释，"传"是"经学"产生的标志。

种"备王道"的学问。中国文化于是进入了经典时代。在此之前，"经"的形态是另一种，也就是作为商周古文献的形态。

以上这句话的意思是：经典形成这件事，是和两个事物相关联的：从近处看，是教育；从远处看，是文献的产生、文献体系的形成。关于后面这件事，有很多传说。比如孔安国《古文尚书序》说伏羲、神农、黄帝之时已经有图书，"谓之《三坟》"；少昊、颛顼、高辛、唐、虞之时也有图书，"谓之《五典》"。除此之外有记八卦之义的书，名叫《八索》；有记九州物产的书，名叫《九丘》。这个说法可以和《汉书·艺文志》关于五帝图书的记录相印证。《汉书·艺文志》方技略中有《宓戏杂子道》《神农杂子技道》《黄帝内经》等，诸子略中有《神农》《黄帝四经》《黄帝铭》等，兵书略中有《神农兵法》《黄帝》等，数术略中有《神农教田相土耕种》《黄帝杂子气》《颛顼五星历》等。这些记录当然有假托的成分，但其中必有通过传说而保留下来的历史底层。《周礼·春官》记载外史之责，说他"掌三皇五帝之书"；《礼记·礼运》记孔子的话，说"大道之行也，与三代之英，丘未之逮也，而有《志》焉"。这两段话的意思是：中国的图书出现在三代以前；当时的"大道"有"故志""训典"等文献加以记录。司马迁著《五帝本纪》，也说《五帝德》《帝系姓》等书"所表见皆不虚"，古记录"其轶乃时时见于他说"。也就是说，从周代到汉代，人们都认为，五帝以来已经产生了关于历史与文化的记录。尽管散佚很多，但这些记录是"六经"得以形成的基础。

第十一讲　关于"天人合一"与"轴心突破" | 369

因此，讨论"经典的形成"，就要从五帝时代谈起。下面，我打算以"六经"中的三部经典为例，来说明经典形成的一般规律。

> 五帝以来关于历史与文化的记录，是"六经"得以形成的基础。

（一）《易》

按照古文经学家的看法，"六经"指的是《易》《书》《诗》《礼》《乐》《春秋》；《易》为"六经"之首。为什么要把《易》列为"六经"之首呢？现代学者提出了两个解释：其一，因为《易》在"六经"中产生最早；其二，因为"易"道广大，弥纶天地，从孔子晚期就受到特别的关注。这两个意见都是有一定依据的。前一个意见的依据是：关于《易》的产生，古有"人更四圣，世历三古"的说法。也就是说，《易》的产生可以追溯到五帝时代，经过了伏羲造八卦、周文王和周公重六十四卦、孔子作十传等三个阶段。《易传·系辞》则进一步说，《易》是经由观象成图、观象系辞两个阶段而形成的，伏羲氏完成了前一阶段，周代圣人完成了后一阶段。

> 考古资料证明：《易》是经由观象成图、观象系辞两个阶段形成的。伏羲氏完成了前一个阶段，周代圣人完成了后一个阶段。

值得注意的是：以上说法中的年代要素，现在已经得到考古学资料的证实。比如在江苏海安青墩遗址发现遁卦（艮下，乾上）和归妹卦（兑下，震上）卦画[1]；其年代属于新石器时代晚期，和传说中的伏羲时代相当。类似的"数字卦"在另外一些相近时期的文物上也有发现，比如在青海乐都柳湾马厂类型的墓葬中，出土了刻写卦画的陶器；在河南淮阳

---

[1] 南京博物院《江苏海安青墩遗址》，《考古学报》1983年第2期。

平粮台，出土了刻写卦画的黑衣陶纺轮；在浙江萧山跨湖桥遗址，出土了刻写卦画的鹿角器和木箸。[1] 至于商周时期的"数字卦"，则在近几十年发现了至少74例。这证明《易》的筮法在商周时期已经成熟。

特别值得注意的是：2001年，在陕西省西安市长安区西仁村出土的西周陶拍上，发现了六个"数字卦"。其中一件陶拍上有《既济》《未济》二卦（图11-06上），另一件陶拍上有《师》《比》《小畜》《履》四卦（图11-06下）。后四卦的顺序与今本《周易》卦序相同，说明今本《周易》六十四卦，以及诸卦之间"非覆即变"的关系观念，在西周时期已经出现。[2] 我们知道，在《易》的卦爻辞中，有不少关于周初、早周甚至殷商时期人和事的记录，例如高宗伐鬼方、帝乙归妹、箕子之明夷等等。两相比较，可以相信，这些记录是来自殷周之际的。也就是说，古人关于《易》的形成过程的说法，不是虚言，而是有一定的历史资料来支持的。

图11-06

---

[1] 《青海乐都柳湾原始社会墓葬第一次发掘的初步收获》，《文物》1976年第1期；《河南淮阳平粮台龙山文化城址试掘简报》，《文物》1983年第3期；《浙江跨湖桥遗址所出刻划符号试析》，《东南文化》2008年第1期。

[2] 李学勤《新发现西周筮数的研究》，《周易研究》2003年第5期。

《易》的形成过程，说明了以下两个道理：

第一，古代经典并非产生于一时一地，相反，它集中了不同时代人的智慧。在不同时期，每部经典都有不同的身份。比如在观象成图阶段，《易》本质上是图画之书，用于筮占。但到观象系辞阶段，它就具有道德教训之书的性质——在这一阶段，它提出了"临""观""谦""节"等概念，要求君子勤于政事、细心体察、谦谨节俭；又主张"履道坦坦""终日乾乾""无妄"，加强自我修养；从功能看，这时的《易》就不仅用于筮占，而且用于察言、观变、制器、自省了，成为教训之书。接下来，到《易传》阶段，《易》进一步变化为哲学伦理著作，对《易经》中的宇宙人生道理作了创造性的阐述和发挥。由此可见，一部经典的形成史，实际上是中国早期思想史的缩影。

第二，《易》原来是一部筮占书，成于三代巫师之手，典型地表现了中国古代思想史同巫文化的关系。之所以说"典型"，是因为其他经典的形成过程也和巫文化相关。比如下面还要谈到，《诗》原来是仪式之歌，成于瞽矇之手；《乐》本质上是祭祀之乐，由巫师掌管；《礼》源于祭祀，后来兼用于人伦关系；而《书》的大部分文体也产生于上古社会祭祀天地山川的仪式。

以上最后这句话，说得有点唐突，需要作点补充。关于《书》文体同祭祀仪式的关系，可以举"典""册""盟""誓""诰""歌""辞"等为例。这些文体可以分为以下三组：（1）"典""册"。根据殷墟甲骨文的用例，这两种文体都来源于祭祀先王先妣的仪式，又称"工典"和"贡典"。"工典""贡典"的意思是：在祭祀时，要贡献典、册于祖先神灵之前。[1]（2）"盟""誓"。《周礼》郑玄注说过：盟、诅、坎、誓、载书等文体都是诅祝所掌

---

[1] 参见于省吾《释工典》，《于省吾著作集》，中华书局，2009年，第165—166页。

的文体,"所以告神明"。其中"载"为盟誓;"盟者,书其辞于放策,杀牲取血,坎其牲,加书于上而埋之,谓之载书"。同样,"诰"也是祝巫的文体,最早是指告于神灵的文辞。(3)"歌""辞"。从《吕氏春秋·古乐》所记载的"葛天氏之乐"看,上古人在祭祀仪式中演唱过许多同祭祀舞蹈相伴随的祷辞和组歌。《尚书·夏书》中的《五子之歌》、《尚书·虞书·大禹谟》提到的"九歌",正是这样的组歌。另一方面,从《礼记·郊特牲》所记载的"伊耆氏蜡辞"看,祭祀仪式上的祝辞往往有巫术意味。比如这首辞说:"土反其宅,水归其壑,昆虫勿作,草木归其泽。"实际上是对于土、水、昆虫、草木的祝祷。

> 古代经典是经过巫文化的孕育逐渐形成的。中国早期思想的发展,缘于巫文化的发展和巫师功能的调整。

总而言之,古代经典是经过巫文化的孕育而逐渐形成的。正如前面说过的那样,中国早期思想的发展,的确缘于巫文化的发展和巫师功能的调整。

(二)《书》

《书》,又称《尚书》,是上古各种政事史料的汇编,主要是对王者言论和政府文诰的记录。《史记》《汉书》有一个说法,说孔子纂《书》,"上断于尧,下讫于秦",《书》的资料来源最早可以追溯到"唐虞之际"。对于理解《书》的形成史,这个说法很重要,因为它联系于以下几个事实:

第一,今存《尚书》的一些篇章,可以追溯到唐尧、虞舜时代,比如《尧典》《皋陶谟》。这意味着什么呢?《史记·五帝本纪》说:"学者多称五帝,尚矣;然《尚书》独载尧舜以来。"这意味着它们是关于五帝时代的历史记录。

由于司马迁看到过很多类似的记录，并且作了比较才加以采录，所以这又意味着，司马迁对孔子纂《书》的判断是有根据的。

第二，《书》之成书经过了一个从口诵到笔记的过程，所以其篇章明显保留了口诵的痕迹。比如《书》的篇章多用从"口"从"言"之字为篇名，其例有"诰""誓""训""语""说""命"等等；又比如《书》中有大量韵语，表现了对记诵的适应。由此看来，《书》的历史开始于口诵时代，早于文字记录的历史。关于《书》的史料来源，《尧典》是一个很好的例子。学者们曾经认为《尧典》的内容来源于西周史官对尧时代的历史追述，甚至来源于春秋战国儒家对理想国家政治模式的构想；但是，很多早期史料否定了这些看法。比如《尧典》描述东、南、西、北四方之风，使用了"析""因""夷""隩"四字。殷墟甲骨文和《山海经·大荒经》已经为这些风名提供了旁证，也就是提供了相近的神名。这就说明，《尧典》的内容确实有古老的渊源，只不过这些材料一度是用口头方式保存的，到后来才得到史官的整理记录。

第三，关于孔子以《书》设教一事，有很多记录作为证据。首先是有直接证据，比如《论语·述而》记孔子以雅言说《书》，《列子·仲尼》和《庄子·天运》称"丘治《诗》《书》"。其次是有间接证据，比如在《孔丛子》《尚书大传》中可以找到39条关于孔子论《书》、释《书》的资料。[1] 另外还有旁证，比如郭店楚简、上海博物馆所藏楚竹书中的《缁衣》篇均以"子曰""夫子曰"的形式称引《书》的篇名和文本，达7条10次。可以说，孔子以《书》设教是真实的事情，有完整的证据链支持这一认识。而且，从关于鲁国藏书的记载和孔子施教的需要看，孔子整理《尚书》也有良好的条件和明确的动机。

---

[1] 参见马士远《周秦〈尚书〉流变研究》，扬州大学博士学位论文，2007年，第140—150页。

> 关于《书》的成书史的三个事实：基于唐尧至于周秦的政事档案而编成；经过口诵、笔记、成书、编为教本等四个阶段；孔子是其中的关键人物。

总之，可以肯定，《书》是基于唐尧至于周秦的政事档案而编成的书。它经过了口诵、笔记、成书、编为教本等四个阶段才形成。孔子是这个成书史中的关键人物。关于《书》的形成史，这是几个基本事实。

下面，且让我对"四个阶段"的说法再作点具体解释。

首先谈谈口诵。刚才说到，上古之书总是有一个口诵的形态。这是容易理解的，因为口语产生在文字之前；文字的记录功能，最初总是由口语来承担。《左传·文公六年》就说到这一点，说"古之王者"为了建圣哲、树风声，要"著之话言""告之训典"。也就是说，"训""典"一类遗命，原来是用口语方式传授的。最初的"史"，应该就是口传遗命的人，所以古书留下了"瞽史"一名。《国语·晋语》说："瞽史之纪曰：'唐叔之世，将如商数。'"又说："瞽史记曰：'嗣续其祖，如谷之滋。'"这里的"瞽史"，显然是合称，而不是并称。这里的瞽史之言，用比喻，叶韵，句式是整齐的四言，明显适合记诵。这证明"瞽史"是用口传言的"史"。殷墟卜辞也表明，"史"并不主管文笔簿书，而是以口耳言传为职事方式。[1] 到周代，这样的史官有"训方"和"诵训"。《周礼·夏官·训方氏》说：训方氏的主要职责是传达"上下之志"和"诵四方之传道"，诵训的主要职责则是向君王"掌道方志"。这些情况可以帮助我们理解口诵阶段的《尚书》。

---

[1] 参见饶龙隼《〈书〉考原》，《扬州大学中国文化研究所集刊》第一辑，江苏古籍出版社，1998年，第89页。

《尚书》中有《大诰》《酒诰》《文侯之命》等篇章，其中有"王若曰"云云；有《无逸》《君奭》《立政》等篇章，其中有"周公若曰"云云。"王若曰""周公若曰"表明，这些篇章是"口传遗命"的作品。而《尚书》中的《洪范》则以箕子与武王的对话为内容；对话中的箕子，其身份实际上就是诵训。值得注意的是：上述作品包含了很多歌、谣、谚、成语和其他韵语，说明它们的确出于瞽史、巫祝的口诵。

> 上古之书出自瞽史、巫祝的口诵，早期形态是口诵形态。

现在谈谈笔记。除训方氏和诵训以外，《周礼》记有"土训"。土训的职责是"掌道地图，以诏地事"。《尚书·禹贡》和《史记·夏本纪》大禹治水部分，专论九州"地事"，显然出自土训的手笔。不过分析起来，这些篇章至少经过了两次整理：第一次是从口传到文字记录，第二次是司马迁的修改润色——也就是《夏本纪》对《禹贡》的采录。比较起来看，《夏本纪》主要作了两种修改：一是增句明义，二是把佶屈聱牙的文字改流畅，比如以"其"代"厥"、以"治"代"乂"等等。这提醒我们，《书》的其他篇章，也经过了类似的修改——经过了从口诵到文字的整理。

关于从口诵到文字的整理，最早的事迹见于《史记·夏本纪》——请大家注意《夏本纪》中的动词"作"，在我看来，它的意思就是写作。这在《夏本纪》中有三个例证：其一是启伐有扈氏，"将战，作《甘誓》，乃召六卿申之"。在这里，"作"是和"申"相对而言的。从文义看，这是先"作"而后"申"，可见"作"是写作，"申"是用言语重申。这说明，《甘誓》在当时就用文字记写下来了。其二是太康之弟五人"须于洛汭,作《五子之歌》"。在这里,"歌"的目的是闻于太康,可见《五子之歌》有"作"的过程。其三是中康征羲、和,"作《胤征》"。孔安国说,"胤征"是指"胤国之君受王命而征之"。可见它是篇名,代表了对内容的概括,也代表了成文的篇章。总之,这些记录表明,夏代人已经有能力作文字记录了。

> 夏代已经有了文字记录。《夏本纪》中的动词"作",意思是写作。

我们知道,近百年来的考古学资料提供了两个重要知识:(1) 夏文化是存在的;(2) 古史记载在主体上是可靠的。[1] 因此,韩非子所谓"仓颉之作书",《吕氏春秋》所谓"夏太史令终古出其图法……出奔如商",孔子所谓"殷因于夏礼所损益可知",《礼记》所谓"夏后氏之序也"(序指学校),以及《左传》所记"夏书"、《国语》所记"夏商之嗣典"、《孟子》所记"夏谚",都可以拿来和司马迁关于夏代"作"辞的记录相参证。它们意味着,早在夏代,就出现了《书》的文字篇章。汉代古文《尚书》中的《禹贡》《甘誓》《五子之歌》和《胤征》,至少部分地反映了夏代《书》的面貌。

接下来谈谈《书》的成书。这是一个漫长的过程,大致起始于殷代,因为在殷代出现了系统的文献整理和保存的制度。这也有几个证据:(1)《尚书·多士》说:"惟殷先人,有册有典。"这是说殷代已经形成文献保存的制度。与此对应,《书》中有许多殷先人的典册。(2) 殷墟卜辞中常见"册""乍册""祝册""王若曰"等词语,表明殷代的告神册祝文和帝王之记都已经形成了某种范式;而后者是商代

---

[1] 参见王树民《文字记载中的史前时期历史》,《河北学刊》2005 年第 1 期。

《书》文献的常见文体。(3) 据《史记·殷本纪》记载，殷代商汤、太甲之时有过两次较大规模的文献制作活动，商汤时所制有《帝诰》《汤征》《汤誓》《典宝》《夏社》《汤诰》《明居》《中垒之诰》《咸有一德》等篇章，太甲时伊尹所作有《伊训》《肆命》《徂后》《太甲训（三篇）》等篇章。这些篇章中的《帝诰》《汤誓》《典宝》《汤诰》《咸有一德》《伊训》《肆命》等均见于汉代的《尚书》，可以推测，它们是经由殷代人编订而得以保存下来的。(4) 在新近发现并整理的清华竹简中，有8篇《尚书》类文献。其中《尹至》《尹诰》两篇属《尚书》中的"商书"，其内容是伊尹和汤王的对话，文体和语言特点与今文《尚书》中的相关内容一致。这说明，这些篇章并不是后人的伪造，而有很早的来源。[1] (5)《吕氏春秋·先识览》说"殷内史向挚见纣之愈乱迷惑也，于是载其图法，出亡之周"，从"载"字可见殷内史所掌"图法"具有一定数量。周代金文也表明，殷周之际，有大批史官投奔了周王室，例如微史家族的作册令和作册大。[2] 这就是说，周代的文献及其制度是对殷代的继承，周代人对《书》的编修以殷代史官的编修为基础。总之，殷代人对《书》文献的制作、保存和整理，显然有重要的贡献。

> 殷代史官对《书》的编修是《书》之成书的基础。

---

[1] 参见廖名春《清华简与〈尚书〉研究》，《文史哲》2010年第6期；李学勤《清华简与〈尚书〉、〈逸周书〉的研究》，《史学史研究》2011年第2期。

[2] 参见刘源《研究〈春秋〉可利用殷墟甲骨文材料》，《叩问三代文明：中国出土文献与上古史国际学术研讨会论文集》，中国社会科学出版社，2014年。

关于《书》的编修，有一种意见认为，其最初的年代在周昭王、穆王年间。理由有四：（1）这时有过成规模地编纂典籍之举，史称"比缀以书"。（2）这时恰好是"王者之迹熄"的时代，政局变动，所以要以《春秋》陈近事，以《尚书》道往昔。（3）从《史记》的记载看，到周穆王之时，《书》篇之制作已达53篇，有结集的必要。（4）流传于后世的《书》篇往往残留了此时的制度痕迹，说明在这时有过修订。[1] 这四条意见是有道理的。可以补充的是：周穆王年间的"比缀以书"，在"诗"创作方面也有表现。《书序》说穆王命伯冏作《冏命》、命君牙作《君牙》，《今本竹书纪年》说穆王时吕侯作《吕刑》，也都是周穆王年间的制作。另外，清华简载有穆王和臣下的问答之语《祭公》篇，说明这种制作在战国时期有广泛流传。有人曾经根据周穆王以后（前921年以后）不断有新篇章增补进《书》的现象，对以上看法提出过反诘。这个反诘其实是不成立的，因为我们不能肯定，《书》只有一次结集；相反，它有过多次结集，而周穆王时的编纂事业是其中比较重要的一次。可以说，这次结集为《书》的进一步结集奠定了基础。

关于周代《书》的存在状况，今可以从《左传》《国语》两部书中窥见。这两部书记载了春秋以前人引《书》的近百

---

[1] 参见饶龙隼《〈书〉考原》，《扬州大学中国文化研究所集刊》第一辑，第80—86页。

个实例[1]，从中可以知道，早在西周时期，《书》就是王公贵族所熟知的典籍。正因为这样，它往往在交谈中被引用。引用的目的主要有二：一是议政，二是促进修身。这说明《书》在周代主要有两种功能：一是"赞治"，二是"造士"。关于赞治，《国语·周语》有几个说法：其一说"赋事行刑，必问于遗训而咨于故实"；其二说"若启先王之遗训，省其典图刑法，而观其废兴者，皆可知也"；其三说"天子听政，使公卿至于列士献诗，瞽献曲，史献书……而后王斟酌焉，是以事行而不悖"。这些说法表明，周代的行政事务在很大程度上依赖于"遗训""故实""典图"等文书档案，《书》类文献早已成为施政的参照。

以上这些话，既是说《书》的功能，也是说《书》之所以能被编辑的缘由。不难判断，首先一个缘由就是为"赞治"而编为训典，其次一个缘由则是为"造士"而编为教本。关于"造士"，最具代表性的说法是《礼记·王制》所说："乐正崇四术，立四教，顺先王诗、书、礼、乐以造士。"我们读这句话，要注意三件事：（1）造士之教是由礼官"乐正"主持的，因此，它属于周代官学，来自礼仪之教。（2）造士之教有诗、书、礼、乐等四个科目，先诗、书而后礼、乐；也就是说，在这些科目中，"书"是和"诗""礼""乐"平列的。（3）在这里出现了"书"这个《书》的总称，这意

> 周代人对《书》的编纂，一是为"赞治"而编成训典，二是为"造士"而编为教本。

---

[1] 参见陈梦家《尚书通论》，中华书局，2005年，第7—14页；饶龙隼《〈书〉考原》，《扬州大学中国文化研究所集刊》第一辑，第58—61页。

味着,在称引篇名(例如《泰誓》《汤誓》)、称引类名(例如《虞书》《夏书》)之后,出现了一种新的称引方式,也就是称引"书"的方式。在我看来,这是很了不起的事情。因为这一方式实际上代表了《书》作为教本的出现。这样说的理由是:《国语·晋语》和《左传·僖公二十七年》也提到过这个作为教本的《书》。前者说前642年,齐桓公之女姜氏劝重耳回国,云:"西方之书有之曰:'怀与安,实疚大事。'《郑诗》云:'仲可怀也,人之多言,亦可畏也。'"后者说前633年,赵衰发表评论说:"说《礼》《乐》而敦《诗》《书》。《诗》《书》,义之府也;《礼》《乐》,德之则也。"在这两段话里,"书"都是和"诗"并举的,这说明总称"书"的习惯的确缘于《诗》《书》"造士"之教。依此推论,春秋以前人所引述的《虞书》《夏书》《商书》等等,便代表了用于"赞治"的书。这也有一些例证。比如《左传·隐公六年》记载,前717年,君子评陈桓公有云"《商书》曰:'恶之易也,如火之燎于原,不可乡迩,其犹可扑灭'"云云;又如《左传·庄公八年》记载,前686年,鲁庄公反对伐齐,有云"《夏书》曰:'皋陶迈种德……'"云云。前一段引文出自《尚书·盘庚上》,后一段引文是《尚书》逸文,它们的内容都是议政。由此可以推断,这里说的《夏书》《商书》,是因为政治需要而编成的。

> 以《书》"赞治"造成了称引篇名和类名的习惯,以《书》"造士"造成了总称"书"的习惯。后者意味着《书》已成为教本。

现在让我把上面这段话的意思再重复一下。在我看来,《书》的编纂经过了三个阶段:第一阶段,《书》以"篇"

为单位流传；第二阶段，《书》以"类"为单位流传；第三阶段，《书》作为"书"而流传。以"类"为单位流传的《书》是因政治需要而编辑起来的，所以重视作品的朝代，也就是重视作品的政治背景，称作《夏书》《商书》等等；以"书"为单位流传的《书》是因教育需要而编辑起来的，所以和"诗""礼""乐"等连在一起，并称"诗、书、礼、乐"。从现存记录看，后两种情况主要出现在春秋以还；但可以肯定，这三个阶段在西周便已经完成了。上面引《国语·晋语》说到"西方之书"，意思是来自周人的书——既可能是指《尚书》，也可能是指《逸周书》。但不管指哪种《书》，"西方之书"一名都说明，《书》是以周王室为中心而传播的。《左传·哀公三年》记载说：前492年五月，鲁国宫室发生火灾，南宫敬叔"命周人出御书，俟于宫"。可见鲁国正宫的藏书是由周人掌管的，这些书都来自周王朝的赐赠。总之，在西周之时，已经有《书》的定本。事实上，从各方面资料看，书教也是从周王室开始的。

> 《书》的三个流传阶段：以"篇"为单位流传的阶段，以"类"为单位流传的阶段，作为"书"而流传的阶段。

以上所说，是《书》形成史的大概。现在，我们从中概括出几个要点：

第一，把《书》编辑成书，有两个动机：一是"赞治"，二是"造士"。《书》中各篇文献的制作、保存和年代归类，主要出于"赞治"的需要，即政治需要；这些文献之被编辑成一部相对完整的书，则主要出于"造士"的需要，即教学需要。

第二，在西周时代，"诗""书""礼""乐"已经成为贵族教学的中心内容,《书》于是作为"四教"的教本而编辑出来。《史记·秦本纪》记载秦穆公语云:"中国以《诗》《书》《礼》《乐》法度为政。"这说明"《诗》《书》《礼》《乐》法度"代表了周代官教的传统。近几十年出土的战国竹书,凡谈到"六经",都以《诗》《书》《礼》《乐》《易》《春秋》为序,也反映了这个传统的影响。因此可以说,"六经"是因教育而形成并传播开来的。

第三,除周代官教而外,春秋战国之时另有一些教学体系。比如《管子·山权数》说到齐国的体系,以《诗》《时》《春秋》《行》《易》《卜》为科目,年代在前645年管子卒年以前;《国语·楚语上》说到楚国的体系,以《春秋》《世》《诗》《礼》《乐》《令》《语》《故志》《训典》为科目,年代在楚庄王(前614—前591年在位)之时。顾名思义,《时》的内容是历法,《春秋》的内容是诸侯之史,《行》的内容是礼仪,《世》的内容是先王世系,《令》的内容是法令,《语》的内容是先贤言论,《故志》的内容是历史文献,《训典》的内容是法制文献;这些文献和《诗》《书》《礼》《乐》不太相同。

> 春秋战国时期的几个教学体系。

由此可以窥见周朝官教和侯国之教的区别:前者更重视道德修养,故重视《书》教;后者则更重视地方性知识,故重视《春秋》之教。

第四,以上区别有一个重要原因:"书"是帝王之记,"春秋"是诸侯之记。先秦文献表明,周王室和诸侯国的藏书内容不同,有《书》类文献和春秋类文献的分野——《书》类文献由周王室保存,春秋类文献由诸侯国保存。这是和周代的制度相对应的:诸侯国要在"春秋"的名义下记录本国事迹，并朝报于周；而周王朝则按"礼乐征伐自天子出"的制度，向侯国颁"书"。[1] 由此可以理解两件事情：其一，典籍、教学、思想这三者，有彼此影响的关系——教学内容受制于典籍制作和编纂，思想发展又受制于教学内容。因此，两周时代不同地区的文化发展是不一样的，人的思想观念也是不一样的。其二，从《左传》《国语》所记春秋以前人称引《书》的情况看，周朝和晋、鲁、郑、楚、齐、虞等国都有《书》在流传[2]，但其中鲁国的文化地位却显得特殊。鲁国素来被视为礼乐之邦。《礼记·明堂位》和《史记·鲁周公世家》记载说：作为周公的封国，鲁国在诸侯国中独有天子之礼乐，受赐之物包括"祝、宗、卜、史，备物、典策、官司、彝器"。因此，鲁国有较好的文献基础和教育传统。《左传·昭公二年》说韩宣子聘于鲁，见到《易象》《鲁春秋》诸书，感慨"周礼尽在鲁矣"。《庄子·天下》篇说"其在于诗、书、礼乐者，邹鲁之士搢绅先生多能明之"。这都是说，鲁国具有丰富的典籍和礼乐人才。

根据以上四点来理解孔子编次《书》篇、撰写《书》序的事迹，我们就知道，这是一件合乎情理的事

> 从文化传统、教育传统、文献条件三方面看，孔子之编次《书》篇、撰写《书》序，是一件合乎情理的事情。

---

[1] 参见潘莉《〈尚书〉文体类型与成因研究》，中央民族大学博士学位论文，2013年，第45—46页。

[2] 饶龙隼《〈书〉考原》统计，《左传》《国语》所记春秋以前人对《书》的称引，晋有27次，周有19次，鲁有11次，郑有9次，楚有5次，齐有4次，虞有3次，卫有2次，秦、吴各1次。《扬州大学中国文化研究所集刊》第一辑，第62页。

情。它代表了对三代文化的遵从,继承了周代以《诗》《书》《礼》《乐》造士的传统,也充分利用了鲁国的文化资源。而孔子在教学科目中加入《鲁春秋》这件事,则意味着对周代教材体系的丰满和充实。

(三)《诗》

《诗》,也就是"诗三百"。关于它的形成,有两篇论文可以参考:一是我写的《诗六义原始》,最初发表在《扬州大学中国文化研究所集刊》第一辑,1998年由江苏古籍出版社出版;二是马银琴写的《两周诗史》,2006年由社会科学文献出版社出版。我主要讨论了《诗》文本得以形成的教育制度的背景,马银琴则具体论述了《诗》文本形成的历史过程。现在我们先谈马银琴的研究收获。据她考察,《诗》文本是经由以下六个阶段形成的:

第一阶段是西周初期,也就是从武王克商到周公制礼作乐的时期。这一时期发生了"三监之乱",即管叔、蔡叔等人向周公旦争夺王权的叛乱。《诗·豳风》中的《鸱鸮》就是对这一事件的描写,所以其中有"予室翘翘,风雨所漂摇"的诗句。周公执政前六年做了好几件大事:先是分封诸侯国,后是营建新都成周,再后来是制礼作乐。最后这件事影响最大,比如在"诗"中出现了《周颂·维天之命》《大雅·文王》等作品:前者用于祭祀文王的典礼,后者用于祭祀周始祖后稷的典礼。另外还有一些作品已经亡佚了,比如《我将》《武》《赉》《酌》《桓》等等《大武乐》的歌词。这件事在古书上也有反映,比如《竹书纪年》说:"(康王)三年定乐歌。"这话

> 周公时期的乐歌在康王三年形成某种文本。

的意思是说：周公时期的乐歌在康王三年得到总结，形成某种文本。

第二阶段是西周中期的穆王时代，也就是前面说过的"比缀以书"的时代。这是周王朝由极盛走向衰落的时代。周昭王在伐楚途中溺死了，其子周穆王于仓促之间继承了王位。这在当时使用的典礼歌词中有明显表现——在《周颂》之《闵予小子》《访落》《敬之》《小毖》等篇章中，反复出现了"遭家不造""维予小子，未堪家多难""未堪家多难，予又集于蓼"等诗句。不过，穆王却是一位重视礼乐建设的君主。在他的领导下，礼乐制度在这一时期有较大发展：一方面出现了一批用于祭祀典礼的仪式乐歌，比如祭祀先王的《雍》和《载见》，歌颂文王、武王的《大雅·文王有声》以及歌颂周穆王自己的《大雅·棫朴》；另一方面出现了燕享仪式乐歌，代表作品有《大雅》中的《行苇》《既醉》和《凫鹥》。燕享乐歌的出现，意味着礼乐制度的完善，也意味着"比缀以书"包括对雅乐、燕乐这两种礼乐文献的编定。不仅如此，根据《国语·周语上》所记"周文公之颂曰"云云，这时还编订了《周颂》一书，只是未分篇名。

> 周穆王时期，除雅乐文献外，燕乐文献也得到了编定。

第三阶段是西周后期，也就是厉王、宣王时期。周厉王是历史上有名的暴君，曾经因为暴虐专横而被国人赶出京城，流放到彘地。但是，在他垮台之前，已经有一批谏官写下了讽刺朝政、哀叹社会混乱的诗篇。这就是被称为"厉王变大雅"的《民劳》《板》《荡》《抑》《桑柔》等诗篇。《国语·周语上》记载：芮良夫谏厉王有云"《颂》曰""《大雅》

曰",这意味着,厉王时的诗文本已经以《颂》《雅》分立的形式流行了。

厉王失位后,继承王位的是人称"中兴"之君的周宣王。宣王之时,不仅出现了"变雅入《诗》"的情况——也就是把厉王时候的谏诗用于仪式讽谏,编入收录仪式乐歌的诗文本——而且出现了诗创作的高潮。后者表现为以下作品:(1)歌颂战争胜利和功勋将士的诗篇,比如《大雅》中的《崧高》《烝民》《韩奕》《江汉》《常武》,《小雅》中的《出车》《六月》《采芑》;(2)用于籍田礼上的籍农乐歌,比如《周颂》中的《载芟》《良耜》等作品;(3)燕享乐歌,比如《小雅》中的《鹿鸣》《常棣》《伐木》《鱼丽》《南有嘉鱼》《南山有台》;(4)征役者之歌,比如"国风"中的《四牡》《皇皇者华》《采薇》《杕杜》。其中第四类乐歌,说明"采诗入乐"在这时成为制作仪式乐歌的重要方式。而这四类乐歌得以保存下来,则意味着周宣王时期有过诗文本的结集,出现了分别以《诗》《雅》《颂》为名的乐歌文本。关于这些事件的背景,《史记·周本纪》曾经有所论述,云:"宣王即位,二相辅之,修政,法文、武、成、康之遗风,诸侯复宗周。"

> 周厉王时出现了《颂》《雅》分立形式的诗文本。

> 周宣王之时,出现了诗创作的高潮,厉王时候的谏诗也被编入收录仪式乐歌的诗文本。

第四阶段是两周之际,也就是宣王后期到平王时代。这是一个经由衰落而有所复兴的时期。衰落主要表现为周宣王晚年失德败政,滥杀忠臣,以及周幽王任用小人,嬖爱褒姒——那位使周幽王烽火戏诸侯,以至于亡了国的美人。这时的诗歌有作于周宣王后期的《沔水》和《祈父》,也有作于平王东迁时代的《绵蛮》和《都人士》；但其中绝大部分作于周幽王之时。由于时局动荡，所以这时的诗歌创作有两个重要主题：一个是感时伤世，例如《小雅·小旻》，其中有"不敢暴虎，不敢冯河""战战兢兢，如临深渊，如履薄冰"等诗句；第二个是讽刺朝政，例如《菀柳》《青蝇》《巧言》。到周平王东迁，诗的风格有所改观，首先是出现了用为王室内廷音乐的《周南》《召南》。其中的歌辞往往同妇女有关，比如以"求淑女"为主题的《关雎》，讲嫁娶之事的《桃夭》与《鹊巢》，祈求多子多孙的《芣苢》与《螽斯》。其次，由于晋、郑、卫、秦等诸侯国曾经帮助周平王夺取王位和东迁，所以在东迁之后，这些地区的音乐也进入了周王室的音乐机构。在今本《诗经》中，因而有《卫风·淇奥》《郑风·缁衣》《秦风·驷驖》等赞美诸侯国在位君主的作品。从《左传》《国语》所记载的引诗情况看，这时人已经习惯用"诗"来代表《风》和《雅》的合集，特别是指称其中"讽谕以箴"的诗歌作品。

> 周平王之时，"诗"代表《风》和《雅》的合集。

第五阶段是春秋前期。这时，由于以下两个原因，出现了各国风诗的兴盛。一个原因是，各诸侯国仍然保持了对周王室的尊崇，使"采诗观风"制度得到执行，为诗歌的采集与保存提供了基本条件；另一个原因是，由于周王室地位的下降和礼乐制度的败坏，诸侯"国风"得以大量进入周王室的正乐。国风中的绝大部分作品，在齐桓公称霸中原的时代基本上已经产生。其中最晚的作品，比如《曹风》中的《下泉》，则产生在前510年周敬王入驻京都之时。综合起来看，诗文本的结构在春秋时期有了两个变化：其一，各国

> 春秋时期诗文本的两个特点：各国风诗成为最重要的内容；《诗》成为《风》《雅》《颂》的合集。

风诗成为其中最重要的内容；其二，《商颂》《周颂》编入《诗》，《诗》成为《风》《雅》《颂》的合集。

第六阶段是孔子删诗——孔子从教学需要出发，根据当时流传的各种《诗》的抄本，删出了一个《诗》的定本。孔子删诗主要有三方面内容：其一是调整次序，即"纯取周诗"，把各国不同的编次统一于"始于祜席"的四始序列，使《雅》《颂》各得其所。其二是增加《鲁颂》。在孔子之前，《鲁颂》及其作品无一字句见于载籍，它是到孔子删诗之时才补入诗文本的。其三是删削诗篇，也就是把得自诸国的十几种诗文本、三千多首作品，"去其重"，按是否可以"施于礼义"，删定为三百零五篇。所以从孔子那时起，"诗三百"才成为一个通行的名称。

从以上情况看，诗文本的编辑，主体上是伴随礼仪改制进行的。可以说，《诗》本质上是用于仪式正乐的文本；《诗》文本的形成过程，其实是诗作品编入正乐的过程。《左传》《周易》中的逸诗和韵文，代表了进入正乐之前的诗的状态；这些诗并不是不可歌，而只是没有被纳入仪式正乐。由

> 《诗》文本的形成过程，是诗作品编入正乐的过程。

于仪式需要，诗文本的形成过程也表现为篇幅逐渐增多的过程，或者说表现为采录标准逐渐扩大的过程。所谓"诗之正"和"诗之变"，实质上就是两种采诗标准的区分：为仪式而作的歌诗被归为"诗之正"，因讽谏而作的歌诗被归为"诗之变"。"变风""变雅"大量出现在周宣王时期，意味着专录仪式颂赞之歌的编辑原则被打破，在传统的《雅》《颂》

文本之外，出现了以《诗》为名的文本，进而形成了《国风》《小雅》《大雅》《颂》四分的结构。

以上说的是文献意义上的《诗》文本。但是，"诗"的本来形态，却是声歌的形态。从这个角度看，它一定有另一条结集的路线，或者说有另一个意义的"形成"。如何考察这种"形成"呢？合理的方法是：(1) 对"诗"的功能加以分析；(2) 就此认识《诗》文本所具有的多种属性；(3) 把《诗》文本的形成过程理解为这些属性逐一实现的过程。《诗六义原始》就是这样观察《诗》的。现在我们介绍《诗六义原始》的观察。在这篇文章中，我认为，《诗》的形成过程可以划分为以下四个阶段：

第一个阶段，"诗"作为仪式乐歌的阶段。在这一阶段，"诗"显示了它作为仪式乐歌的属性。《周礼》曾经说到周代的"六诗"之教，说它们是大师教瞽蒙的六个项目。这意味着，《诗》的早期作品，是瞽蒙唱于郊庙祭祀或王室朝会典礼上的诗歌，其基本功能是用于仪式上的记诵、祝祷或颂赞。所谓瞽蒙"采诗"，其首要意义也在于把民间歌谣改变成仪式乐歌。这种属性在《诗》作品中有明显表现。首先，《诗》中保留了很多关于乐舞与乐器表演的记录；其次，《诗》中保留了很多用于仪式的祝颂谚语。另外，《诗》的文本分类也反映了仪式的分类，比如在《诗经》结构与仪式功能之间可以看到以下这种对应（表 11-01）：

> 《诗》的早期作品是瞽蒙唱于郊庙祭祀或王室朝会典礼上的诗歌，用于仪式上的记诵、祝祷或颂赞。

表 11-01

类名	序名（始）	音乐方式	仪式功能
颂	清庙		用于郊庙祭祀的堂上大乐舞之歌
大雅	文王		用于君臣朝会等仪式的堂上之歌
小雅	鹿鸣		燕礼、乡饮酒礼、投壶礼等仪式的堂上之歌
小雅	鹿鸣		燕礼、乡饮酒礼、投壶礼等仪式的堂下之歌
风	关雎	南乐	房中之乐，为合乐之歌
风	关雎	乡乐	燕礼、乡饮酒礼、射礼等仪式的堂下之歌

这说明，服务于仪式唱诵，是"诗"的原始功能或主要功能。

第二个阶段，向王者提供鉴戒的阶段。在这一阶段，"诗"表现了它作为政治消息和伦理坐标的属性。这一点可以从"诗"字的语源中看出来："诗"是从"寺"之字，本义为"持"，具有"规正""法度"等含义。《文心雕龙》说："诗者，持也，持人性情。"也就是说，"诗"原来是指讽谏之辞的。"诗"的这一意义应当来源于采诗：当瞽蒙把四方之"风"采集回来并且向王者禀报的时候，一种新的用诗制度——通过民间风谣来"观风俗，知得失，自考正"的制度——就逐渐形成了。"诗"也因此具备了提供政治鉴戒的功能。《尚书·金縢》说：周公曾经把《鸱鸮》诗赠送给成王，以表明心迹。《左传·昭公十二年》说：祭公谋父曾经用《祈招》诗来劝导周穆王，期待他节制欲望。这说明，"诗"很早就有了作为政治消息和伦理坐标的属性。正因为这样，我们在先秦文献中看到：瞽蒙除了采诗和履行乐官之职以外，同时也承担了史官的职

> 采诗制度使"诗"具备了提供政治鉴戒的功能。

责。瞽蒙之诵诗，包含向王者提供历史鉴戒和四方信息的意义。这一制度，后来发展为公卿大夫列士献诗以刺时弊。《诗经》文本也印证了这一点：从内容看，其中确实有许多作品是作为刺诗和谏诗而被制作或记录下来的。

第三个阶段，用于乐语之教的阶段。在这一阶段，"诗"表现了它作为国子的语言教材的属性。《周礼·大司乐》曾说到这种乐语之教，说它包含"兴""道""讽""诵""言""语"等六个项目；教学的对象是国子；目的是培养官员，也就是培养各种礼仪的主持者和担负布政、聘问之责的使者行人。从周秦典籍中关于献诗、赋诗陈志的记录看，乐语之教所培养的才具有三个用途：一是用于仪式上的说讲，二是用于天子听政时的讽谏，三是用于政治交往，也就是聘问和布政。如果排比一下相关资料，那么可以知道：这三个用途是顺序产生的，乐语之教先是服务于仪式活动，后来才服务于专对和施政。我们都熟悉《论语》当中的诗歌理论，比如它说"诵诗三百，授之以政"；又说"《诗》可以兴，可以观，可以群，可以怨；迩之事父，远之事君；多识于鸟兽草木之名"。这些话，说的就是"诗"和国子之教的关系。

> 服务于国子的乐语之教，造就了把诗用于仪式、专对和施政的人才。

第四个阶段，用于德教的阶段。在这个阶段，"诗"实现了作为教育经典的属性。德教是以"造士"为目标的教育，脱胎于乐教和乐语之教；就其与乐教、乐语之教的关系看，它大致有以下三个发展期：

第一期，德教从属于乐教和乐语之教。《周礼》记载：在周代的国子教育中，"乐德"是一个科目；而在瞽蒙的六诗之教中,"以六德为之本"是一项要求。可见早期德教是乐教和乐语之教的辅助。

第二期,西周中后期,德教独立出来,成为区别于乐语之教的诗学方式和诗学阶段。这时,诗的文辞得到越来越多的重视,关于引诗的记载也越来越多地见于典籍。从这时出现的"此之谓也""某,某也"等引诗公式看,以诗育德已经成为专门之学。而当时人的引诗行为则表明,这时也出现了诗之辞与诗之乐德分离的趋向。这时人的引诗行为有一个很重要的特点:所引之诗已经脱离了仪式,不再用仪式语言来作传述,因而属于"六诗"之外的徒诗。例如《国语·周语上》引《周颂·时迈》"载戢干戈"等语来陈述厚生、利用、修文、怀德、保世的道理。与此相应,赋诗和歌诗的方式逐渐销声匿迹。

第三期,"诗教"时期。"诗教"是和"乐教"相并立的专门之教,《礼经·经解》曾经使用"诗教"一名,云:"入其国,其教可知也。其为人也,温柔敦厚,诗教也……广博易良,乐教也。"可见诗教原是周代的"造士"之教,为乐正所立"四教"之一。在西周时代,曾经有"六艺"之教,也就是以礼、乐、射、御、书、数等教国子;其中的"礼乐",是作为祭祀制度和行为仪式的礼乐。后来"六艺"含义发生了变化,指《诗》《书》《礼》《乐》《易》《春秋》等六种设教的教本;其中的"礼乐",指作为社会理想和伦理道德规范的礼乐。《诗》既然与《礼》《乐》相并列,那么,它就不再作为乐歌而存在,而是作为格言、警句、名物词语——作为其中所蕴含的思想而存在,是宣传和教化的工具。关于这一点,我们不妨看看《毛诗序》——《毛诗序》是用政治化、伦理化的语言来陈述诗教宗旨的。

德教的精神,事实上也是孔子诗教的精神。据记载,孔子以"六经"设教,"《礼》以节人,《乐》以发和,《书》以道事,《诗》以达意,《易》

以神化,《春秋》以义",目的正是教民向德。因此说,孔子也是德教时代的人。关于诗教在孔子教学体系中的位置,《孔子家语·弟子行》有一段话说:"吾闻孔子之施教也,先之以《诗》《书》,而道之以孝悌,说之以仁义,观之以礼乐,然后成之以文德。"可见在孔子的"六经"教学体系中,诗教是基础,是入门的初阶。孔子之所以这样重视诗教,大概有两个原因:其一,《诗》言及日常生活的方方面面,最适合"比类而教";其二,诗有韵,方便诵读。上海博物馆所藏楚竹书有《性自命出》篇,说到"比类而教",云:"《诗》《书》《礼》《乐》,其始出皆生于人……圣人比其类而论会之,观其先后而逆训之,体其义而节度之,理其情而出入之,然后复以教。教,所以生德于中者也。"这段话有三个要点:第一强调教育要以人为本,要出发于人的情义之心;第二强调"比类",也就是采用引申的方法,以小见大;第三强调培养人的道德,"生德于中"。楚竹书又有关于诗论的竹简,说到"诵",云:"《关雎》之改,《樛木》之时,《汉广》之知,《鹊巢》之归,《甘棠》之报,《绿衣》之思,《燕燕》之情,害?曰诵而皆贤于其初者也。"这段话强调学诗之时要善于"改",善于吸收诗篇中隐含的"时""知""归""报""思""情",通过记诵而迁于善,"皆贤于其初"。研究者已经确定:这两段话反映了孔子的教育思想。

> 在孔子的"六经"教学体系中,诗教是基础,是入门的初阶。

需要说明的是:一切事物的后起形式都会包含其前期形式。"诗"也是这样,它的多种属性往往并存于同一段历史时期。

> 《诗》文本的形成过程,诗教的发展过程,都表现出仪式性逐渐减弱、伦理性逐渐加强的倾向。

不过，由于社会环境和生存条件的变化，诗的功能重心却会发生偏移，因而呈现出仪式性逐渐减弱、伦理性逐渐加强的倾向。以上对四阶段的分析，其意义就在于展现这一倾向。

五、结语：以孔子的眼光看经典之前

我现在想到一个问题：如果让孔子来评论经典之前的中国和他所造成的改变，他会说些什么呢？也就是说，我们是否可以借助孔子的眼光，来看一看前经典的世界及其向新世界的转变？

我认为这个想法是可行的，因为我们需要走近中国思想的历史现场；而孔子是当事人，最有资格帮助我们走近这个现场。另外，作为讲课的人，我也需要借助另一个眼光来反省自己，来批判这份讲稿的错误和偏颇。所以，在即将结束的时候，我打算采用一种新的叙述方式：提出一些问题，让假想中的孔子来作回答。

> 让孔子帮助我们走近中国思想的历史现场。

（一）孔子如何评价自己

关于这个问题，事实上已经有现成的答案。《论语·述而》记载叶公向子路询问孔子之为人，子路不回答；而孔子自述说："其为人也，发愤忘食，乐以忘忧，不知老之将至云尔。"这就是孔子的一个自我评价。这里说到"发愤"，说到"忘忧"，说到"不知老"，可见不怕困难也不怕衰老，是孔子所自认的核心精神。也就是说，孔子是有理想的人；这理想使他在逆境中成就了自己。正因为这样，他不太强调自己的功业，而强调自己在精神上的成就。依当时普通人的看法,他是"知其不可为而为之者"。我想他是赞成这一看法的,因为有很多资料表明,他认为"为"的过程重于"为"的结果。

以上这种情况,说明孔子在当时有两种存在:一是存在于现实当中,二是存在于理想当中。这两者差距很大,所以孔子一直在依据他的理想来批判现实。现实的情况如何呢?一言以蔽之,叫"礼崩乐坏"。周王朝曾经建立严密有效的制度,来保障清明的社会秩序和整饬的礼仪。比如建立了同嫡长子继承制相联系的宗法制度,建立了君天下臣诸侯的宗主封建制度,也建立了配合钟鼓之乐的祭祀制度。这些制度维护了社会等级,是消解争斗的重要手段。但到孔子出生之时,随着周王室的衰微,这些制度被削弱了;关于权力、土地、财富和奢侈生活的欲望,逐渐淹没了周以前的德治传统和周以来的礼治传统。天下于是进入乱世。这个时代于是成为大国吞并小国,争相称霸的时代,到处都是抢掠和杀伐,所以孟子有"春秋无义战"之说。尽管这个时代也有较高程度的文明,比如发明了铁的冶炼、加工技术;但这些技术恰好成了杀人的技术,推动了战争的野蛮指数、残酷指数的增长。所以孔子哀叹说:"天下无道久矣。"也许实际情况并不像孔子所想象的那样糟糕,但孔子对时代的最直接的感受就是"无道"。在这种情况下,孔子这位富于社会责任感的人会怎样做呢?显而易见,他首先想到的是救世。所以他以复兴周王室为政治理想,说"如有用我者,吾其为东周乎"。而且,他有充分的政治自信,所以说"期月而已可也,三年有

> 孔子有两种存在:现实当中是学者和教育家,理想当中则是祭司和政治家。

成"。他不仅提出了一整套施政理论，而且进行了若干年政治实践——在鲁国"由中都宰为司空，由司空为大司寇"，"由大司寇行摄相事"。后来，他在政治上遇到挫折，不得已离开鲁国，周游列国。这样做的目的，与其说是为了宣传自己的政治主张，不如说是为了寻找适合自己施展政治抱负的职位。

不幸的是，孔子一直没有得到这样的职位。但从另一角度看，这也可以说是他的大幸，因为他走上了作为教育家的道路。他先是模仿周代官学，以"礼""乐""射""御""书""数"设教；后来又适应私学的需要，确立"文""行""忠""信"四科，最后则使用了《诗》《书》《礼》《乐》《易》《春秋》六种教材。他借此培养了"七十二贤人，三千弟子"。如何评价他的这一事业呢？从他的初衷看，这是退而求其次，是为实现救世理想而进行人才的准备；但从行为效果看，这是一种划时代的创新——他由此建立了一种传承文化的模式。从教育角度看也有这种两重性：一方面，他主张"学而优则仕"，

> 孔子的路线：为实现救世理想而进行人才准备，为救世而建立传承文化的模式。

也就是认为教育要为政治服务；但在另外一方面，他使"学"成为独立的事业，他的教育拥有比当时政治更长久的意义。这种情况的发生是有道理的。因为孔子所处的时代，尽管不同于他理想中的周代，但从积极方面看，这是学术下移、文化下移的时代，是价值多元的时代。周王室的官员和书籍散入民间，知识和思想得以在较大范围中传播；公卿诸侯争相养士，促进了人才的流动；为了加强王权、提升国力，各诸侯国努力探索改革的路线。另外，根据"天下有道，则庶人

不议""大上有立德，其次有立功，其下有立言"一类说法，自由言论和自由思想在这时有很好的土壤。这为他的私人教育提供了充分的空间。尽管他到六十八岁才把主要精力放在教育和古籍编修事业之上，但他却因天时的庇佑，成了中国最杰出的教育家和文献学家。

总之，如果我们问孔子："可不可以说：你是作为古圣人的化身来适应当下这个时代、改造这个时代的？"那么我相信，孔子的回答是：

——我比不上古圣人，我只是他们的学生。同他们相比，我是一个守成的人，而且在政治上是个失败的人。不过，像他们那样来适应时代、改造时代，却是我毕生努力的目标。幸好我坚持了这个目标，因而在这个"无道"的世界找到了发展道的方式。尽管如此，我的智慧仍然比不上古圣人的智慧。因为他们是真正的创造者，而我只是传述者。如果说我的智慧有什么意义，那么这意义在于，让你们借此理解古圣人的智慧。所以，你们用我做标准，来区分什么"经典之前"和"经典之后"，区分什么"轴心之前"和"轴心之后"，这真是一件很可笑的事情！如果说有你们所说的"经典的时代"，那么，这个时代绝不是开始于我，而是开始于尧、舜、文、武和周公——特别是周公——因为经典是他们始创的。这个时代最重要的标志，就是周代初年所建立的那一套精彩的制度。这是所有经典的基础，也是我的全部思考的基础。这些制度的实质，是把原来由神来管理的东西——比如人伦之间的关系——交给人自己来管理。你们都知道，我经

> 周初所建制度的实质，是把原来由神来管理的东西——比如人伦之间的关系——交给人自己来管理。

常梦见周公；但你们知道这些梦的意义吗？它们指向的并不是某一个人，而是一种创世的力量。所以，当我不复梦见周公之时，我会有"吾已矣夫"的神奇感受。

（二）孔子如何看待"经典时代"

首先的问题是：孔子如何看待"经典"？也许有人会说，这样提问不妥当；因为孔子时代并没有"经典"这个词。但我却认为，在孔子时代，"经典"这个概念已经生长起来了。因为事物都是通过比较而存在的，"经"的对应物是"传"。有了"传"的衬托，"经"于是呈现出它的特质，享有它的地位。孔子时代，《诗》《书》《礼》《乐》《易》《春秋》既然成了教材，有人讲授（"传"）它们，那么，即使"经典"这个概念还没有固定的词语形式，但它却会有具体的内容。我的意思是：既然如前面所说，《礼记》中有"顺先王诗、书、礼、乐以造士"的话，那么，在孔子以前，《诗》《书》《礼》《乐》等等便有两种存在方式：其一是作为"先王"的文献而存在，其二是作为"造士"的教本而存在。这也就是《诗》《书》《礼》《乐》等等的两个性质。这两个性质，特别是作为教本的性质，被孔子用讲学的方式、整理（"手订"）的方式大大强化了。因此可以说，先王文献作为"经"的特性从西周就开始产生了，在孔子时代则有了进一步的成长。由此可见，孔子如何看待"经典"，这是一个具有真实性的问题。

> 先王文献作为"经"的特性，从西周就开始产生了。

那么，我们应该怎样回答这个问题呢？孔子说过一句话："夏礼吾能言之，杞不足征也；殷礼吾能言之，宋不足征也。文献不足故也。足，则吾能征之矣。"这话说明，在孔子看来：文献是礼的载体。据此可以说，六经之于孔子主要有两个意义：第一，它们是古礼的载体；第二，它们是造士的标本。我们由此知道，孔子对于经典的看法，就隐藏在他谈"礼"谈"学"的那些言论当中。比如孔子说"十有五而志于学"，这可以理解为，他在十五岁前后就建立了追寻"六经"文献的目标。孔子强调"丘之好学"，说自己"好古，敏以求之"，这说明，追求"六经"文献是孔子最重要的文化个性。孔子曾经"自卫反鲁，然后乐正，《雅》《颂》各得其所"，这说明整理古文献和正礼乐，在孔子看来是一体两面的事情。另外我们知道，孔子说过"学而时习之"的话，说过"述而不作，信而好古"的话。这两句话的意思是："学"包含"学"和"习"两件事，"好古"包含"述"（言词）和"信"（心理和行为）两方面。也就是说，正如"言"和"行"可以在一个人身上统一起来一样，"文献"和"古礼"是相表里的。因此，孔子之教，既可以说是"六经"之教，也可以说是古礼之教。"经典"和"礼"是一体两面的东西："礼"是圣人所建立的文化的形式，而"经典"则是这种文化的重要载体。这样来看"经典时代"这个词，我们就知道，在孔子看来，它的具体含义就是"古礼时代"；或者说，这个概念的含义就是"以圣人文化为模范的时代"。这的确不同于我们通常的理解。我们通常把"经典时代"看作由经典的语言和命题所笼罩的时代；由于社会结构发生了变化，我们并不重视经典在礼仪方面的实践意义。

> 我们通常把"经典时代"看作由经典的语言和命题所笼罩的时代；但在孔子看来，它指的就是"古礼时代"或"以圣人文化为模范的时代"。

为什么我们的理解不同于孔子的理解呢？除社会结构发生了变化而外，我想还有一个重要原因：我们看到的"经典"，是加入了孔子的理论和实践的经典，也就是包括孔子之"传"的经典；而在孔子所说的经典里是没有这些东西的。这意味着，孔子的实践——包括讲学的实践——超越了他的理论原则。他说"述而不作""信而好古"，但他在"述"和"好"的过程中，把一种新的"作"也生产出来了。换句话说，孔子的目标是建立保障文化传承的制度，而当他实施这个目标的时候，他也创造了一种新的文化。新文化和旧文化的主要区别在于：古圣人是立足于政治来建立三代之礼的；"礼"的核心是关于天人关系的祭祀制度；各种制度的主要功能是调整统治集团的内部关系。而孔子不同：他是立足于世道人心来建立礼仪轨范的；"礼"的核心是关于人伦关系的"仁"，也就是一系列调节现实社会中的人之间关系的准则；实行这些准则的目标是建立新的社会秩序。这样一来，一旦增加了孔子的理论和实践，《诗》《书》《礼》《乐》《易》《春秋》也就成了富于人间色彩的经典。显而易见，这是由孔子的教育条件——不能办官学而只能创办"有教无类"的私学——造成的。

> 古圣人立足于政治来建立三代之礼，以关于天人关系的祭祀制度为核心，目的是调整统治集团的内部关系。孔子立足于世道人心来建立礼仪轨范，以关于人伦关系的"仁"的精神为核心，其目标是建立新的社会秩序。

关于以上这些情况，我们在前面已经谈过了。我们说到，在周代有过一场针对仪式事物、神话事物的道德伦理化运动，也就是改变夏商图文献的本义，把联系于仪式和神话的事物改变成联系于道德和伦理的事物。孔子参与了这一运动,对黄帝神话和夔神话都按政治伦理的要求作出了新解释。我们说到,孔子从周代的仪式活动中提炼出了一套术语,来表达以政教礼义为中心的新理论。比如根据对仪式的内部情实的理解,建立"仁"的观念,也就是把对宗庙祖先的"忠信爱敬"落实为"忠恕""爱人"。又比如根据对仪式的外部规范的理解,建立"礼"的观念,也就是把天人的关系推广为人伦的关系。另外,他还根据古代仪式所表现的人神关系,发展了"天命"理论。这三条,是孔子理论最突出的建树。我们还说到,孔子的教学理论,也表现了对上古仪式所提供的思想素材的吸收。比如"兴",指的是采用"引譬连类"的方法,通过学诗来阐明政教礼义;而"引譬连类"就是一种常见的仪式讲述的方法。又比如"观",指的是用"相感"的方式来观风、观志、观盛衰,参与礼仪政教;"相感"也是一种常见的仪式思维。至于"多识于鸟兽草木之名",则出发于培养祭典人才的要求。以上情况意味着,孔子是带着旧时代的烙印走进经典时代的;他代表了上古思想的特殊阶段,亦即从仪式中心转化到伦理中心的阶段。他之所以具有这种代表性,是因为,他的理论和实践,都表现了把仪式事物、神话事物道德伦理化的倾向。他采用对"六经"进行人间化解释的方法,使古礼走下神坛,成为人间社会的合理关系的代表。

> 孔子思想代表了从仪式中心转化到伦理中心的阶段。

不过,要是让孔子来发表意见,那么,他对以上评述一定有不同的意见。他的意见是什么呢?我想应该是:

——人们对每件事情的看法都不会相同,这是正常的。但是,如果只愿意接受简单的看法,而不愿意接受细致的看法;或者只愿意接受表面的看法,而不愿意接受深刻的看法;这就不对了。想必你们也知道,社会变化快的时候,一个人可以经历好几个时代;个别人对时代变迁会有比较大的影响,但我们不能说时代变迁是由这个人造成的。你们那个"轴心突破"理论的问题就是忽视了这两点。它过于关注一次性事件,而不注意事物的长时段运动,所以说,它的认识很简单;它过于关注思想和观念,而不注意思想和观念的基础——社会运动和文化表现,所以说,它的认识很表面。其实,只要不把眼光停留在书本上,而是多看看上古以来留存的实物,你们就会知道,社会及其文化是一直在变化的,从夏代到商代有变化,从商代早期到中后期有变化,而以西周初期变化最大。我曾经说过:"夏道尊命","殷人尊神","周人尊礼"。这些说法都是有很多物质证据的。比如夏代的礼器纹饰特别强调王权的威严,商代礼器表现了神对于人间生活的全面干预,周代礼器中有很多关于"德"和"敬天"的符号。你不是讨论过饕餮吗?它就是一种重要礼器。在夏商时代,它是彼岸的、神秘世界的代表;到西周以来,它就成了人间社会的一员——尽管是具有神秘色彩的一员。

> 从上古以来留存的实物看,社会及其文化一直在变化,以西周初期变化最大。

同样,你那个"经典时代"的说法也过于笼统。在我看来,至少有三个"经典时代":上古以来,是经典生长的时代;西周以来,是经典形成的时代;春秋以后,是经典庸俗化的时代。这三个时代有本质的区别。你应该认真研究一下经典生长的时代。那是个朝气蓬勃的时代,社会有生机,所以理论也有生机。到我所处的时代,社会失序了,经典一旦形成也僵化了,所以这时的理论也缺少原创性。我为什么说"好古,敏以求之"呢?是因为,即使为了达到守成的目的,我和同代人也需要发挥最大的聪明——所以我强调"敏"和"求"。至于经典庸俗化的时代就等而下之了。比如你们也讲"小康",但和经典说的"小康"是一回事吗?不是!因为经典显示的是"均无贫,和无寡,安无倾"的小康,是有理想之光照耀的小康。另外,你的演讲也恰好证明,经典庸俗化时代的人,已经不具备理解前两个时代的智慧。

> 经典显示的是"均无贫,和无寡,安无倾"的小康,是有理想之光照耀的小康。

(三)孔子如何看待"经典之前"

——你所说的"经典之前",大概就是书本之前,也就是用言语治天下的时代吧。其实在"六经"当中可以看到那个时代的影子,三皇五帝就是那个时代的代表。那是以德怀人、"协合万邦"的时代,是"天下为公,选贤与能,讲信修睦"的时代,是禅让而不争天下的时代,"谋闭而不兴,盗窃乱贼而不作"——所以它高于"城郭沟池以为固,礼义以为纪"的小康时代。我称它为"大同"。

——你问我那个时代有没有智慧?你怎么会问这样奇怪的问题呢?智慧是什么?无非是对"天"的理解和对"人"的理解。在这两方面,大同时代都达到了你们无法企及的高度。我曾经说过:"巍巍乎,唯天为大,唯尧则之。"意思是:大同时代的圣贤代表了智慧的顶峰。这是因为,他们最接近天,也最接近自然。他们不仅仿效天的法则来处理人事,而且努力倾听天的声音。什么是天的法则?简单地说,是"生生",爱护一

> 智慧是对"天"的理解和对"人"的理解。

切生灵。怎样倾听天的声音呢？也有一个简单的说法："历象日月星辰。"你知道，我说过"行夏之时，乘殷之辂，服周之冕"的话；但你知道这话的意思吗？它是说，夏代人的智慧是懂得天时，商代人的智慧是懂得制造车马，周代人的智慧是懂得建设礼乐。这三种智慧都是可贵的，应该被当代人采用；但显而易见，能够抵达天庭的智慧是最高的智慧。每一代人都会说"天人合一"，但怎样去实践，却不是每一代人都懂得的。我看其中有三个层次：最低限度，是要因天时而制历，因地利而生养，按自然法则来进行生产和生活。第二层次，是要懂得敬天保民，懂得化育万物，"为政以德"，以德配天。更高的境界，是要像古圣人那样，"与天地合其德，与日月合其明，与四时合其序，与鬼神和其吉凶"——也就是说，像古圣人那样把自己和大自然融为一体，做到真正的"无我"。这样才能和天地鬼神相感应，也和自然节律相感应。你们现代人能理解"天人合一"吗？我看不能理解，三个层次，一个都理解不了呀！比如你们不可能理解大禹。他"菲饮食而致孝乎鬼神，恶衣服而致美乎黻冕，卑宫室而尽力乎沟洫"，而你们却相反，醉心于奢靡的生活，而抛弃"天"——抛弃"天"所代表的精神追求。所以你们对天地造化毫不敬惜，自上至下陷入贪腐；所以你们肆意破坏自然，自以为人可以胜天；你们甚至把戕害生命的人当作英雄，顶礼膜拜。更可笑的是，你们竟然会蔑视大同时代的智慧！

——当然，上古时代的人也是有缺点的，比如有狂人，

> "天人合一"的三个层次。

有矜人，有愚人。不过古时的"狂"只是不拘小节，到春秋时代，"狂"却是放荡无礼；古时的"矜"只是刚直而欠缺沟通，到春秋时代，"矜"却是暴戾无理；古时的"愚"只是简单直率，到春秋时代，"愚"却是虚伪欺诈。我这不是拿上古人和你们作比较，而只是拿上古人和春秋时人作比较。即使这种比较也能说明：上有所好，下必趋之；在有智慧的社会和缺乏智慧的社会，普通人自我节制的意识是不同的。而在你们这个号称有智慧的社会呢？狂躁、矜戾、愚妄却成了通病。比如你反省一下，你们讨论上古智慧的时候，态度是不是过于狂妄，言词是不是过于矜傲，思想是不是过于愚昧？至少可以说，你我所理解的智慧不一样，你们矜尚小机巧，而不看重大智慧。

——关于"大智慧"，有一个人理解得很透彻。这个人崇尚大同时代的社会和文化，所以我称赞他"知礼乐之源，明道德之要"。这个人就是老子。他是个历史学家，曾经用一句话来概括历史发展的内部趋向，云："失道而后德，失德而后仁，失仁而后义，失义而后礼。"这话的意思是说，大同时代，人们本是按天地自然之道来生活的；到了夏代以后，禅让不行，人欲增多，天道于是被打破，所以周代贤人主张"德治"；而到春秋时代，人人争利，德行不存，有人便提倡"仁爱"来维持社会秩序；后来，纷争加剧，仁爱无法实现，就只好用"义"和"礼"来约束人，维护人与人的和睦关系。我知道，老子这是在批评我。他的意思，是要用五帝时候的大同之礼来救世，而不像我这样只用三

老子主张用五帝时的大同之礼来救世，孔子主张用三代时的小康之礼来救世；老子以文化为立场，孔子以政治为立场。

代时候的小康之礼来救世。他依据的是外史文献，也就是"野"之文献；而不同意我只依据内史文献，也就是"国"之文献。可见他的立场是文化中心的立场，而不是政治中心的立场。他其实也不光是在提倡真正的复古，因为他所描写的理想世界，现在仍然存在于南方山林之中。说到底，他的看法是：我的理论只能治标，不能治本；治本的办法是放弃理论，直接改变社会，回到"经典之前"。所谓"大道废，有仁义；智慧出，有大伪；六亲不和，有孝慈；国家昏乱，有忠臣"，说的就是这个意思。这些话都是有道理的。不过你们看看，我的"小康"理想尚且实现不了，他的"大同"理想难道还有希望吗？所以，尽管我愿意向他问礼，但我却不赞成用他的学说来施教。我认为，对于当今社会来说，最好的教材还是"六经"。这样看来，你们可以说，我代表的是经典时代，而老子代表的是经典之前的时代。不过，若要问我如何看待"经典之前"，我便愿意用以下一句话来作回答："《诗》有之：'高山仰止，景行行止。'虽不能至，然心向往之。"这是别人送我的话，我现在愿意转送给老子。我的意思是，尽管我的理论设计不同于老子，但我愿意把"仰止""行止"的感情献给他，也献给你们说的那个"经典之前"的时代。

后　记

今天是一个令人悲痛的日子：从各种渠道传来巴黎遭受恐怖袭击的消息。我的法国房东 Asaf（一位信奉素食的青年语言学工作者）也来信了，说他家附近就是一个受灾点。他住在 Rue du Chemin Vert，距离巴塔克兰（Bataclan）剧院和伏尔泰（Voltaire）地铁站都不远。我和两位助手在他家住了两个月，常常在 Voltaire 附近买菜，看巴黎人在那些餐馆、酒店里从容地享受悠闲。晚饭后散步，我们会稍稍走远一点，沿圣马丁（Saint-Martin）运河，往北走到共和国（République）广场，往南走到巴士底（Bastille）广场。事实上，这一带正是恐怖袭击的重灾区。但我印象最深的是，两个广场上都有由轮滑、滑板车、溜冰鞋组成的乐园。我曾购置一辆廉价滑板车，在巴士底广场和各种肤色的人一起消磨黄昏（如图）。可是今天，所有生动的回忆都加深了我的哀伤；脑海中伏尔泰大道和广场的美丽景致，被染上了斑斑点点的血色。

我们在巴黎总共住了三个月，主要任务是为编纂《越南汉喃古籍总目》收集资料，也就是收集越南文明的碎片。由于殖民扩张的缘故，这些碎片大量保存在法国，其中最重要的一部分就是越南古籍。我们通常白天去图书馆查看越南文献，晚上则在宿舍分头处理所收集到的资料；一有空闲，我便写作读者面前这本《经典之前的中国智慧》。我紧赶慢赶，终于

在离开巴黎之前完成了书稿,通过网络把它发给了出版社。这样一来,我的巴黎之行便始终有一部书稿相伴。记得登机回国之时,我颇有如释重负的感觉。但没想到,这种感觉很快就消失了——仅仅过了40天,出版社就寄来了书稿印刷版的校样。现在,我重读书稿,重新写作后记,像是再次背起了重负。那一场不幸事件,更把我的思绪拉近沉重的巴黎。

这时我不免会想,面对经过巴黎之殇的人们,这篇后记,应该谈点什么呢?

* * *

按原来的设想,应该介绍本书编写的始末。按新近的考虑,应该对本书作一些反省,以补救写作中留下的过失。除此之外,我想,还应该补充谈一谈中国古人共同怀念的时代,也就是传说中的"大同"时代。

现在,我们先谈谈这个"大同"时代。据孔子的描写,它是"选贤举能""讲信修睦""谋闭而不兴""乱贼而不作"的时代,特点是"天下为公";按老子的说法,它是由仁慈、俭朴、不为天下先的"圣人"来治理的时代,特点是自然有序。孔子、老子都把这个时代当作自己的政治理想,原因在于,他们要对"天下无道"、遍地杀戮的局面做出反应。也就是说,现代人所面临的社会难题,其实孔子、老子等人都考虑过了。而且,他们提出了不同的救治方案。孔子的方案是"克己复礼""为政以德",也就是加强王者的自律;老子的方案是"辅万物之自然""民复孝慈",也就是顺从和启发民众的道心。两者的共同处,是主张回到古远,像古人那样,用上天提供的力量来节制执政者的欲望。尽管这些办法在后世未被施行,但它们却折射了远古的政治现实,代表了一种通往远古的高明的智慧。以今天的眼光看,准确理解这种智慧,是有重要意义的。

以上这件事说明了什么呢?如果稍作反省,那么它就说明:本书所使用的"智慧"概念是有偏颇的。"智慧"是什么?按照通常的解释,是指理解事物和解决问题的能力,是生理、心理、思维等各方面能力的总和。按佛教的看法,智慧即"般若",是指超越虚幻认识而掌握真理的能力。这些解释显然是有道理的。相比之下,当本书为上古文化提供辩护之时,它对"智慧"的理解就显得肤浅了——它过于强调"智慧"中的知识要素和技术要素,而未注意"智慧"所包含的核心意义:对于现实环境的超越。这意味着,它未能免除现代人自我中心的毛病。正因为想到这一点,本书在第十一讲结尾,借孔子之口作了补充,即把智慧解释为正确认识自然("天")和社会("人")的能力。但这样一来,另一个缺陷又表现出来了:本书并没有按这个完整的"智慧"概念来探讨"天人合一"的智慧和社会和谐的智慧,也就是说,没有实现书名所要求的全部意义。

回想起来，上述缺陷是与"生"俱来的，因为本书的写作缘于二十年前一个单纯的设想。那时我注意到，在研究民族文化、上古神话的人群中，有两个稍嫌狭隘的习惯：一是习惯采用以今例古的方式来批评研究对象，凡遇到难以理会之处，便借"原始思维""野性思维"等概念随意曲解；二是盲从西方理论，喜欢采用针对无文字人群的民族学方法来研究中国文化，而无视其高水平的特征。这两个习惯，不妨称作"本土的傲慢"和"舶来的傲慢"。由于这两种傲慢，学界对上古神话，进而对各民族文化，存在颇多误解。我于是根据所掌握的学术资料和相关学术经验，在一次笔谈会上，提出"经典之前的中国智慧"这一题目，并产生了对之加以系统研究的愿望。按我的设想，如何理解上古神话的问题，应该转换为如何理解中国上古文化和上古思维——理解神话的仪式背景和符号手段的问题。这个愿望可以说是良好的，但它却有一个局限，即止步于"理解神话"（关注神话说了些什么），而未充分注意神话的社会功能（未去考究神话表述的原因和原理）。

二十年来，我为实现这个有局限的设想作了一些努力。其主要成果，是2008年由上海人民出版社出版的《中国早期思想与符号研究》一书，以及2012年由《清华大学学报》发表的《论火把节的来源：兼及中国民族学的"高文化"问题》等论文。这些作品对关于中国各民族文化及其思维的若干具体问题作了考订，于是在一些知识点上，为讨论"经典之前的中国智慧"问题建立了基础。但一直到本书接近完成之时，这个"止步于理解神话"的问题才进入我的视野。我意识到，"经典之前的中国智慧"这一题目其实是有哲学要求的，即要求对"知识点"进行理论提高，同时要审视问题本身。正如上文说到的那样，本书在这一方面是有缺陷的。我为此尽力作了弥补，但受写作计划的限制，并没有达到心中的新要求——没有说清楚上古中国人的核心智慧，甚至没有说清楚上古天文学（准确的说法是"天学")中蕴藏的智慧。比如,在"天数""天命""天道""天德""天意"的名义下,上古人设立了一整套教育、选拔和管理执政者的制度。关于这种智慧,本书原是应该作深入论述的;而现在,这个任务却只好留待来日,留待另一本书去作论证了。

* * *

以上种种,可以说是对本书的第一个反省。第二个反省是:我认识到,本书对"问题本身"缺少省察。这有一个比较明显的例子,即"巫文化"的属性问题。在通常人看来,巫文化是文明的对立面,是科学发展的阻碍力量。学术界有一个流行看法,即认为夏商周三代的文化是通过史文化的成长、巫文化的衰落而进步的。余英时先生即持这种看法。他说:中国思想史上的"轴心突破",是在同"礼乐背后的整个巫文化"相争衡的过程中实现的。争衡的结果是"与天合一"让位于"与道合一"。因此,"轴心突破"意味着"巫师(包括'群巫之长'的王)透过仪式垄断与天交通的终结",意味着"精神解放与觉醒的个人不再需要通过巫师作中介来和天交通"。[1] 本书并没有同意余英时先生的"争衡"观,相反,根据所掌握的资料,认为"中国早期思想是在巫文化当中发展起来的",认为中国早期思想的发展过程就是巫师功能的调整过程。但本书却忽略了一件重要事情:没有去质疑余先生所设问题本身的合理性,没有去质疑作为讨论的前提——"巫文化违反文明与科学"这一论断——的合理性。也就是说,本书在讨论之前,其实预设了一个条件,即关于巫文化的成见。

---

[1] 余英时《论天人之际:中国古代思想起源试探》,中华书局,2014年,第26、121页。

引起我这一反省的，是思想家顾准的论述。顾准（1915—1974）是一位具有传奇经历的人，其主要贡献是在中国率先提出了社会主义市场经济的理论。因为坚持独立思考，他在1952年被撤销党内外一切职务，在1957年被划为右派分子，在1966年以后受到残酷迫害，以至于妻离子散、家破人亡。但就在生命最后两年，他完成了《希腊城邦制度：读希腊史笔记》《从理想主义到经验主义》等著作。这些著作有一个闪光点，即阐明了科学与政治权威的对立。这一观点大致包含以下细节：

（一）认为古希腊人对宇宙问题作了充分的思考。思考的方式既有诤辩、修辞和文法学，也有数学神秘主义。思考的特点是"静观""玄览"，"为事物本身"。这种思考，细致地关注了宇宙的组成。[1]（204—205、334页）

（二）认为古希腊人的科学道路没有在中国实现，原因在于中国出现了政治权威，其执行者则是所谓"史官文化"。中国史官"所负责管理的文化资料，无不与政治权威有关"。史官文化的对象，"几乎是唯一的对象，是关于当世的政治权威问题，而从未放手来思考宇宙问题"。（204—205页）

（三）认为政治权威窒息科学的主要方式是阻断对宇宙的观察。因为在政治权威出现之前，人们原有一种观察宇宙的方式，即神秘主义的方式。这种神秘主义是由"玄思的思想家"承担的。他们把现实世界当作"理念世界"的"淡淡的影子"。他们的思想渊源于"一个全能的超人的力量"。它们具有"超脱尘世权威而拜倒在超人力量前面"的特点，被称作"巫文化"。巫文化"固然是神秘主义，可是它比之把尘世的政治权威视为至高无上，禁止谈论'礼法'之外的--切东西，确实大大有助于科学的发展"。（207页）

---

[1]《顾准文集》，福建教育出版社，2010年。以下括注为该版本的页码。

（四）认为史意味着巫的世俗化，同时也意味着知识的政治化和理性的庸俗化。史官文化的特点就是"使文化从属于政治权威，绝对不得涉及超过政治权威的宇宙与其他问题"（206页）。它固然"没有滚入过神秘的唯理主义的泥坑"，但唯理主义却可以"推动你追求逻辑的一贯性，而这是一切认真的科学所必须具备的东西"。比如"希腊思想的神秘主义部分，被哲学史上唯理主义所继承。唯理主义者往往是大科学家"。（213页）

以上论述的要点是说：至晚从周代以来，中国的自然科学就是不独立的，受到强烈的抑制。原因很多，但以下三个现象不可忽视：一、面向人世的"史"大大挤压了面向自然的"巫"的空间。二、同富于彼岸色彩的巫相比，史的扩张意味着社会意识形态趋向世俗化，观察自然之事业于是成为观察人世之事业的附庸。三、在神治社会，人们较多地接受信仰的约束；在人治社会，人们较多地接受制度的约束。相比之下，人治社会更没有人身的自由和理性思考的自由。顾准将中西方科学思维差异的原因归结为政治体制的不同，这一观点或许有待进一步论证；但他通过对中西历史文化的比较，指出巫的行为和思考方式有助于观察自然，有助于建立和发展科学思维，则是具有创造性的。他提醒我们：从"轴心突破"的观念出发，用巫文化的衰落、史文化的高涨来说明中国早期智慧的发展，是缺少根据的，至少是片面的。为此，我们要重新思考破坏科学和人类智慧的主要因素问题——是"巫文化"和其他神秘主义，还是专制政治？只要看看顾准以来的中国，我们便应该同意他的意见——独立思考是科学创新的必要条件，思想钳制是科学凋敝的主因。因为我们同样会注意到：妨碍科学发展和限制思想自由，是同一件事情的两面；人治主义和官本位的社会意识，在很大程度上造成了这种妨碍；这些因素是和隐藏于教化习气之中的专制传统相表里的。

事实上，本书对上古神话、艺术和科学的讨论已经表明："巫文化"

代表了一个漫长的时期。在这个时期，人类思想及其生活技巧获得了高度发展，从蛮荒的丛林生活进入社会结构相当完善的时代。在享神的名义下，这个时期甚至创造了许多现代技术难以企及的艺术品。本书所论"多识于鸟兽草木之名"，便反映了巫文化对博物学和精密知识的要求。另外，从民族学资料看，在这个时期，职官的分化也很迅速，比如，一旦发现了某种治病的方式，马上会产生专于此业的巫师，并且产生相关的专有名词。由此可以想象，为何在中国文明之初期，就出现了细致复杂、具有丰富功能的礼乐制度。我们同时可以判断，把"巫文化"放在知识、科学和智慧的对立面，这种做法是不合理的。

＊ ＊ ＊

顾准是一个思想敏锐、拥有独立思想的人。由于条件限制，他的看法不免存在一些问题，有待商榷。比如说，他强调巫政对于科学发展有积极作用，而未论述其消极一面；古代中国人考察宇宙，既有"静观""玄览"的方式，也有观天文的方式，后一方式非但没有终止，反而在后世有过长足的进步，他对此有所忽略；等等。但这些问题是一个优秀学者在突破庸常之时不可避免的。不过，另有一个问题却有所不同，需要重视。这就是顾准所说的"史官文化"问题。他把"史官文化"解释为："以政治权威为无上权威，使文化从属于政治权威，绝对不得涉及超过政治权威的宇宙与其他问题的这种文化。"这种解释便是不恰当的。从积极方面看，可以说它基于某个事实——历史上的确存在过用政治权威来限制独立思考的文化；但从消极方面看，它是一种术语误用，因为史官只是技术人才，既可以服务于政治权威，也可以服务于其他权威，无法承担政治专制之责。这就是说，顾准夸大了"史官"的作用，表现了对史官职责的误解。不过应该指出，这种误解直到现在仍然很普遍，不仅见于范文澜《中国通史简编》，而且见于各种论史官之书，包括余英时先生之书和本书。为此，这里需要作第三个反省。

关于史官，本书在第十一讲"关于'巫'和'史'"一节作过论述，基本看法有四条：（一）认为"史"和"巫"有关，曾经和卜、舞、祝一样加入巫的活动。一直到春秋时期，其知识系统和职业功能都接近巫师；直到汉代，太史令所掌握的文化资源也和古代巫师相近。（二）认为"史"的职责原是口传遗命，到文字产生之后转为执掌书契，比如在殷商后期承担制历、礼神、占卜、作册、收纳四方文书等职责，到西周则负责守护图法、起草王命和外令、记录主上言论行事、掌奏律历谥法。（三）认为史官也有层级之分，比如自上而下可分为三种：一是掌管星历、天时、瑞应、灾异的史官，二是负责记录的史官，三是负责典藏的史官。因此，"巫"和"史"有两种关系：一是同一的关系，这主要发生在巫和高级史官当中；二是分立的关系，这主要发生在巫和低级史官当中。（四）认为应当从巫职功能的角度来看早期中国的思想史，把这段历史理解为天人关系的几个阶段——从天人相混发展为天人二分，再发展为天人合一。就此而言，中国早期思想是在巫文化当中发展起来的，推动其变化的是巫师功能的调整。

以上这些看法，对"巫""史"关系有所辨析；同"巫""史"争衡对立的观点相比，有很大进步。不过，它仍然有可质疑的地方，比如存在以下三个问题。

（一）用部分"同一"、部分"分立"来解释"巫""史"关系，并不准确。如果说史是在各种行政机构中辅助首脑人物的秘书人才，而巫是沟通天人的人物，以交通神灵、主持祭祀、创制器物、实施医卜星相等事为主要职责，那么，巫和史的关系就不在同一个逻辑平面之上。在文明史的早期，巫是掌握政权和社会文化的集团，史是巫政文化的具体执行者；到后来，巫职分化，巫的部分职能让位于君王朝臣，史又成为王政文化的具体执行者。在这两种情况中，巫和史的关系都不是同一层级的关系。其实，所谓巫和史的部分"同一"，本质上是史的某些旧功能的延续——比如司天职、礼职之史，较多地保留了作为巫文化具体实施者的传统身份；所谓巫和史的部分"分立"，本质上是史的某些新功能的扩大——比如司文职、馆职、史职、武职之史，较多地体现了王政时代社会结构的新要求。[1]总之，若不设条件，简单地作巫和史的比较，便是不伦不类的。

（二）在把巫和史进行比较的时候，未注意这两个对象的年代属性——比较对象往往是上古之巫和后世之史。在潜意识中，乃把史看作书写和典籍文化的代表，而把巫看作诵唱和体态文化的代表。这样一来，比较就不存在真实的合理性。因为本书第九讲"上古图像同语言的关联"一节说过，书写并不是史的专利，相反，同巫有密切关系。各民族的早期文字都由神职人员掌握，基本上应用于宗教事务。这既包括苏美尔的楔形文字、古埃及的圣书字、美洲的玛雅文字和古印度的"神庙的印章"，也包括中国的殷墟甲骨文和纳西族东巴文。这就是说，英国哲学家斯宾塞所说"文字是创于祭司的"，值得肯定。只是由于分工的细化，巫和祭司把管理文字和文书的事务交付给史，在史的职责中才有宣读册命等文职事务、登录典藏等馆职事务、记事保管等史职事务、司礼监察等礼职事务、占筮祝祷等天职事务、从军征战等武职事务。尽管如此，我们仍然不宜去设想"史官文化"和"巫文化"的对立。比如早期史官服务于神灵，负责用文字来记录巫师的祭祀活动和占卜过程，因而享有神授的记事与监督之权；

---

[1] 许兆昌将史官职能概括为文职、馆职、史职、礼职、天职、武职等六项。见许著《周代史官文化：前轴心期核心文化形态研究》，吉林大学出版社，2001年。

按照祭祀制度和占卜规范，他又必须忠实于记录，因而形成"实录"传统。仅这一事实就表明：第一，史在很长时期都是巫的工具，"史权"源于巫文化；第二，即使"实录"传统，也是巫文化的产物，不只属于"史官文化"；第三，尽管最初的史官记录是一种与巫术相关的行为，但它并非巫术本身。由此可见，无论是把巫和史相对立，或是把巫和史相等同，都是错误的。

（三）尽管本书未曾使用"史官文化"这一词语，但它对由这一词语代表的泛史官论未作清理，因而留下了一定的理论混乱。这种混乱有三个表现：其一是如上所说，把"史"和"巫"看作相平行的概念，认为它们或彼此相近，或前后代替。其二是把"六艺皆史""六经皆史"之说加以推广，认为史是先秦学术以至各种文化的创造者。其三是以偏概全，把不同职位中的史看作所在此职位的化身，进而得出史"为百官众职之通称"的结论[1]。造成混乱的原因，既可以说是把史家的"史权"观念推到了极端，也可以说是看问题太孤立。我们知道，在巫政文化时期，巫既是族群的领袖，也是族群的统帅、导师和意识形态舵手，因此可以说，除君王而外，军官、学官、教官都是来源于巫的；但人们却没有创造出"军官文化""学官文化""教官文化"等名来和"巫文化"作对比。可见"史官文化"一词，乃把史官孤立地放在社会文化系统之外了，也把它的历史作用过于夸大了。另外，若仔细考察"史官文化"表述者的种种言论，又能发现，其中颇有把创制与传述相混同的现象。比如刘师培著《古学出于史官论》，既说"六艺出于史"，又说"宣尼删定六经，实周史保存之力"。这两句话，

---

[1] 余行迈《先秦史官制度概说》说：先秦史官有广狭二义。就其全面职掌而言，则与"事""士"无别，为百官众职之通称，这便是广义之"史"；就其"掌官书以赞治"的中心任务而言，则单指守藏典籍、撰文记事，如后世尚书、中书、秘书之类的官员，这便是狭义之"史"。《苏州大学学报》1982年第1期。

后一句很明确,但前一句就很含糊。因为刘氏的本意是"掌于史",而后来人却往往把它理解为"创制于史",进而认为史是"当时社会各类知识的总载体"。[1]事实上,正如章学诚所说,周代府史之"史"相当于"今之所谓书吏",内史、外史、太史、小史、御史之"史"则相当于"今之所谓内阁六科、翰林中书",主要负责档案管理,并不好说是哪种时代文化的创造者。[2]相比之下,司掌礼乐教化的乐官,以及《汉书·艺文志》所说的司徒之官(儒家所出)、清庙之守(墨家所出)、羲和之官(阴阳家所出)、行人之官(纵横家所出)、农稷之官(农家所出)等,倒是更有文化创制之功的。

* * *

以上这些话,断断续续写了十多天,也放在心里想了十多天。11月下旬,受邀到广州大学参加文学思想讨论会,听前辈学者赵宋光谈起哥白尼日心说的意义,又听学友方志远说起王阳明的两个故事,我忽然就产生了许多感触。这三个故事都讲到了"智慧"的道理。

关于王阳明的第一个故事说:嘉靖二年,阳明先生到萧山。某人在船上问他,对释道二氏之说是否应该兼取?阳明先生说:不能说"兼取"。圣人穷理尽性,思想包罗万物,二氏之用皆在其中,无所谓"兼取"。后世儒者不明白这个道理,遇到佛氏之说,就把圣学厅堂的左边一间割给它;遇到老氏之说,又把右边一间割给它。虽然留下了居中一间自

---

[1] 许兆昌《周代史官文化:前轴心期核心文化形态研究》,吉林大学出版社,2001年,第3页。

[2] 参见章学诚著,叶瑛校注《文史通义校注》,中华书局,1985年,第230页。

处,却把原是整体的圣人之学分裂开来了。这是用"小道"的观点来看"大道"。[1]

关于王阳明的第二个故事说:正德年间,阳明先生在江西。某人和他一起除草,感慨"善难培,恶难去"。阳明先生便说:花草都是天地生意,没有什么善恶之分。你想看花,就以花为善;你想用草,又会以草为善。可见这种善恶观出自你心中的好恶。不过,万事还是要循天理的。草既然妨碍了花,那么我们就循天理除去它;如果怕人说你有好恶,而不去除草,那么你就是"动气",加上了主观。总之,循天理便是"善",是"诚意","是廓然大公";动气便是"恶",是"私意",是"有所忿愤好乐则不得其正"。[2]

在我看来,这些故事大致说了三个道理:第一是说要摆脱以自我为中心的成见,进行超越性的思考。这种智慧可以建立高于表面现象的理念。第二是说要摆脱门户之见,进行为真理的思考。这种智慧可以揭露隐藏在各家言论背后的共同真实。第三是说要涤除主观,循客观规律进行思考。思考的过程是由私入公、由恶至善的过程。可见智者要追求知识和人格完善的统一。

这三段话之所以会触动我心,是因为,在本书写作过程中,我正好遇到了与此相关的三种困惑。本书写作之初,面对关于上古神话的不同评价,就好像看到了各种猜测的冲突。有些看法其实是瞎子摸象,有些看法其实是坐井观天,虽然显得有道理,但不符合矛盾律。应该如何看待这些成说呢?是否能够超越由不同记录、不同说词造成的表象,而悬想隐藏于其后的事物本来性相呢?我曾经很困惑。本书写作过程中,又遇上了自己

---

[1]《王阳明全集》卷三五《年谱三》,上海古籍出版社,1992年,第1289页。

[2]《王阳明全集》卷一《传习录上》,第31页。

的不同观察点的冲突。过去立足于个别事实，有一个看法；后来立足于普遍现象，又有一个新看法。是否需要强作调整，以规避"前后抵触""首鼠两端"之讥呢？我又不免困惑。现在，全书完成了，我有了第三种困惑。这就是，我是否要向读者坦承：作为一个立言的人，我很难清除心中之"恶"——很难像孔子说的那样，做到"毋意"（不主观）、"毋必"（不武断）、"毋固"（不执着）、"毋我"（不自负）呢？这个时候，回味那三个故事，正不啻尝受了解惑的良药。我再次庆幸自己接触了"经典之前的中国智慧"这一题目。这个题目的意义在于：不仅提供了很开阔的研究空间，而且向参与思考的人提出了智慧要求。一旦走进这个题目，我们就要不断地自我提升。

为了印证这个"不断提升"的道理，最后，我想提一下本书所得到的几方面助力：第一，本书得益于以"经典之前的中国智慧"为主题的若干次演讲。这些演讲，是从 2004 年开始，由张伯伟、康保成、刘晓明、李诚、朱晓海、鹿忆鹿、陈益源、詹海云等教授分别安排的。其中在南京大学的演讲，由杨伟同学记录。第二，得益于温州大学课程建设项目的资助。这项资助促使我在 2013 年以后全力投入了写作。第三，得益于金理新、朱旭强等许多青年朋友的批评意见。其中被本书吸收较多的，是叶晓锋、伍三土、陈绪平、沈德康、任子田等 80 后学友的意见。值本书付梓之际，谨向以上各位，以及所有参与这一课程的朋友，表示衷心感谢！

王小盾

2015 年大雪之日